Jörg Romstötter

Das vergessene Wunder

Jörg Romstötter

DAS VERGESSENE WUNDER

Wie wir aus der Natur Kraft, Erfolg und Inspiration schöpfen

GOLDEGG VERLAG

Bildrechte Autorenfoto: Uwe Kurenbach
Bildrechte Umschlag: © Iakov Kalinin – Fotolia.com

Der Verlag und sein Autor sind für Reaktionen, Hinweise oder Meinungen dankbar. Bitte wenden Sie sich diesbezüglich an verlag@goldegg-verlag.com.

Der einfachen Lesbarkeit halber wird in diesem Buch nicht nach männlicher und weiblicher Schriftweise getrennt. Wo sich aus dem Inhalt nicht explizit anderes ergibt, sind stets beide Geschlechter gemeint. Wir bitten um Verständnis.

Der Goldegg Verlag achtet bei seinen Büchern und Magazinen auf nachhaltiges Produzieren. Goldegg Bücher sind umweltfreundlich produziert und orientieren sich in Materialien, Herstellungsorten, Arbeitsbedingungen und Produktionsformen an den Bedürfnissen von Gesellschaft und Umwelt.

Gedruckt nach der Richtlinie des Österreichischen Umweltzeichens „Druckerzeugnisse“, Druckerei Theiss GmbH, Nr. 869

FSC® www.fsc.org MIX Papier aus verantwortungsvollen Quellen FSC® C012536

ISBN Print: 978-3-902991-61-4
ISBN E-Book: 978-3-902991-62-1

Friedrichstraße 191 • D-10117 Berlin
Telefon: +49 800 505 43 76-0

Goldegg Verlag GmbH, Österreich
Mommsengasse 4/2 • A-1040 Wien
Telefon: +43 1 505 43 76-0

E-Mail: office@goldegg-verlag.com
www.goldegg-verlag.com

Layout, Satz und Herstellung: Goldegg Verlag GmbH, Wien
Druck und Bindung: Theiss GmbH

Für uns Menschen

*„Wer noch nie allein in der Natur war,
der war auch noch nicht wirklich in der Natur.“*
Jörg Romstötter

Inhaltsverzeichnis

KAPITEL I

Wenn die Natur zu Ihnen spricht ...

Es war ein grauer, regenverhangener Tag, an dem alles begann. Seit viel zu vielen Tagen zeigte sich die Sonne nicht mehr. Kalt und nass war der Sommer. Kein Sommer zum draußen Spielen. Kein Sommer für Kinder wie uns, die nichts so sehr liebten, wie in den niedrigen Buchen unseres großen Gartens herumzuklettern, im nahen Auwald Hütten und Staudämme zu bauen, zu schnitzen und allerlei Abenteuer zu bestehen. Verdrossen saß ich nach einem ermüdenden Schultag in meinem Zimmer und starrte auf die Regentropfen, die unaufhörlich vor dem Fenster niedersausten. Ich mochte mich nicht mehr. Ich mochte die Welt nicht mehr.

Nach einer gefühlten Ewigkeit sagte ich zu mir: „Egal, ich halte es hier nicht mehr aus.“ Ich zog mir die Regenjacke über und die Stiefel an und ging hinunter in den dampfenden Auwald, der im Regen rauschte. Nach Stunden des Forschens und Spielens hielt ich mit einem Male inne. Bis auf die Knochen durchnässt, nahm ich mich plötzlich wieder wahr. Und ich weiß es noch, als wäre es gestern erst gewesen. Ich blickte mich um, sah den rauschenden Bach unter mir, die flechtenbehangenen Äste neben und über mir, über die der Regen rann. Mit halblauter Stimme und einem Nicken sagte ich plötzlich zu mir: „Hierher muss ich regelmäßig kommen.“ Glücklich und beseelt ging ich nach Hause. In mir schien von nun an wieder die Sonne. Auch wenn sie erst Tage später tatsächlich zaghaft durch die Wolken brach.

Das war vor 30 Jahren. Seither hat sich viel getan in meinem Leben, doch ein Element blieb über all die Jahre gleich. Diesem Element verdanke ich alles. Wohl nicht direkt und unmittelbar. Doch dieses Element kitzelte aus mir heraus, forderte unermüdlich und prüfte mich bisweilen hart. Dieses Element gab mir Zuversicht und formte in mir, was wichtig für mich war. Sei es für den Moment oder auf lange Sicht. Dieses Element zeigte mir den Grund meines Wesens.

Ich glaube es. Nein, ich weiß es. Wir alle brauchen dieses Element. Einfach weil wir Menschen sind. Einfach weil es uns zu dem macht, was wir tatsächlich sind. Gerade bricht eine Zeit an, in der offenbar wird, wie sehr wir dieses Element brauchen. Noch nie zuvor war das Leben so sehr von Veränderung, Fortschritt, Individualität und dadurch Hast, Haltlosigkeit und Beliebigkeit geprägt wie heute. Wir brauchen dieses Element einfach, um im Lot zu bleiben. Je mehr wir unseren Alltag technologisieren, desto mehr brauchen wir den heilenden Gegenpol.

Wir brauchen Natur

Unser heutiges Leben gestaltet sich in so vielen Bereichen gegen die Natur und auch gegen unsere eigene Natur. Es wird in dieser Form keinen Bestand haben. Es ist an der Zeit, dass wir unseren Verstand endlich dafür einsetzen, wofür wir ihn haben: um morgen rundum besser zu leben als heute. Dieses „besser“ hieß in der Vergangenheit: Weg von der Natur und hin zu so viel Annehmlichkeiten wie nur möglich. Das war für eine Weile richtig und notwendig. Heute jedoch sehen wir, welche Nachteile aus dieser sehr komfortablen Lebensform entstehen können und müssen unseren Fokus ändern. Zurückrudern wäre aber ebenso fatal wie unmöglich. Wir müssen die Richtung einfach nur ändern, nicht revidieren. Wir sollten die Natur zudem nicht mehr nur kurativ nutzen, sondern regelmäßig und schon bevor es uns schlecht zu gehen beginnt. Aber auch das ist noch weit unter den Möglichkeiten der Natur. Die Natur war und ist die größte Inspirationsquelle der Menschen. Sie ist die Basis für unsere Kraft und damit unseren dauerhaften Erfolg. Im Grunde wissen wir über die großen positiven Wirkungen der Natur, doch konsequent und umfassend nutzen wir die Natur noch nicht. Ja, es scheint, als hätten wir über all dem Fortschrittsdenken das Wunder Natur bereits vergessen.

In uns allen schlummert eine tiefe Sehnsucht. Eine Sehnsucht nach geistiger, seelischer und emotionaler Fülle, nach körperlichem Glück. Eine Sehnsucht nach Reinheit und Klarheit. Eine Sehnsucht nach Selbstverständlichkeit, nach Bedingungslosigkeit, nach Aufrichtigkeit, nach Heimat. Nicht immer können uns unsere liebsten Mitmenschen all das geben. Das muss auch nicht sein, denn mit solchen Hoffnungen und Wünschen überfordern wir sie auch. Diese Sehnsucht können wir uns nur selbst erfüllen. Diese Sehnsucht hat einen Hafen, der all diese Hoffnungen in uns berührt und Wirklichkeit werden lässt: die Natur.

Dieses Buch schreibe ich für Sie, liebe Leserin, lieber Leser. Ich möchte Ihnen damit die Einladung zu einem Geschenk aussprechen, das Sie im Prinzip bereits erhalten haben. Dieses Geschenk, unsere Natur, finden Sie im Kleinen wie im Großen. Im Blumentopf auf Ihrem Tisch, zwitschernd auf der Stromleitung, als grüne Wand vorbeisausend an Auto- und Zugscheibe, in den frischen Tiefen der Wälder, den satten Ebenen der Heiden, Wiesen und Felder, den plätschernden, rauschenden und dümpelnden Wassern, in den bizarren Formationen der Bergwelt, den unendlichen Weiten der Wüsten und des Meeres. Überall. Natur ist überall. Es gibt sie. Sie tut in uns, was sie kann. Sie bringt das Beste in uns hervor. Nur hingehen müssen wir zu ihr. Dieser Gang ist für niemanden gleich. Dieser Gang ist für jeden ein ganz besonderer.

Auf diesen Gang in die Natur lade ich Sie herzlich ein. Lassen Sie uns für die Dauer der Lektüre dieses Buches gemeinsam gehen. Und dann gehen Sie allein in die Natur.

Denn: Niemand kommt aus der Natur, wie er in sie gegangen ist.

Ihr

Jörg Romstötter

1. Wir wissen schon alles. Warum tun wir es nicht?

Es ist einer dieser frühen Sommertage, der einen Vorgeschmack gibt auf die Hitze, das pralle Licht und das Glühen des Sommers. Die Autobahn bringt mich zum nächsten Hotel, zum nächsten Termin. Ich rausche der sich schon neigenden Sonne des späten Nachmittags entgegen, die durch die mit Insektenleichen gesprenkelte Scheibe blitzt. In geschlossenen Räumen war ich den ganzen Tag, obwohl bereits der frische Morgen wie ein verliebtes junges Mädchen an mir zupfte und mich einlud. Der Sommer ist so groß und so frei, und ich sitze in hitzigen Gesprächen, in schlecht gelüfteten Räumen und im rauschenden Blech meines Wagens. Ich fühle mich benutzt. Auch wenn der Tag im geschäftlichen Sinne ein guter war und sich keine Gewitterwolken am ökonomischen Horizont zeigen. Gehirn und Bauch sind geblendet vom Leben, das dort draußen pulsiert und von dem ich mich ausgesperrt habe. Der Blinker tickt und mein rollendes Büro bringt mich auf einen kleinen Schotterparkplatz am Rande eines lichten Kiefernwaldes. Harzig duften die Nadeln. Hemd, Hose und Lederschuhe tauschen ihren Platz mit T-Shirt, Shorts und Laufschuhen. Die Kiefern saugen mich auf in ihren milden Schatten. Übermooste Felsen spiegeln gepunktet vom Sonnenlicht Ewigkeit und Ruhe. Die Natur hat mich wieder. Meine Gedanken werden frei wie der Sommerwind und gleiten mit dem Kieferduft von Baum zu Baum. Meine Waden umgluckst der fröhliche Bach. Tief sauge ich den frühen Abend in meine Lungen. Voll Tatendrang setze ich mich ans Steuer und freue mich mit frischen Ideen auf die abendliche Arbeitsstunde an der Tastatur.

Wir wissen schon immer instinktiv: Natur hilft. Wenn uns alles zu viel geworden ist. Wenn wir ein wenig Abstand, Ruhe und vielleicht auch Beschaulichkeit und Stillstand brauchen. Das Pendeln zwischen den Welten nutzen wir mehr oder weniger bewusst: Leistung in der Stadt und Erholung in der Natur. Sind wir abgespannt, gestresst und fühlen uns überlastet, hören wir oft „Mach doch einen Spaziergang im Wald, hol' dir einen klaren Kopf". Manche ziehen sich bei Lebenskrisen oder vor wichtigen Entscheidungen auf Berghütten, Inseln oder ins Kloster zurück. Auch Visionssuchen für die Lebensneuausrichtung, bei welchen man Tage allein in der Natur verbringt, werden immer beliebter. Mittlerweile raten sogar Psychologen überforderten Eltern zu einem langen einsamen Gang durch die Botanik.[1]) Niemand käme jemals auf die Idee, einem Erschöpften eine Chatnacht im Internet zur Erholung zu empfehlen. Wir wissen instinktiv also schon sehr genau, was uns guttut.

Natursportarten boomen seit zwei Jahrzehnten. Ein Ende ist nicht in Sicht. Im Gegenteil, auch hier überschlagen sich die Entwicklungen. Genauso erlebt der eigene Garten eine Renaissance. Das liegt sicherlich nicht nur an einem neuen Nachhaltigkeitsbewusstsein. All dies ist Ausdruck eines unerklärlichen Wunsches nach Natürlichkeit und damit Natur. Natur als Ausgleich zur immer hektischeren und technologiegetriebeneren Welt.

Wir vertrauen der alles wiederherstellenden Kraft der Natur. Wir können das gar nicht richtig begründen und uns verlangt es auch gar nicht nach Begründungen. Wir spüren, die Natur hilft uns, und wir sind von ihrer sicheren und positiven Wirkung auf uns überzeugt. Es zieht uns geradezu magisch in die Natur, wenn unser Wohlbefinden, ja unser Seelenheil in Gefahr ist. Die Wirkung der Natur nur dann zu nutzen, wenn wir den Bogen überspannt haben oder nicht mehr weiterwissen, ist allerdings eine Vergeudung der vorhandenen Möglichkeiten. Wie groß muss der „Gewinn" sein, wenn wir es erst gar nicht so weit kommen lassen und uns regelmäßig in der Natur aufhalten? Dadurch generell zufriedener und somit glücklicher, entspannter, gesünder, leistungsfähiger und kreativer sind?

Wirkung mit Funktionsgarantie

Wir trauen der Wirkung der Natur alles zu, um uns zu erholen, um wieder zu uns zu kommen, in unserer Mitte zu sein. Ja, mit einem Wort, Mensch zu sein. Doch mehr trauen wir ihr nicht mehr zu. Obwohl die Natur erwiesenermaßen eine gigantische Inspirationsquelle ist.[2]) Wir sprechen deshalb so unglaublich gut auf sie an, weil wir zur Gattung Homo sapiens gehören, weil wir Menschen sind.[3]) Das muss so sein, denn so gut wie alle unsere Vorfahren haben über Jahrmillionen vollständig in der Natur gelebt. Heute sprechen sich 88 Prozent der Menschen aktiv positiv zur Natur aus.[4]) Fast alle sind sich also ihrer positiven Einstellung zur Natur bewusst. Was die Wirkung der Natur noch zusätzlich zur unwillkürlichen, durch Erbinformationen übertragenen Wirkung, verstärkt.

Natur funktioniert bei uns Menschen sehr umfassend und machtvoll, und doch nutzen wir diese Tatsachen in unserem Leben überhaupt nicht mehr aktiv. Welch gigantische Verschwendung von Ressourcen, die direkt vor unserer Nase liegen! Welche Verkennung dieses Wunders! Wir nutzen aktuell gerade nur die zufälligen Effekte, die in der Freizeit geschehen und würdigen sie doch keines bewussten Blickes. Wir täten gut daran, mit dieser einschränkenden Sichtweise zu brechen. Mit ihr schädigen wir unsere Gesundheit, beschränken unsere Kreativität, unsere Leistungsfähigkeit und beschneiden letztlich unsere Lebenszufriedenheit. Um in dieser rasanten Welt dauerhaft erfolgreich zu sein, müssen wir alle Register ziehen. Trotzdem überlassen wir es erstaunlicherweise immer noch dem Zufall, wie viel Natur wir abbekommen. Mit dem Aufenthalt in der Natur befriedigen wir unsere Urbedürfnisse. Die Natur ist für uns Menschen immer die absolute Basis. Vor der Natur kommt nichts. Nach der Natur gibt es nichts. Wir können nicht tiefer gehen als bis zur Natur. Gehen wir bis an die Basis Natur, gehen wir an unsere eigene Basis. Alles, was die Natur betrifft, rührt uns zwangsläufig in unseren Grundfesten. Wir müssen nichts glauben, wissen oder können, um die Wirkung der Natur zu erleben. Natur wirkt bei jedem. Egal ob wir uns selbst und das, was wir in der Natur erleben, besonders reflektieren oder eher unbewusst in ihr unterwegs sind. Die Natur wirkt auf uns, einfach weil wir Menschen sind.

Faszinierend dabei: Die Natur wirkt derart intensiv auf uns, dass wir uns nicht einmal physisch in ihr aufhalten müssen, um ihre Wirkung nutzen zu können. Bereits beim Betrachten von Bildern der Natur reduzieren sich Blutdruck, Herzfrequenz, Muskelspannung, Hautleitfähigkeit und Cortisolspiegel. (Cortisol ist ein Leistung steigerndes Stresshormon, das unsere Infektabwehr herabsetzt und auf Dauer unsere Zellen kaputt macht.) Mit anderen Worten, wir entspannen uns. Und zwar unabhängig davon, ob wir mit Natur etwas am Hut haben oder nicht. Dieser Effekt tritt automatisch ein, ganz ohne unser Zutun. Ob wir das bewusst wahrnehmen oder nicht. Ob wir das bewusst einsetzen und vielleicht sogar nutzen oder nicht. Der Anblick von Naturlandschaften verstärkt zudem positive Gefühle wie Freude, Glück, Zufriedenheit und Freiheit, verbessert die geistige Mobilität und verlangsamt kognitive Ermüdungserscheinungen. Natur mindert sogar negative Gefühle wie Angst, Ärger, Aggressivität, Gehemmtheit und Neurotizismus. Städtische Szenerien hingegen verstärken negative Gefühle und reduzieren bereits vorhandene positive Gefühle. Darüber hinaus vermindern sie die gedankliche Mobilität, beschleunigen die geistige Ermüdung und erschöpfen uns so mental.[5]) Weshalb ist das so? Weshalb verursacht allein die Umgebung, in der wir uns aufhalten, so komplexe Wirkungen auf Körper und Geist?

In unserer vielfach städtischen und damit künstlichen Welt muss unser Gehirn permanent eine immense Reizabwehr bei gleichzeitig einseitigen Konzentrationsleistungen vollbringen. Aus Abermillionen Informationen pro Sekunde filtert es für uns Wichtiges heraus. Das Allerwenigste nur ist davon für uns sinnvoll nutzbar. Auch wenn wir diese Reizabwehr nicht aktiv und bewusst leisten, unser Gehirn ist trotzdem damit beschäftigt. Sogar die vordergründig gefühlte Gewöhnung an all diese Reize erspart uns diese immense Filterarbeit nicht. Sie kostet Energie und muss geleistet werden, da wir sonst binnen kürzester Zeit im Informations-Overkill untergehen würden und sich ja tatsächlich die ein und andere für uns wichtige Botschaft in der Informationsflut verbirgt. Die Folgen sind Unaufmerksamkeit, Reizbarkeit und letztlich Kontrollverlust.[6]) Hingegen übt Naturaufenthalt, welcher anstrengungslose Aufmerksamkeit durch überschaubare und langsam strömende Reize bewirkt, eine unbewusste Faszination auf uns aus. Als Folge schalten wir durch dieses vielfältige und zugleich harmonisch zusammenwirkende Umfeld ab, fühlen uns mental wohl und schöpfen Selbstvertrauen. Unser Selbstwertgefühl steigt.[7])

Natur ist sogar so wirksam, dass mit ihrer Hilfe extrem verhaltensauffällige und eigentlich nicht gesellschaftsfähige Kinder und Jugendliche „resozialisiert" werden können. An sich ein totaler Widerspruch. Wer durch die Maschen der Sozialstruktur der Zivilisation gefallen ist, wird in der Natur wieder zivilisationsfähig gemacht. Kein gutes Zeugnis für unsere so viel gepriesene moderne Zeit.[8])

Je mehr abstrakte Technik und rasende Veränderung unseren Alltag prägen, umso mehr Natur müssen wir aktiv in unser Leben holen, um auf Dauer gesund, leistungsfähig und damit glücklich zu bleiben. Natur wirkt sehr vielfältig, umfassend, zuverlässig und schnell auf uns. Mental wie körperlich. Wir sind tatsächlich ein Teil der Natur. Während etlicher Millionen Jahre hat sich unser Organismus perfekt an die Natur angepasst. Sehen wir uns das im Folgenden genauer an. Denn es ist in der Tat eine sehr interessante Geschichte, die sich da hinter jedem Einzelnen von uns verbirgt.

2. Jahrmillionen im Blut: gesteuert vom Naturgen

Uns Menschen gibt es nun in unterschiedlichen Formen seit rund sechs Millionen Jahren. In der heutigen Form seit etwa 450.000 Jahren. Seit rund 200.000 Jahren bezeichnen wir unsere Lebensform als Homo sapiens sapiens. Seit 100.000 Jahren geben wir unseren Toten Grabbeigaben mit – so lange glauben wir demnach bereits an ein Jenseits, das Vorhandensein und die Unvergänglichkeit der Seele. Seit rund 40.000 Jahren sehen wir so gut wie unverändert aus, mit unverändertem Gehirn. Aber: Erst vor wenigen Hundert Jahren begannen wir, nicht mehr vollständig in der Natur zu leben! Denn noch bis weit in die Neuzeit siedelten so gut wie alle Menschen in kleinen Weilern und Dörfern irgendwo in den unendlichen Wäldern und Heidelandschaften. Zu Beginn des 19. Jahrhunderts lebten etwa 25 Prozent der deutschen Bevölkerung in Städten.[1]) Der Rest in Dörfern und Einzelgehöften. Heute leben über 75 Prozent der Deutschen in Städten.[2]) Seit gerade einmal gut 100 Jahren müssen wir nicht mehr ins Bett gehen, nur weil die Sonne untergeht. Dank Strom können wir rund um die Uhr arbeiten. Seither entwickelte sich eine hochgradig arbeitsteilige Gesellschaft, in welcher wir meist gar keinen direkten Bezug mehr von unserem Arbeitsprodukt zu unserer Lebenshaltung herstellen können. Wir tun etwas, wofür wir Geld bekommen und davon kaufen wir uns die Dinge, die wir über Jahrmillionen selbst gejagt, gesammelt, angebaut und hergestellt hatten. Die Allermeisten kommen nur im Ausnahmefall und wenn, dann meist nur für Stunden oder wenige Tage mit der Natur direkt in Kontakt.

Wir Menschen haben über den weitaus längsten Teil unserer Entwicklungsgeschichte direkt in und von der Natur gelebt. Das prägt. Diese jahrmillionenlange Evolutionsgeschichte ist unauslöschlich in uns gespeichert und zeigt sich mannigfaltig in unserem Alltag. Wenn auch nicht immer zu unserem Vorteil. Sind wir nervös, bekommen wir schwitzende Hände. Fühlen wir uns bedroht, fokussieren wir tunnelartig die Gefahr. Begegnen wir einer fremden Person, scannen wir in Bruchteilen von Sekunden: Freund, Feind, Nahrung, Geschlechtspartner? Unser Naturgen macht seinen Job. Ganz automatisch und meist ohne dass es uns bewusst wird.

Übergewicht und Fettleibigkeit sind ein Massenphänomen.[3]) Unser Körper ist bestens für Mangelzeiten programmiert und kommt mit dem permanenten Überangebot an Nahrung nicht klar. Für das Wesen Mensch ist es normal, aus eigener Kraft täglich viel unterwegs zu sein, um sich dann zeitweise in Winterruhe ähnlichen Passivphasen zu erholen. Das leuchtet uns ein, und Wissenschaftler liefern laufend neue Beweise, dass wir für sehr viele unserer Verhaltensweisen und Körperausprägungen nichts können und es einfach evolutionsbiologisch gar nicht möglich ist, sich in so kurzer Zeit anzupassen.[4]) Wir Menschen sind optimal für eine analoge und bedächtig tickende Welt geschaffen. Unser Alltag und speziell unsere Arbeitswelt wird in immer mehr Bereichen von digitaler Kommunikation und rasender Veränderung beherrscht. Das können wir kognitiv sehr gut verwalten, schließlich haben wir das alles selbst geschaffen. Unübersehbar sind allerdings mittlerweile bei vielen die negativen körperlichen und psychischen Folgen und die grassierenden Ausfallerscheinungen, die diese Lebensweise mit sich bringt.

Schulter an Schulter mit der Ewigkeit

Mit den gigantischen Zahlen der Menschheitsgeschichte herumzuwerfen, macht die Sache nicht anschaulicher. Deshalb bitte ich Sie, sich einmal Folgendes vorzustellen: Alle Teilnehmer eines größeren Festivals, einer Messe oder eines Marathonlaufs stellen sich in einer Reihe auf. 10.000 Menschen nebeneinander, Schulter an Schulter. Das entspricht in etwa einer Strecke von fünf Kilometern! Stellen Sie sich weiter vor, diese gesamte Menschenreihe sind Ihre Vorfahren. Allerdings nur von der Geburtsstunde des Homo sapiens vor etwa 200.000 Jahren bis jetzt. Zur Vereinfachung nehmen wir an, im Durchschnitt dieser gewaltigen Zeit lag die Generationenfolge bei 20 Jahren. Am Ende dieser Riesenreihe stehen Sie selbst. Zu Ihrer Rechten stehen Ihre Eltern, einen Schritt weiter Ihre Großeltern. Sie sind vorläufig das letzte Glied in dieser Kette. Haben Sie Kinder, so stehen diese zu Ihrer Linken. Haben Sie bereits Enkel, stehen diese in Verlängerung Ihrer Kinder an Ihrer linken Seite. Alle die Menschen zu Ihrer Rechten mussten sich nacheinander fortpflanzen, damit Sie heute hier stehen können. Über 99 Prozent von dem, was Sie sind, haben Sie vererbt bekommen. So, wie Sie aussehen, wie groß Sie sind und für welche Krankheiten Sie anfällig sind.[5]) Eine unglaubliche Erfolgsgeschichte wurde da geschrieben, damit Sie heute da stehen können, wo Sie stehen.

Dieses Bild hat in meinen Augen sehr viel Kraft. Noch mehr Kraft erhält es, wenn wir uns auf eine kleine Zeitreise begeben. Treten Sie nun aus Ihrer Reihe ein paar Schritte heraus und schreiten Ihre Ahnenreihe ab. Jeder Schritt ist eine Generation. Ihre Eltern und Großeltern werden Sie meist kennen. Dann, nach nur drei Schritten, sind da zumeist plötzlich nur noch Menschen, denen Sie zwar Ihr Leben verdanken, die Ihnen aber völlig unbekannt sind. Ihre Urgroßeltern haben den ersten Weltkrieg überstanden. Das waren schon deutlich andere Zeiten als heute. Damals standen die weitaus meisten noch mit den Hühnern auf und gingen zeitgleich mit diesen ins Bett. Einfach weil es keine Elektrizität gab und andere Lichtquellen zu teuer waren. Nach nur neun Schritten begegnen Sie Ihren achtfachen Großeltern, die zu Zeiten Napoleons lebten, und es ist gut möglich, dass Ihr Großvater mit ihm oder gegen ihn kämpfte. Wir gehen 11 Vorfahren weiter zurück und sind mitten im Dreißigjährigen Krieg angekommen. Eine ganze Generation lang Krieg, Hunger, Pest. Jetzt gehen wir 80 Schritte weiter und stehen, gerade einmal 100 Generationen vor jetzt, vor dem Kreuz Jesu.

Haben Sie Lust bekommen, noch weiter zu gehen? Schön, lassen Sie uns diesmal ein ganzes Stück weiterschreiten: 400 Schritte. Ihre Großeltern säen zum ersten Mal Getreide aus und beschließen, das ganze Jahr über an diesem Ort zu bleiben. Jetzt fällt Ihnen ein, dass Sie in einem Artikel einmal gelesen haben, wie schlecht wir heutigen Menschen es geschafft haben, uns in dieser ganzen Zeit an die Getreidenahrung zu gewöhnen.[6]) Noch mal ein ganzes Stück weiter und dennoch nicht allzu weit, nämlich zwei Kilometer. Wir sind vor 35.000 bis 40.000 Jahren angekommen. Mitten in der letzten größeren Eiszeit.

Hier könnten Sie genauso stehen wir Ihre Ahnen. Sie sehen aus wie Sie: Sie bewegen, fühlen, denken und handeln wie Sie. Sie sind auf ihre Lebensweise genauso spezialisiert wie Sie auf die Ihre: sie sind hervorragende Jäger, Handwerker, Künstler und Ärzte. Sie besitzen ziemlich gute und ausgeklügelte Kleidung, Hütten und Zelte. Sie wissen die Heilkräfte der Pflanzen ebenso zu nutzen wie ihre Werkzeuge für Operationen. Sie glauben an ein Jenseits.

Sehen Sie mal, wie weit wir bisher gegangen sind. Nur zwei Kilometer. Uns fehlen noch über drei Kilometer, bis wir zu Ihrem Ursprung als Homo sapiens gelangen! Wollen wir noch weiter bis zum Ursprung von uns Menschen zurück, nämlich über sechs Millionen Jahre, dann müssen wir noch mindestens 150 Kilometer so weitergehen!

Wenn wir uns jetzt die Tatsache vor Augen führen, dass das, was wir sind und woraus wir bestehen, immerzu weitergegeben und so seit Abertausenden von Generationen in uns gespeichert wurde, sehen wir die Auswirkungen dieser langen Zeit auf unser Heute sofort mit anderen Augen. Insbesondere, wenn wir bedenken, dass Verhalten und Denken die Genaktivität beeinflussen, wie wir mittlerweile wissen.[7]) Leichthin sagen wir „unsere Gene" und meinen damit lediglich den Transport von Erbinformation, die Körperausprägungen wie Gesichtsform, Größe, Augen- oder Haarfarbe definiert. Dazu kommt: der Mensch kann nicht vergessen. Alles, was wir erleben, ist in unseren Körperzellen gespeichert. Was gespeichert ist, gibt der Mensch mit seinen Genen weiter.[8]) Bis auf die wenigen Generationen vor Ihnen haben fast ausnahmslos alle Ihre Vorfahren vollständig in der Natur gelebt. Was Ihre Vorfahren durchgemacht und überwunden haben, ist in Ihnen gespeichert. Da können wir schon ins Schmunzeln geraten ob der heutigen Herausforderungen im Vergleich zu den damaligen. Verinnerlichen Sie sich einmal, welches gigantische Erleben und damit Erfahrungswissen in Ihnen gespeichert ist!

Nur dies ist normal für uns: Natur und Sippe

Wenn wir glauben, so wie wir gerade leben, wäre es für uns Menschen ganz normal, irren wir uns. Wie wir heute leben, ist für uns Menschen zwar möglich, denn wir haben uns schließlich aus eigener Kraft bis hierher entwickelt und besitzen die Fähigkeiten dazu. Doch wir können noch viel mehr. Durch die ausschließliche Fokussierung auf Technik, Konsum und Geld haben wir uns ganz offensichtlich von etwas für uns sehr Wichtigem und von vielen Energiequellen in unserer Alltagswelt abgeschnitten. Und das meine ich völlig frei von Spiritualität und jeglicher Ideologie.

Draußen in der Natur häufig herumzuspringen, das ist für uns das Normalste, das es gibt. Auch in einer sozial eng verbundenen Sippe zu leben ist für uns einfach nur normal. Alles andere ist nicht normal und deshalb auch nicht vorteilhaft. Das ist schwierig vorzustellen, wenn man in einer Welt aufgewachsen ist und lebt, in der alles immer erklärbar sein muss. In der die wenigsten Natur je wirklich erfahren haben und viele keine funktionierende stabile Familie, geschweige denn die Geborgenheit und Verbindlichkeit einer Sippe je erlebt haben.

Mir ist wichtig aufzuzeigen, dass so, wie wir leben zwar der Beweis ist, was alles möglich ist, doch können wir noch nicht wissen, wie die langfristigen Auswirkungen auf unsere Entwicklung sein werden. Das werden erst unsere Nachfahren frühestens in ein paar Hundert Jahren wissen. Warum scheinen viele Dinge aus dem Ruder zu laufen, ohne plausible Erklärungen dafür zu finden? Warum sind so viele Menschen fehlernährt? Warum nehmen psychische Erkrankungen so dramatisch zu?[9]) Warum schleppen sich in Deutschland über 80 Prozent der Menschen unmotiviert in die Arbeit, verursachen durch ihren Zustand einen volkswirtschaftlichen Schaden von über 130 Milliarden Euro jährlich und lachen am Wochenende trotzdem nicht?[10]) Ist das noch die natürliche Auslese? Wer nicht mithält, bleibt eben liegen? Oder haben wir unser Lebenssystem nicht schon so weit ausgereizt, dass es auf Dauer niemand mehr gesund aushält?

Die Forderung, einen Schritt zurück zu tun, ist Verklärung der Wirklichkeit und Utopie. Wir müssen stattdessen unseren Wahrnehmungshorizont weiter fassen, dann lernen wir, wie wir unsere Urbedürfnisse mit unserem Bedürfnis nach Entwicklung und Fortschritt zu ungeahnten Kräften vereinen können.

Über Jahrmillionen waren wir permanent direkt auf die Natur angewiesen. Über genau denselben Zeitraum haben wir in engen Familienbanden und, im Vergleich zu heute, großen Sippen gelebt. Verknüpfen wir unser technologisches und ökonomisches Geschick mit unserem Gefühl für alles Natürliche, brechen wir zu einer Lebensselbstverständlichkeit, zu Glück und Erfolgen auf, die wir uns heute noch gar nicht vorzustellen imstande sind.

Wir haben gesehen: Natur wirkt. Was wir auch gesehen haben, es gibt offensichtlich keine Einschränkung oder Bedingung für diese Wirkung. Unser aller Ziel sollte es sein, diese wertvolle Wirkung so oft und intensiv wie möglich auszukosten. Leider gibt es in den Köpfen eine große allgemeine Hemmung, das auch tatsächlich zu tun. Es drängt sich das lähmende Gefühl auf, Natur wäre nur unter bestimmten Voraussetzungen, durch bestimmte Handlungen und an Bedingungen geknüpft, erleb- und nutzbar. Mit diesen blockierenden Ansichten räume ich grundlegend auf.

3. Natur für alle – bedingungslos

Wenn ich über Menschen lese, höre oder sehe, wie sie Natur erleben, dann beschleicht mich leider sehr häufig ein unangenehmes Gefühl. Diese Menschen bezwingen, erforschen, bejagen, behüten, konservieren oder gestalten die Natur. Sie sind Sportler aller Couleur, Abenteurer, Forscher, Jäger, Naturschützer oder Rancher, Fotografen, Künstler oder Gärtner. Wie jeder die Natur für sich nutzt, sei ihm überlassen, solange er sie nicht gedankenlos verbraucht. Doch suggeriert dieses auf eine Handlung fokussierte Bewegen in der Natur, dass sie nur so für uns verfügbar wäre. Nur so, nämlich während eines bestimmten Tuns, finde Natur für uns statt. Damit degradieren wir die Natur zur Kulisse.

Was ich als noch viel schädlicher erachte, ist die Tatsache, dass damit gewisse Fähigkeiten und Kenntnisse als Voraussetzung zum Naturerleben in den Raum gestellt werden. Nur so sei es möglich, Natur zu erleben und für sich zu nutzen. Tatkräftig unterstützt von einer gewinnorientierten Konsum- und Unterhaltungsindustrie. Wir glauben mittlerweile, ohne Tarnanzug, Survivalwissen, Gewehr, Fotoapparat oder Harke haben wir in der Natur nichts verloren. Wir glauben zudem, wir müssen in der Natur immer irgendetwas tun. Abgesehen davon begegnet uns das andere Extrem der Überspiritualisierung der Natur. Hier wird von Kräften der Natur gesprochen. Alles gut und schön, denn jeder soll seine Spiritualität in der Intensität ausleben, in welcher er sie braucht und in welcher sie gut für ihn ist. Solange dadurch niemand anderes in seiner Lebensauffassung eingeschränkt wird. Hier besteht jedoch die Gefahr, vor der tatsächlich vorhandenen psychischen, emotionalen und physischen Wirkung der Natur auf uns abzuschrecken. Es wird all jenen, die in der Natur keinen spirituellen Raum sehen wollen, schwer gemacht, die Wirkung der Natur freien Geistes gelten- und zuzulassen. Die Natur für sich als beruhigenden, beflügelnden, ja sogar heilenden Raum anzuerkennen und gezielt zu diesen Zwecken aufzusuchen und einzusetzen. Wie sehr jeder dieses Erlebnis Natur – wie oben erwähnt – psychisch, emotional, physisch und spirituell auflädt, sei ihm völlig freigestellt.

Ich wehre mich entschieden gegen dieses künstliche Abhalten von der Natur durch gedankliche Hürden wie unzureichende Ausrüstung, mangelndes Wissen über die Gegebenheiten oder welche sonstigen Barrieren auch immer vorgeschoben werden. Seien sie konsumorientiert, ideologischer oder spiritueller Art. Natur ist für uns alle da – und zwar bedingungslos. Natur wirkt bei uns allen – und zwar bedingungslos. Unser Naturgen sorgt dafür. Wir müssen keinen Tarnanzug tragen, um uns in die Natur integrieren zu können. Wir müssen nicht wissen, wie wir mit Eiszapfen Feuer machen, um in der ach so schrecklich grausamen Natur einen Tag lang überleben zu können. Wir brauchen nicht erst zu wissen, welche Kräutlein da alle wachsen, welche wir davon essen können und welche uns krank machen oder uns gar umbringen. Wir brauchen keinen Kompass, kein GPS-Gerät und keine Hightech-Ausrüstung, um überhaupt einen Fuß vor die Tür wagen zu dürfen. Wir müssen auf keine Trommel schlagen und auch keine Laute murmeln, um die Kraft der Natur spüren zu können. Jeder, der sich öffnet, kann auf seine eigene Weise, ganz einfach und klar die Natur für die Stärkung seiner Kräfte sowie seiner Kreativität nutzen. Sofort, ohne Vorbereitung, ohne Bedingung, ohne Glauben an irgendetwas. Wir müssen nur eines tun: Hinausgehen in die Natur!

Garantiert barrierefrei!

Gehen Sie unbefangen hinaus und entwickeln Sie Ihr eigenes Bild von der Natur. Die Natur ist einfach nur da für Sie. Mehr nicht. Wir können hingehen und ihre Wirkung auf uns für uns nutzbar machen. Die Natur baut uns keine Hürden, die wir überwinden müssen, um ihre Kraft für uns nutzen zu können. Es gibt keine Lehre, die man befolgen muss, um die Natur zu erleben. Wir müssen nichts glauben, können oder wissen. Wer uns dergleichen glauben machen will, hat den eigenen Profit im Visier oder das Ganze noch nicht so wirklich verstanden. Die Natur als das zu begreifen, was sie wirklich ist, damit tut sich unsere Gesellschaft zunehmend schwer. Die Natur ist zur Ressource verkommen. Als Lieferant für

Verbrauchsgüter wie Wasser, Lebensmittel und Kraftstoff. Sie ist zur Heile-Welt- und Abenteuer-Kulisse der Erholungs- und Erlebnisindustrie, für Freizeit-Kicks und Happy-Holiday verkommen. Wer macht sich schon die Mühe, einmal hinter diese Kulisse zu blicken? Wieso ist der Blick hinter die Heidi-Fassade so furchtbar schwer? Sind wir durch unseren von Hypertechnisierung und Konsum getriebenen Alltag bereits so sehr auf Oberflächlichkeit getrimmt, dass wir schnell und dankbar Kulissen als Realität annehmen?

Vielleicht können wir einfach diese hürdenlose Tatsache nicht mehr begreifen, weil sie in unserer Welt so gut wie nicht mehr existiert. Für eigentlich alles gibt es ständig Vorbedingungen. Um den Moment genießen zu können, glauben wir mittlerweile, einen Tee, ein Bier oder einen „Latte" zu brauchen. Sogar um zu wissen, wie wir uns heute fühlen, brauchen wir eine App. Mentaltraining, Meditation, Gebet, Yoga usw. versprechen Entspannung, Erholung, anstrengungslose Fokussierung und weitreichende Erkenntnis. Sie erfordern allesamt eine Zeit des Übens, bis ihre volle Wirkung einsetzt. Die Natur hat diese Hürden nicht. Sie wirkt, einfach weil sie da ist. Deshalb gibt es, um die Wirkungen der Natur zu erleben, auch keinerlei „Techniken". Lediglich verschieden starke Erlebnis- und Erfahrungstiefen gibt es. Es ist demnach ein Unterschied, ob wir in einer großen Gruppe, mit wenigen Freunden, nur mit einem Begleiter, ob Mensch oder Tier, oder ganz allein in der Natur sind. Ob wir nur für wenige Stunden oder gar für Tage, Wochen und Monate in ihr verweilen.

Natur wirkt. Ihre Wirkung erleben wir nicht nur, wenn wir tatsächlich in der Natur sind. Wir können ihre Wirkung mit in unseren Alltag nehmen. Wie das funktioniert, erfahren Sie im Kapitel „Denktag: Hebamme unserer besten Gedanken". Sollten Sie noch keinen persönlichen Bezug zur Natur haben, gehen Sie mutig und freudig auf sie zu. Sie werden überrascht sein, wie sehr sie Ihnen Heimat ist.

Ohne Ausrüstung in die Natur

Es ist möglich, ganz ohne Vorbedingung die Natur intensiv wirken zu lassen, ja tatsächlich, das geht. Sie können jetzt sofort hinausgehen in die Natur und ein paar sehr wertvolle Stunden für sich verbringen. Vielleicht sogar die wertvollsten seit langer Zeit.

Ziehen Sie sich etwas wärmer an, als wenn Sie planen, in die Stadt zu gehen. Eine Jacke, durch die der Wind nicht pfeift. Eine Kopfbedeckung. Schuhe, die stabil sind und ein paar Kratzer bekommen und schmutzig werden dürfen. Nehmen Sie eine feste Plastiktüte mit und stecken Sie ein flaches Kissen hinein. Ein Getränk und eine Wegzehr, die Sie auch beim Bäcker um die Ecke kaufen können. Fahren oder spazieren Sie an einen Waldrand oder einen Wanderparkplatz. Dort angekommen, gehen Sie 200 Schritte in den Wald hinein, suchen sich ein ansprechendes Plätzchen (vielleicht unter einem großen alten Baum) und setzen sich auf Ihr Tütenkissen. Und schon sind Sie da: allein in der Natur.

Damit Sie einfacher wieder zurück zu Ihrem Startpunkt finden, können Sie bunte Bänder (oder eine bunte zerschnittene Plastiktüte) alle 20 Schritte an Bäume hängen. So folgen Sie auf dem Rückmarsch nur den Bändern. Sammeln Sie die Bänder unbedingt wieder ein. Schnitzen Sie keine Markierungen in Bäume oder knicken Zweige, das verletzt diese, ist zu viel Aufwand und solche Markierungen sind darüber hinaus ohnehin nicht gut zu sehen.

Viele weitere hilfreiche Tipps dazu finden Sie in Kapitel 7 „Natur intensiv: neu erlebt, neu genutzt“.

Nun haben wir uns wohltuend und zielbewusst von allen künstlichen Hürden zur Natur befreit. Da taucht bereits das nächste Ungemach am Horizont auf. Wir tun zwar den ersten Schritt hinaus und zögern dann doch. Denn wir haben Angst vor all den Gefahren, die dort draußen auf uns lauern könnten.

4. Angst vor der Natur schützt vor ihrer Wirkung

Viele Menschen haben Angst vor der Natur: der Ruf des Uhu, ein Knacken im Unterholz, das Bellen von Fuchs und Rehbock. Vergruselt durch Geschichten, Märchen und Medien. Das kann nur geschehen, weil wir die Natur nicht mehr kennen. Wir wissen nicht mehr, was wirklich gefährlich ist und was nicht. Doch was tatsächlich gefährlich ist, ist Panikmache. Sie allein ist verantwortlich, wenn Menschen in ungewohnten Situationen draußen falsch reagieren. Sie ist schuld, wenn Menschen Angst davor haben, sich der Natur anzuvertrauen. Und damit zu wenig Zeit in der Natur verbringen. Verunglücken Menschen in der Natur, schockt uns das. Per se ist die Natur dennoch nicht gefährlich. Hinterfragen wir die Gründe der Unfälle, ist in den meisten Fällen Selbstüberschätzung weit vor Fehlverhalten die Ursache. Das Gefährlichste an Ihrer Naturzeit ist der Weg im Auto zur Natur und wieder nach Hause. Die Natur an sich ist auch nicht grausam. Sie ist, wie sie ist und hat ihre eigenen Gesetze. Wer sie achtet, für den ist die Natur nicht gefährlicher als das eigene Wohnzimmer. Da wir diese Gesetze allerdings nicht mehr kennen, wird die Natur manchmal gefährlich für uns. Es wäre so, als würden wir die Regeln des Straßenverkehrs nicht kennen und begäben uns in eine Großstadt. Wir würden sehr wahrscheinlich einen Unfall erleiden.

Das Einzige, wovor wir wirklich Angst haben müssen, ist der Mensch. Im Umgang mit Menschen können wir alles richtig machen wollen und trotzdem werden wir Menschen begegnen, die uns schaden; bewusst oder unbewusst. Das kann uns in der Natur nicht passieren. Die Natur ist das Ehrlichste, das es auf diesem Planeten gibt. Es ist an jedem Ort in einer Stadt deutlich gefährlicher als irgendwo in Wüste, Busch, Tundra oder Taiga, wenn wir, Hunderte

Kilometer vom nächsten Menschen entfernt, geplant unterwegs sind. Jede Autobahn ist tödlicher als alle Wüsten, Gebirge und Meere dieser Welt zusammen. Immer vorausgesetzt, wir halten uns an die Gesetze. Geschieht in der Natur ein Unfall, so wurde immer – ausnahmslos immer – ein Fehler gemacht. Sich mit letzter Kraft aus einer Lawine zu retten, vom Gewittersturm eingeholt worden zu sein, sich eine Erfrierung zugezogen zu haben usw. sind keine Auszeichnungen, sondern Zeugnisse eigener gravierender Unzulänglichkeit oder Leichtsinnigkeit.

Die Wildnis wochenlang zu durchstreifen, zu Fuß und mit dem Kanu. Ein Traum meiner Kindheit, genährt durch Berichte und Geschichten von Abenteurern, Trappern und Indianern. Mit 18 reiste ich nach Norwegen, um meinen Traum zu leben. Tagelang allein zu sein in der schier grenzenlosen Natur der Berge und Seen. Doch es fiel mir unerwartet schwer. Die Mücken verwandelten sehnlichst erwartete Sonnenstunden in eine sirrende Hölle. Erst der Regen machte das Unterwegssein erträglich. Mein ständiger Begleiter hieß Hunger, denn meine Finanzen hielten den norwegischen Preisen nicht stand. Um Fantasien, Hoffnungen und Ängste kreisten meine Gedanken. Ja, ich hatte Angst in den Wäldern. Ich fürchtete mich, mit einem Bären zusammenzustoßen oder in meinem Zelt von einem überrascht zu werden. Von purem Genuss kann ich nicht sprechen, wenn diese Zeit vor meinem inneren Auge vorüberzieht. Und doch, etwas in mir wurde berührt, was mich seither nie wieder losließ. Etwas in mir bekam Gehör, das ich zuvor noch nie vernommen hatte. Etwas in mir fand seinen Spiegel, in den es von nun an immer wieder blicken wollte. Etwas in mir fand Ruhe, die es sonst nirgends finden konnte. Und ich fand dadurch Zufriedenheit, Sicherheit und Halt, den ich bisher so noch nicht erlebt hatte.

Knapp 20 Jahre später steigt mir im norwegischen Unterholz plötzlich eine scharfe Brise Moschus in die Nase.

Augenblicklich flicht sich mit einem kribbelnden Ziehen eine Gänsehaut um Genick und Hinterkopf. Der Blick rast zwischen den dünnen weißen Stämmen der niedrigen Birken auf der Suche nach einer ganz bestimmten Silhouette. Durch meine Adern wummert stampfend der Puls. Ich erstarre. Meine Ohren wittern suchend. Wenige Schritte weiter erfasst mein Gesicht ein warmer Hauch. Ich blicke nach unten und sehe einen frischen Dunghaufen. Kein Laut zwischen den Bäumen. Wie ausgestorben scheint der Wald. Ich weiß, ich bin nicht allein.

Angst? Angst habe ich draußen immer und nie. Nur ist die Angst mittlerweile mein Verbündeter geworden, der mich und meine Kräfte fokussiert. Der mich achtsam macht und demütig. Der mir hilft, mich einzufühlen und aufzugehen in der schier grenzenlosen Weite. Mit glasklaren und ausgesprochen wachen Sinnen nehme ich wahr und fühle mich rundum wohl. Klar, auch heute habe ich noch keine Lust, mit einem Bären zu kollidieren. Nur empfinde ich jetzt das Alleinsein in der Natur als wahrhaft köstliches Sein. Es zeigt mir jedes Mal neue Seiten an mir. Spannend. Danke. Der Bär zeigte sich nicht, doch das Gefühl, beobachtet zu werden, hielt noch eine ganze Weile an.

Ich verstehe durchaus, dass es mitunter sehr schwer ist, sich vor dieser kollektiven Schutzfunktion Angst zu distanzieren. Wohl auch, weil wir beim Versuch, die Wahrheit für uns zu erkennen, die falschen Mittel anwenden. Schreckensbotschaften sind mittlerweile die einzigen, die unsere abgestumpften Gehirne noch erreichen. Nur sie bringen der Medienindustrie noch Kohle. Fatal für uns, denn wir vergällen uns die für uns wertvollsten und lebenswichtigsten Räume der Erde. Was wir nicht erklären können, existiert nicht. So werden wir in Schule, öffentlichem Leben und vor allem in der Wirtschaftswelt erzogen. Entziehen sich Ereignisse und Erscheinungen dennoch unseren Erklärungsversuchen, werden wir unsicher. Wir können mit nicht messbaren Wahrnehmungen nicht mehr umgehen. Da nimmt einer die Wünschelrute und spürt Metalle, Wasseradern usw. auf. Können unsere Messgeräte die Funde so nicht bestätigen, glauben wir ihm nicht. Graben wir, finden wir, was der Rutengänger sagte. Und es gibt eine Vielzahl von ähnlichen unerklärlichen Fähigkeiten:

- Einer blickt kurz in den Himmel und sagt das Wetter treffender voraus als mehrere Wetterberichte.
- Ein Wanderer kehrt ohne ersichtlichen Grund vorzeitig um oder nimmt urplötzlich einen anderen Weg.
- Ein Unternehmer setzt alles auf eine Karte und keiner kann sich erklären, weshalb.
- Zwei Menschen finden sich in einer Masse von Leuten, ohne sich angerufen zu haben.
- Jemand spürt genau, dass sein Partner auf der anderen Seite der Erde ein Problem hat.
- Wildtiere gesellen sich zutraulich zu einer Person …

Das macht uns Angst. Die Angst vor dem Unerklärbaren. Wir schätzen uns glücklich, alle erdenklichen Naturphänomene logisch erklären zu können. Zu beweisen, warum dies so und jenes so funktioniert. Das sagt und erklärt unser Verstand. Nur lassen sich Gefühle vom Verstand weder aufklären noch leiten. Gefühle lieben Verstärkung und Aufgehen in Erfüllung, Ausleben von Freud und Leid und Kontrollverlust. Sie hassen nichts so sehr wie Regulation. Je technokratischer, je funktionaler, je erklärbarer und rationeller unser Alltag verläuft, desto mehr verlangt es uns nach dem Vagen, dem Geheimnisvollen, dem Unerklärbaren. Unser kategorisch gedrillter Geist lechzt nach dem Unerklärbaren, nach Mystik, nach Fantasie. Die Natur ist ungewohnt. Ein gefundenes Fressen für unser emotional ausgedörrtes Hirn, das bizarre Bilder und Empfindungen in überschäumende Fantasien potenziert. Im Überschwang der rätselhaften Ereignisse brechen unsere Erklärungsmodelle wie morsche Brücken unter dem Gewicht der Eindrücke zusammen. Wir haben Angst.

Haben wir wirklich Angst vor der Natur? Oder haben wir in Wahrheit Angst davor, uns selbst zu begegnen? Haben wir in Wahrheit Angst vor uns selbst und wissen, in der Natur werden wir uns selbst begegnen? Wir wollen uns vor dem schützen, was uns Angst macht! Also ist jede Maßnahme recht, das Angstmachende einzusperren, abzuholzen, durch Wege und Parks zu erschließen. Alles, was so eingesperrt und zugemauert ist, kann sich nicht mehr entfalten. Was sich nicht entfaltet, kann uns nicht mehr auf seine unerklärliche und unkontrollierbare Art und Weise beeinflussen.

Auf und Ab gibt Sicherheit

Die Angst ist als fester Bestandteil in der Mitte unserer Gesellschaft angekommen.1) Heute grassiert die Angst vor der Zukunft. Viele erkennen, dass in der modernen digitalen Welt herkömmliche Regeln nicht mehr gelten. Die Regeln werden neu geschrieben. Um den Anschluss nicht zu verlieren, klammern sich viele mit Verbissenheit an den Alltag. Ein Alltag, der zumeist lückenlos durchorganisiert und verplant ist. Dies lässt die Illusion von Halt, Beständigkeit und Sicherheit entstehen. Nach dem Motto: „Retten, was zu retten ist, und dranbleiben."

Die Natur bietet originär sehr viele Sicherheiten. Wer allerdings die Natur nicht kennt, für den ist sie ein lebensfeindliches Chaos aus Fressen und Gefressen werden, Kälte, Nässe, Hitze. Ein Ort des Reichtums an Entbehrungen. Die Angst vor der Natur hilft uns, in diesen fremd gewordenen Lebensraum nicht mehr einzudringen und uns vor möglichen Risiken zu schützen. Mitunter haben wir sogar Angst, wertvolle Zeit zu verlieren und den Anschluss zu verpassen, wenn wir für Stunden oder gar Tage in die Zivilisationslosigkeit verschwinden. Folglich wird alles, was mit Natur zu tun hat, immer fremder und unnahbarer. Nicht, weil uns die Natur nicht haben will, sondern weil wir uns nicht mehr auf sie einlassen wollen. Und dennoch ist da diese Sehnsucht nach Heidi und Bambi. Die Sehnsucht nach der heilen Welt. Es gibt die heile Welt. Zwar deutlich anders als in diversen Geschichten und Werbebotschaften dargestellt, doch es gibt sie. Diese Welt, in der wir einfach nur SEIN dürfen. Diese Welt, die uns ein unverrückbares Gefühl des Urvertrauens und der Lebenssicherheit geben kann. Diese Welt, die tief glücklich macht.

In der Natur ist alles ein Auf und Ab, und zwar mit Sicherheit. Das ist, was wir von der Natur lernen können. Es hat alles seinen Rhythmus, es geht immer weiter. Und zwar letztlich immer zu unseren Gunsten, wenn wir lernen wollen, mit diesen Rhythmen zu spielen. Wer das verstanden hat, der kann in der Natur seine Rhythmus-Batterien immer wieder aufladen, wenn er in der digitalen Welt den Boden unter den Füßen zu verlieren beginnt. Wohl aus Selbstschutz ob der Überfrachtung, steuern sehr viele wie in Trance durch die Alltagswelt. Persönlich sehr distanziert, als wären sie nur Zuschauer und nicht Hauptdarsteller. Mit dieser Schon-Wahrnehmung berauben wir uns selbst einer wichtigen Fähigkeit, denn wir reduzieren sie auf unsere fünf Sinne. Selbst diese setzen wir immer beschränkter ein, wodurch sie zusehends verkümmern. (Mehr dazu erfahren Sie im Kapitel „Kreativitätsbooster Natur: Sinn der Sinne".) Einen „Sechsten Sinn" zu haben, trauen wir uns überhaupt nicht mehr zu. Vielleicht noch ein paar Genies, aber sicher nicht jedem oder gar uns selbst. „A G'fui für d'Sach'." Zu Deutsch: Ein Gefühl für die Sache. So sagen es sich die Leute im Alpenraum gegenseitig voll selbstverständlicher Anerkennung. Sofern das Gefühl vorhanden ist, versteht sich.

Wir alle haben die Fähigkeit dazu. Und wir tun uns im Leben nicht nur um vieles leichter, sondern haben am Leben selbst viel mehr Freude und Genugtuung. Denn wir fühlen uns mit unserer Umgebung und der Welt selbst verbunden. Wir fühlen uns lebendig und als aktiver, gestaltender Bestandteil. In welcher Lebenslage wir auch immer in unserer Alltagswelt sein mögen, in der Natur fühlen wir uns wohl und froh. Dann wird die Angst zu einem unsere Sinne und unseren Geist schärfenden Instrument. Wir beginnen, uns in der Natur und dadurch in der Welt selbst wohlzufühlen. Wir erkennen sie als das, was sie immer war und immer sein wird: unsere Heimat.

Lassen Sie sich von all den Märchen nicht mehr blockieren. Bilden Sie sich Ihre eigene Meinung mit Ihren eigenen Erfahrungen. Gehen Sie hinaus. Wirklich hinaus. In keine Kinokulisse, sondern in die große Natur. Und lauschen Sie. Lauschen Sie mit all Ihren Sinnen, mit Ihrem Innersten. Mehr müssen Sie nicht tun.

Sie brauchen zu Ihrer Sicherheit auch keine Gruppe. Eine Gruppe macht uns glauben, in Sicherheit zu sein. Das Gegenteil ist jedoch der Fall. In der Gruppe erkennen wir nicht, was in der Landschaft um uns geschieht. Wir erkennen weder Gefahren noch fantastische Begebenheiten. Immer wieder begegnen mir Menschen, die von ihren großartigen Naturerlebnissen berichten. Wie wertvoll die Natur für sie sei. Die wenigsten von ihnen sind je allein draußen gewesen. Sie können sich nicht vorstellen, was da anders sein soll. Nicht nur, dass wir in Begleitung einfach nicht wirklich zu uns selbst und zur Natur vordringen und ein sicheres Gefühl für die Natur entwickeln können. Aus Sicherheitsgründen eine Gruppe vorzuziehen, kann leider auch zum Verhängnis werden.

Fataler Trugschluss: Sicherheit der Gruppe

Wir, ein Dutzend Skibergsteiger, queren in den Westalpen einen weiten, steilen Hang. Plötzlich bricht oberhalb von uns ein sehr kleines, vielleicht fünf Meter breites Nassschneebrett los. Es rutscht zum Glück nur etwa 20 Höhenmeter und bleibt dann liegen. Niemand kommt zu Schaden. Wäre es ein paar Meter weitergerutscht, hätte es einige von uns erwischt. Verschüttet wäre wohl niemand geworden, aber ein Bein bricht im nassen Schnee schnell. Mein Puls rast. Ich schimpfe über mich selbst. Wie konnte uns das passieren! Wir trotteten vor uns hin, uns miteinander lebhaft unterhaltend. Keiner hatte den Hang als potenziell gefährlich eingeschätzt. Ich spreche unsere beiden Führer darauf an und bekräftige, welch großes Glück wir hatten. Die beiden sehen mich mit großen Augen an und entgegnen, es wäre doch nichts passiert. Was ich denn habe. Allein, weil wir allesamt den Hang als ungefährlich eingeschätzt hatten, und wir dennoch eine Lawine – wie groß auch immer – lösten, war ein von uns selbst verschuldeter Fehler. Wir hatten durch unsere Bewegungen die Schneedecke gestört – dadurch löste sich das Schneebrett. Völlig gleichgültig, ob niemand zu Schaden gekommen sei, dies müsse uns sehr zu denken geben, bekräftigte ich. Sie zeigten kein Verständnis für meine Erregung und zuckten nur mit den Schultern. Ein knappes Jahr später: Beide Führer sind zu zweit auf Skitour. Sie lösen selbst ein Schneebrett aus. Einer überlebt schwer verletzt, der andere nicht.

Diese Geschichte verdeutlicht, dass Gruppen und deren Entscheidungen nicht unbedingte Sicherheit bedeuten. Verlassen Sie sich im Zweifelsfall in der Natur auf Ihre Instinkte, die Sie immer richtig anleiten werden. Beispiele wie dieses nähren unsere Angst vor der Natur. Wir brauchen Natur und lassen sie dennoch nicht nah genug an uns heran. Durch genau diese Ferne haben wir gelernt, sie zu fürchten. Kann es sein, dass wir darüber sogar schon krank geworden sind?

KAPITEL II

Die Natur des Menschen

5. Hospitalismus: Ist Krankheit mittlerweile normal?

Wir schlagen die Zeitung auf, schalten den Fernseher an oder lesen in unseren Social-Media-Timelines. Und wir bekommen in einem nie enden wollenden Strom das hier: Katastrophen, Skandale, Unfälle, rasende Veränderung, Hektik, Überlastung, Müdigkeit, Übergewicht, Fettleibigkeit oder Magersucht, Burn-out, Depressionen, Konzentrationsschwierigkeiten und Aufmerksamkeitsdefizite, geringe Leistungsfähigkeit, dürftige Kreativität, Ziellosigkeit, Unsicherheit in Entscheidungssituationen, maßlose Selbstdarstellung. Und über all dem schwebt ein alles überlagerndes Gefühl: Angst.

Sei es bei Kindern, Jugendlichen oder Erwachsenen. Lauschen wir Gesprächen auf der Straße und in Cafés, gehen wir mit offenen Augen und Ohren durch Unternehmen, so fällt eine große, allgemein passive Grundstimmung auf, zur Arbeit[1]) und zum Leben überhaupt. Als würde die Menschen das Ganze gar nichts angehen. Als würden sie ihrem eigenen Leben zusehen, wie es passiert. In permanenter Schonhaltung ständig daran herumnörgelnd und sich maßlos aufregend, ohne jedoch etwas zu ändern. Die banalsten Oberflächlichkeiten zu Lebenswichtigem stilisierend. Um dennoch offen von ihrer Angst vor der Zukunft, Angst vor dem Leben an sich zu sprechen. Bei Kritik sind sie sofort pikiert und geben sich tief gekränkt. Gleichzeitig ist ihnen die Aufmerksamkeit von anderen immens wichtig, wie belanglos ihr Tun auch sein mag. Ein flüchtiger Blick in die Social-Media-Kanäle spricht Bände über die Selbstdarstellungsorgien mancher. Dies alles steht im krassen Gegensatz zur eigenen Verantwortung gegenüber sich selbst. Obwohl wir keinerlei Mangel an Dingen haben, um unseren Leib gesund und unser Äußeres attraktiv zu gestalten, erinnert die Erscheinung von vielen eher an Vernachlässigung. Da hängen Bäuche über Hosen und Mundwinkel bis zum Kinn. Glanzlose Augen in ausdruckslosen Gesichtern starren zum nächsten Happen. Wenige Treppenstufen verursachen Röcheln und Schwitzen. Wie sollen wir anderen gegenüber verantwortlich handeln, wenn wir uns selbst so sehr vernachlässigen?

Über 37 Prozent der Deutschen sind übergewichtig, 15 Prozent sogar fettleibig.[2]) Bei in Summe 52 Prozent ist es demnach heute normaler, zu viel auf den Rippen zu haben, als gesund wäre. 61,5 Millionen Arbeitstage fallen aufgrund von psychischer Belastung jährlich aus.[3]) Das ist seit 1976 ein Anstieg um das Fünffache: von zwei Prozent aller krankheitsbedingten Ausfalltage wegen psychischer Erkrankungen auf nun fast 15 Prozent.[4]) Die Bevölkerungszahl hat sich in dieser Zeit jedoch nicht vervierfacht, sondern ist von 78,2 Millionen um lediglich drei Prozent auf 80,8 Millionen gewachsen.[5]) Besonders in den letzten Jahren ist eine überproportionale Steigerung festzustellen: um 97 Prozent von 2005 bis 2012.[6]) Burn-out-Tendenz steigend. Zu diskutieren, ob die Zahlen und ihre Ursachen gerechtfertigt sind oder nicht, ist müßig. Vielleicht sind die Untersuchungsmethoden besser, die Ärzte sensibilisiert, es mag vielleicht schlichtweg in Mode sein. Wie auch immer. Was seit Jahren mit offensichtlich zunehmender Attraktivität in den Fokus der Aufmerksamkeit gerät, scheint für die Betroffenen eine Ventilfunktion zu haben. Ebenso wie Alkohol, von dem 1,8 Millionen Bundesbürger abhängig sind und mehr als 7,4 Millionen regelmäßig zu viel trinken. Damit greifen über sieben Prozent zu dieser Ersatzbefriedigung.[7]) Das ist einer von 14! Um überhaupt über den Tag zu kommen, nehmen 15 bis 20 Prozent der Menschen in Industrienationen regelmäßig Tranquilizer gegen Angststörungen.[8]) Sogar für normale geistige Aufgaben des Arbeitsalltags wird immer mehr zu Drogen gegriffen.[9]) Weiters versucht jeder Vierte, seine emotionalen Probleme durch Kaufen zu verdrängen. Davon süchtig sind aktuell 800.000 Menschen in Deutschland; Tendenz ebenfalls steigend.[10]) Kaufsuchtgefährdet zu sein, ist in westlichen Industrienationen ein wachsendes Massenphänomen, das mittlerweile sieben Prozent der Bevölkerung betrifft.[11]) Übrigens allesamt Erscheinungen, die weit häufiger in der Stadt auftreten als am Land.[12]) 40 Prozent der Social-Media-Nutzer pflegen lieber ihre Onlinebekanntschaften, als sich mit Freunden im realen Leben zu treffen.[13]) Regelrecht onlinesüchtig sind hierzulande über 2 Millionen, das sind nahezu 3 Prozent.[14]) Und das sind nur die offiziellen Zahlen. Ein befreundeter Orthopäde mit eigener Praxis, der von Berufs wegen den Bewegungsapparat kuriert, schätzt, dass 80 bis 90 Prozent der Leiden seiner Patienten auf psychische Ursachen zurückzuführen sind. Der volkswirtschaftliche Schaden lässt sich in Abermilliarden beziffern, und seine langzeitlichen Folgen sind weder abseh- noch quantifizierbar. Wie auch immer wir diese Zahlen interpretieren wollen, Fakt ist: wir haben ein Problem.

Das kann doch nicht das wahre Leben sein! Es kann doch nicht sein, dass wir alle schuften und rackern und dann kommt nichts weiter dabei heraus. Macht das wirklich Sinn, wenn das Leben zu einem einzigen Krampf wird? Wenn beinahe alle krank daran werden, stimmt nicht nur etwas nicht, dann stimmt beinahe alles nicht. Wie gesund kann unser Volksgeist sein, wenn ein großer Teil des Volkskörpers in einem desolaten Zustand ist? Mens sana in corpore sano. Oder stimmt das etwa nicht mehr? Mir wird schwindlig, wenn ich an die mögliche Produktivität unserer Volkswirtschaften denke, würde sich jeder einzelne aktiv um seine Gesundheit bemühen.

Wir absolvieren Termin um Termin, erfüllen uns Wunsch über Wunsch, reihen Beziehung an Beziehung, loben die nie da gewesene Freiheit und sind dennoch nicht befriedigt. Wir werden sogar krank davon. Ging es Ihnen wie mir, als ich die Zahlen dieser Erhebungen mit meiner medialen Wahrnehmung und meiner Wahrnehmung im Miteinander gegenüberstellte? Was wir tun und wie wir leben, ist uns ganz offensichtlich möglich. Nur wie sehr macht das tatsächlich Sinn, wenn dabei auf Dauer kaum noch jemand gesund bleibt?

Halten wir uns selbst noch artgerecht?

Kann es sein, dass wir uns selbst nicht mehr artgerecht halten? Kann es sein, dass wir für uns entscheidend wichtige Lebensparameter im Laufe der Zeit völlig ausgeblendet haben? Vom davon abhängenden Lebensglück ganz zu schweigen? Was ist eigentlich artgerechte Haltung? Ich recherchierte dazu und stieß auf das Deprivationssyndrom; auch Hospitalismus genannt. Es beschreibt die Auswirkungen nicht artgerechter Haltung auf Lebewesen. Befinden sich Tiere und Menschen in für sie falschen Lebensumgebungen, werden sie krank. Diese Erscheinungen kommen bei Zootieren gleichermaßen vor wie bei Inhaftierten und Patienten in Alten- und Pflegeheimen oder Krankenhäusern. Sie ist eine Folge der Beraubung an wichtigen Umgebungsreizen und Zuwendung. (Deprivation von lateinisch *deprivare* „berauben".) „Hospitalismus kommt überall dort vor, wo Menschen zu wenig (Vernachlässigung) oder negative (Ablehnung) emotionale Beziehungen (Bindungsstörung) erhalten." Leider sogar in Familien. Hospitalismusfördernd ist außerdem das Fehlen optischer sowie akustischer Stimulation.[15])

Sehen wir uns einige Symptome des Deprivationssyndroms im Detail an:

- Leistungsschwäche
- schnelle Ermüdung, geringe Frustrationstoleranz und Aggression
- Konzentrations- und Aufmerksamkeitsstörungen
- passive Grundstimmung
- motorische Verlangsamung
- Essstörung
- Störungen des Sexualtriebes
- Erzwingen von Aufmerksamkeit
- Resignation
- Depression, depressive Grundstimmung und Weinerlichkeit
- gesteigerte Empfindlichkeit gegenüber Kränkungen
- geringes Selbstwertgefühl, verminderte Kritikfähigkeit
- Angstzustände
- erhöhte Verantwortungslosigkeit gegenüber sich und anderen
- Gedankenkreise, ständig gleiche Fragestellungen
- Angst vor allem Möglichen und dem Leben an sich: mangelndes Urvertrauen

Geht es Ihnen auch wie mir? Als ich die Liste der Symptome las, lief es mir kalt den Rücken hinunter und wieder hinauf.

Erscheinen Ihnen nicht plötzlich etliche ganz normale, offiziell gesunde Mitmenschen so, als litten sie unter diesem Syndrom? Halten wir uns selbst nicht mehr artgerecht und merken es gar nicht?

Wir sperren uns ein. Und stehen sehnend so nahe an den Gitterstäben, dass wir diese nicht sehen. Wir klammern uns an sie, denn ohne sie würden wir das Gleichgewicht verlieren und umfallen. Der Tiger im Käfig sind wir selbst geworden. Wir haben uns zu einer Gesellschaft entwickelt, die es mit sich selbst nicht mehr aushält. Wir sind kollektiv ständig auf der Flucht vor uns selbst und betäuben unsere innere Stimme mit Oberflächlichkeiten. Wir hechten vom Teammeeting zum Wellness-Kurzurlaub, von der Kundenpräsentation zum Hochzeitstagsgeschenk-Einkaufen, von Fortbildung zu Selbststudium, von Vernissage zu Omas Geburtstag. Das alles vor dem Hintergrund des Umzugs an den neuen Firmenstandort, der neuen Karrierestufe, dem neuen Auto, der Abiturfeier der Tochter …

Damit wir das Ganze überhaupt noch irgendwie packen, schlucken wir alle möglichen Medikamente und Alltagsdrogen wie Koffein, Nikotin und Alkohol und unterziehen uns Therapien, besuchen Coachings, lesen Ratgeber und testen Motivationsmaßnahmen, die in ihrer Heftigkeit manchmal an Gehirnwäschen erinnern. Ohne diese Hilfsmittel kommen wir überhaupt nicht mehr „normal“ über die Runden. Sagenhaft erschreckend! Sind das wirklich noch wir selbst? Wollen wir auf Dauer wirklich so leben?

Liegt nicht die Vermutung nahe, dass wir in unserer hochtechnologisierten Zivilisation im Grunde in einer für Menschen zu reizarmen Umgebung leben, mit Zuwendungsmangel oder gar Ablehnung? Denn welcher Stadtbewohner hat: saubere Luft, artgerechte Bewegung außerhalb von Räumen, reizvolle und trotzdem nicht reizende Umgebung mit möglichst wenig Stressauslösern wie Verkehr, Lärm, Hektik, körperliche Gedrängtheit mit massenweise wildfremden Menschen usw.? Unser Alltag, auch in völliger persönlicher Freiheit, gleicht eher einem Kerker als dem natürlichen, seit Jahrmillionen angestammten Lebensraum des Menschen. Wir Zivilisationsmenschen sind heute wie Käfigtiere. Wir denken, wir leben artgerecht, denn wir tun schließlich alles für unser Wohlbefinden, damit wir noch gesünder und damit leistungsfähiger werden. Leider erkennen wir nicht mehr, dass wir uns vollständig in für uns unnatürlichen Lebensumständen bewegen.

Und es geht leider noch weiter. Ja, ich weiß, Ihnen ist bereits schon jetzt ziemlich unwohl. Nur dieses kommende Rechercheergebnis will ich Ihnen nicht vorenthalten. Es geht nämlich noch tiefer. Viel tiefer. Auf unsichtbare Ebene sogar. Halten Sie sich fest. „In zunehmendem Maße bringen auch Umweltgifte auf molekularer Ebene unser Transmittersystem in Unordnung; die Folgen sind hochgradig psychische und psychosomatische Beschwerden wie Depressionen, Angst- oder Aggressionszustände, Konzentrations- und Gedächtnisstörungen, Persönlichkeitsveränderungen und Verhaltensstörungen. Eine Richtung der modernen Medizin, die klinische Ökologie (teilweise auch die sogenannte orthomolekulare Medizin), befasst sich mit der Aufdeckung von krankmachenden Umweltmolekülen. Eine faszinierende Perspektive: Beschwerden und Krankheiten sind nicht durch Zuführung bestimmter Stoffe (Medikamente), sondern durch gezieltes Meiden bestimmter Umweltstoffe zu heilen. Das körpereigene Transmittersystem würde dann eine neue Harmonie finden.“[16])

Super, nicht wahr? Gar nicht so einfach, diesem Gift und Mist zu entkommen. Unsere Persönlichkeit verändert sich langsam, aber sicher, und wir merken es gar nicht. Was können wir dagegen tun? Zum Beispiel, uns immer wieder einen Tag oder ein paar Tage lang in einer weitgehend unbelasteten Umgebung aufhalten. Also in so viel Natur wie möglich! So kann sich unser Körpersystem entspannen und führt sozusagen einen „Reset“ unserer Alarmbereitschaft und Reizstoffabwehr durch.

Wir wissen nicht, wie gesund wir eigentlich wären

Wie fit, gesund, leistungsfähig, kreativ und zuversichtlich wir tatsächlich sein könnten, können wir häufig also gar nicht wissen. In für uns hinderlichen Lebensumgebungen werden wir es auch niemals feststellen. In unserer üblichen städtischen, reizarmen Umgebung fehlen uns die reizstarken und dennoch stressfrei stimulierenden Reize natürlicher Landschaften. Wir ermüden geistig und erschöpfen uns mental in städtischer Umgebung und Zivilisation.[17])

Die meisten Menschen kommen kerngesund zur Welt. Je nach Schwere der falschen Behandlung werden Kinder jedoch sehr schnell krank. Sie zappeln und werden geradezu unhaltbar, weil sie zu wenig Bewegung an der frischen Luft bekommen. Sie werden dick und zu wahren Bewegungsidioten. Sie werden zu Egomanen, weil sie meist ohne nennenswerte Familien- und Sozialstruktur aufwachsen und die Eltern sie im Helikoptermodus permanent in den Fokus jeglicher Aufmerksamkeit stellen. Die Natur und eine stabile Familie sind etwas, das wir Menschen schlichtweg brauchen. Sonst werden wir krank. Wir sind zwar aus der Natur gekommen, doch haben wir verlernt, ihre Bedeutung und ihren Nutzen für uns wahrzunehmen. Das führt zu permanentem Stress und dadurch zur Minderung von Gesundheit, Kreativität und Leistungsfähigkeit und letztlich Glück.

Wird bei diesem unserem Tun nicht sogar die durchschnittliche Lebenserwartung sinken? Einfach weil diejenigen, die keine stimmige Balance zwischen modernem Leben und Urbedürfnissen herstellen können, aufgrund mentaler Auszehrung sterben? Ähnlich der Industriearbeiter um die vorletzte Jahrhundertwende.

An sich ist es nicht verwunderlich, wie die Dinge sich mittlerweile entwickelt haben. Bis jetzt war die oberste Maxime für Fortschritt die Bändigung der Natur. Damit haben wir auch unsere eigene Natur gebändigt. Je weniger Naturkontakt wir im Alltag haben mussten, desto besser. Die mannigfachen Ausfallerscheinungen zeigen aber, dass uns das offensichtlich nicht grenzenlos guttut. Wir forschen zwar wie besessen nach immer neuen Wegen, diese negativen Phänomene in den Griff zu bekommen, kratzen aber immer nur an der Oberfläche, weil wir nicht dort suchen, wo die echten Lösungen zu finden wären: In der Natur. Was eine logische Folge unserer Bestrebungen ist, uns vor der Natur zu schützen und uns unabhängig von ihr zu machen. Tatsächlich ist die Natur aber ein unbegrenzter Fundus an Möglichkeiten, und ihre vielgestaltige Wirkung auf uns ist ein ausgesprochenes Wunder.

Natürlich macht es keinen Sinn, verklärender Historiensentimentalität früherer Epochen, in welchen der Mensch an Mutter Erdes Busen in eingeschworenen Sippen gelebt hat, nachzutrauern. Wir sollten uns nur bewusst machen, wie weit wir uns schon davon entfernt haben, was für uns normal war, und dann mit den Mitteln der Gegenwart einen neuen kraftvolleren Weg finden. Die Methoden sind an sich sehr einfach:

- aktiv, regelmäßig Zeit in der Natur verbringen; vorzugsweise allein
- echte, emotional tiefe und wertvolle Bindungen zu einer überschaubaren Zahl an Menschen aufbauen

Wir sind dazu geboren, Hochleistungen körperlicher und geistiger Art zu vollbringen. Wir Menschen besitzen Grundfähigkeiten, die es uns ermöglichen, aus jeglichen Situationen das Beste zu machen und uns beständig weiterzuentwickeln. Es erschreckt, mitanzusehen, wie diese wichtigen Fähigkeiten offensichtlich immer mehr abhandenkommen. Weshalb sonst schlagen sich weit über die Hälfte der Menschen mit psychischen Problemen jeglicher Ausprägung, Essstörungen und Süchten aller Art herum? Einfach nur pauschal Stress und ein Überangebot an Nahrungsmitteln verantwortlich zu machen, ist mir zu wenig und entzieht uns der Selbstverantwortung à la: Die Wurst ist schuld, dass ich hineingebissen habe. Was muss die auch da liegen?

Diese Grundfähigkeiten zur Selbstverantwortung und damit auch der Verantwortung anderen gegenüber sind in uns Menschen angelegt. Sie bedürfen aber zu ihrer Entfaltung beständiger persönlicher Pflege und eines fördernden Umfeldes. Zwei Aspekte, die in unserer modernen Lebens- und Wirtschaftswelt allerdings abhandengekommen zu sein scheinen. Sonst stünden wir nicht vor den Herausforderungen der heutigen Zeit. Unsere heutige moderne Zeit ist offensichtlich mittlerweile weit entfernt von dem, was Menschen wirklich brauchen, damit es ihnen geistig und körperlich gut geht und sie Freude am Leben im Allgemeinen und am Leisten im Speziellen haben.

Offensichtlich wissen wir unbewusst, dass wir „krank" sind. Oder würden wir sonst beständig suchen?

6. Krankheit ist Suche

In meiner Heimat, dem südlichsten Oberbayern, an der Grenze zu Salzburg und direkt an den Bergen, haben wir für vieles eigene Ausdrücke. So bezeichnen wir einen Kranken als „suchtig". Er befindet sich demnach auf einer Suche. Aber nicht nur heimische Mundart bezeichnet Krankheit als Suche. Dieser Ausdruck findet sich auch in spirituellen Deutungen über die ganze Erde verteilt. So versteht etwa die altchinesische Philosophie Krankheit als Entgleisung des harmonischen Gleichgewichts der Lebensenergie Yin und Yang. Sprache ist Ausdruck von Empfindungen. Der Volksmund speist sich aus Erfahrungen vieler Generationen ohne Anspruch auf wissenschaftliche Korrektheit. Was sich über Naturerscheinungen in der Sprache niederschlägt, hat auffallend häufig einen verblüffend hohen Wahrheitsgehalt.

Was steckt wohl hinter diesen ganzen Krankheitssymptomen und Süchten?

Eine unfokussierte Suche. Wissen wir nicht, wo wir suchen sollen, wachsen uns die Anforderungen über den Kopf. Sehen wir keinen Ausweg, ist die Flucht in diffuse Zustände ein probates Rettungsboot. Über die Sinnlosigkeit dieser Ausflüchte weiß der Betroffene meistens nichts. Insbesondere, wenn er kein Umfeld findet, das sensibel erkennt, wo jemand sich Richtung Abgrund bewegt. Wenn keine vertrauensvolle Nähe zu wertvollen und lebensreifen Menschen besteht. Wenn auch keine Möglichkeit oder kein Bewusstsein vorhanden ist, vom Nutzen der Zeit in der Natur. Die vieles einrenkt, oder es bei regelmäßiger Verabreichung gar nicht zu solchen Auswüchsen kommen lässt. Wir werden krank, weil uns etwas fehlt. So geben wir uns selbst die Gelegenheit, Zeit für die Suche zu haben. Der kranke Leib fesselt uns ans Bett. Er verordnet uns viele einsame Stunden mit uns selbst. Jeder nimmt dann Rücksicht auf unser Ruhebedürfnis. Der liebende Partner bringt uns heißen Tee und schließt die Tür. Die Kinder und das Leben haben Sendepause. Und wir? Nehmen wir diese Pause dankbar an oder hasten wir in Gedanken und Taten schon weiter in die möglichst rasche Genesung? Wohlgemerkt, ohne irgendetwas in unserem täglichen Verhalten zu ändern.

Ruhe bedeutet Heilung. Weshalb setzen wir diese Mittel nicht bewusst und vorausschauend ein, um es überhaupt nicht zu einer Erkrankung kommen zu lassen, sondern in unserem Tun noch wirkungsvoller zu sein? Riecht das nicht bereits nach kollektiver agitierter Depression, wenn uns allein der Gedanke an Ruhe und Inaktivität in Panik versetzt?[1]) Weniger ist mehr. Kann es nicht sein, dass die oben genannten Entgleisungen, die ja nun einmal nicht Einzelphänomene, sondern Massenerscheinungen sind, im Grunde eine allgemeine Suche nach wirklich tief Befriedigendem ist? Nach etwas, das unsere heutige Alltagswelt einfach nicht mehr bieten kann? Weil wir dabei sind, uns zu Tode zu zivilisieren?

Wenn wir also nach etwas suchen und es einfach nicht finden, was ist denn nun eine „artgerechte Haltung des Menschen"? Was müssen wir tun, damit es uns besser geht? Artgerechtes Leben kann nur dort stattfinden, wo Quantität und Qualität gleichzeitig die vergleichsweise höchsten Werte liefern. Dort also, wo die Menschen gesund sehr alt werden und sich zudem als sehr glücklich bezeichnen. Was ich Ihnen nun vorstelle, biete ich Ihnen als Beispiel an. Es ist keine Idealisierung. Denn die unmittelbare Umsetzbarkeit auf unser Leben hier in Mitteleuropa hinkt in vielen Punkten. Wir haben es allerdings auch nicht nötig, abzukupfern, wir können das selbst auf unsere Art.

Auf der japanischen Inselgruppe Okinawa werden die Menschen so alt wie nirgendwo sonst auf der Welt. Wieso? Mildes Klima während des ganzen Jahres, zum Großteil pflanzliche Ernährung mit Fisch und etwas Schweinefleisch, die fett-, salz- und energiearm ist. Man isst sich nicht ganz satt, dafür öfter, schläft genug und bewegt sich viel. Sogar viele sehr Alte – deutlich über 90! – treiben jeden Tag Sport und arbeiten. Geselligkeit ist ein unabdingbares Muss.

Was diese Leute dort tun, hat erstaunlich viele Parallelen zur Lebensweise der Menschen über Jahrmillionen; abgesehen von heute. Sogar die Nachkommen dieser gesunden und lebensfrohen Alten auf Okinawa machen es ihren leibhaftigen Vorbildern nicht nach! Vermehrt stopfen sie Fastfood in sich hinein, Fernseher und Spielkonsole werden Bewegung und Geselligkeit vorgezogen. Den Beweis für deren Schädlichkeit liefert Okinawa selbst auf den Fuß: Enkel sterben vor ihren Großeltern![2])

Sehen Sie sich einmal im Internet Bilder von Okinawa an: ein Südseetraum! Da könnten wir glatt in Versuchung kommen und abwinken: „Ja, da glaube ich gern, dass die Leute so alt werden. In diesem Paradies!" Ist dieser Gedanke nicht zu kurz gesprungen? Sehen wir uns doch einmal unsere deutsche und mitteleuropäische Naturlandschaft im Wandel der Jahreszeiten und Wetterlagen genau an: ein Naturtraum! Stimmt es uns nicht unsagbar lebensfroh, an einem Frühjahrstag in der nun endlich wärmenden Sonne unter duftenden Kiefern zu picknicken? Lockt nicht der Sommer an See, Fluss und Küste und erfreut uns mit nördlichen 16 Stunden Sonnenlicht? Glüht nicht der Herbst mit milder Sonne satt im feurigen Laub und verleitet mit seiner Frische zu weiten Spaziergängen, Radtouren oder verträumten Stunden am See?

Ist es nicht fantastisch, an einem novembernebligen Tag durch satten, stillen Wald zu lustwandeln und sich dann im gemütlich warmen Heim an einer Tasse dampfenden Tees mit leckerem Gebäck zu erfreuen?

Wie optimal lässt sich bei einem Gang durch winterverschlafene, froststarrende Heiden und Felder das Jahr Revue passieren und mit der Vorschau auf das neue krönen?

Nur raus müssen wir gehen. Das eben schon. Daran kommen wir nicht vorbei. Das müssen auch die Menschen auf Okinawa tun. Aus jeder Stadt bringen uns öffentliche Verkehrsmittel binnen einer Stunde ins satte Grün. Nicht einmal ein eigenes Fahrzeug ist dazu nötig. Eine reizstarke Umgebung findet sich nicht nur in der Südsee, sondern unweit jeder Haustür. Wir haben nicht so häufig Sonne, kein warmes Meer und schon gar keine Palmenwälder. Doch wir haben in Mitteleuropa fantastische, höchst reizstarke und vor allem sehr abwechslungsreiche Landschaften auf engstem Raum, die uns allen frei zur Verfügung stehen.

Und was Familie und wirklich gute Freunde anbelangt, die bekommt man nirgendwo auf der Welt frei Haus geliefert. Für die müssen wir alle jeden Tag selbst etwas tun. Vor allem, viel hochwertige Zeit miteinander zu verbringen. In der Gemeinschaft mit allen und mit jedem Einzelnen, damit die wertvollen Ich-und-Du-Beziehungen mit ihren unvergesslichen Augenblicken entstehen. Denn danach lechzen wir – ganz tief drin.

7. Schrei nach Körperlichkeit und Gemeinschaft

Jeder fünfte Patient und jeder dreizehnte Jugendliche klagt heute über Schmerzen, die erwiesenermaßen keine körperlichen Ursachen haben.[1]) Eine Art von Phantomschmerzen mit psychischen Ursachen, psychosomatischer Schmerz genannt. Die manifesten Schlafstörungen jedes zehnten Viertklässlers gehören auch in diesen Kontext.[2]) Ich bin weder Mediziner noch Psychologe und maße mir keine Diagnose an. Ich stelle jedoch zwei Fragen. Kann dies nicht ein Ausdruck sein für: „Ich habe einen Schmerz (im Sinne von Verlangen), weiß aber nicht, was ich brauche und wo bzw. wie ich es bekommen kann“?

Oder:

„Ich erleide zu wenige echte Schmerzen. Ich will endlich einmal spüren, was wirkliche Schmerzen sind. Ich brauche das, um festzustellen wie mein Körper reagiert und was ich aushalten kann. Ich brauche das, um mich selbst einmal vollständig zu spüren!“

Ein Ergebnis maßlos überbehüteter Kindheiten, die grundsätzlich jeden ungefährlichen Schmerz und jedes Unwohlsein zur Katastrophe erklären. Schürfwunden, blaue Flecken, Prellungen, Nagelrisse, Brennesselstiche,

Ameisensäure, Grasjucken, Zähne zusammenbeißen und Heulen vor Anstrengung, nass werden, frieren, bis die Lippen blau werden, schwitzen, Bärenhunger, todmüde noch am Tisch einschlafen usw.: das ist Kindheit. Kinder brauchen das. Und Erwachsene ebenso. Ein Verlangen, das auf Dauer unbefriedigt bleibt, mündet immer in Ersatzhandlungen. Wenn es schlecht läuft, in obskuren Mutproben, wie sich selbst anzuzünden oder mutwillig zu verletzen, oder grundlos Prügeleien anzufangen – am liebsten mit Schwächeren.

Heute verbieten Eltern den Erziehern/innen im Kindergarten, ihr Kind bei Matschwetter in den Garten zu lassen, weil sonst die Klamotten schmutzig werden. Einmal ganz abgesehen vom gesundheitlichen Schaden, lernen die Kleinen etwas höchst Bedenkliches: Dinge sind wichtiger als Menschen. Es ist wichtiger, saubere, ordentliche Hosen zu tragen, als mit Freunden Spaß im Matsch zu haben. Das ist in meinen Augen eine gesellschaftsfähige Vergewaltigung der Kinderseelen. Kinder brauchen erstaunlich oft genau das Gegenteil dessen, was unsere verkrampfte Erwachsenenwelt meint. Und nicht nur die Kinder selbst, sondern alle Menschen würden rasend davon profitieren: 3.000 Autobiografien kreativer Denker zeigten, dass diesen Personen während ihrer Kindheit die Nähe zur Natur besonders wichtig war.[3])

Weshalb sind von diesen negativen Entwicklungen auffallend stark gerade jene betroffen, die mit den Raffinessen des elektronischen Zeitalters und Social Media aufwachsen und in virtuellen Räumen keinerlei Anpassungshürden haben? Gerade jene, die viel zu häufig Natur nur vom Hörensagen kennen. Gerade jene, die allesamt in Kleinstfamilien aufgewachsen sind. Warum klagen auffallend häufig die bis 40-Jährigen über steigenden Stress?[4]) Das permanente „Im-Außen-Leben“ im Kommunikationszeitalter lässt uns nicht mehr wahrnehmen, was wichtig für uns ist und uns einfach nur guttut. Betrachten wir dazu den Boom, den martialische Computer- und Fantasyspiele, ob virtuell oder real, erleben. Sehen wir, wie Historiengruppen (Reenactments) mit Lagerleben, Feiern und Kriegsschauspiel, wie Extremsportarten, Ultra-Wettkämpfe oder Stierhatzen florieren, gestaltet sich ein stimmiges Bild. Unser modernes Leben bietet sehr viele Herausforderungen. Doch befriedigt unser wohl behüteter und zunehmend durchtechnisierter Alltag Bedürfnisse nicht mehr, die nur durch Schweiß, Dreck, (Freuden-)Tränen und auch mal Blut Befriedigung finden. Schreien wir nicht geradezu nach echten Herausforderungen, die uns körperlich und emotional wirklich viel abverlangen? Die in ihrer Art aber begreifbar und zeitlich absehbar sind. Einfach so, wie es für uns Menschen immer schon war. Eine diffuse und unabsehbare Steigerung der Belastung, wie wir sie heute in Alltag und Beruf erleben, ist etwas völlig Neues. Und dafür haben wir noch keine Bewältigungsstrategien entwickelt, die uns zudem tief befriedigen.

Haltlos in einer körperlosen Welt

Sind die Herausforderungen unseres Alltags zu wenig „natürlich"? Unsere Welt wird zunehmend körperlos, wir werden kaum noch nennenswert schmutzig, wir müssen uns körperlich nicht mehr beweisen. Der Körper dient nur als Organbehälter und Litfaßsäule. Doch wo findet wirkliches Auseinandersetzen mit den Elementen noch täglich statt? Hochseefischer, Waldarbeiter, Landschaftsgärtner, Bergführer, Wissenschaftler und Vermesser im Felde. Und dann wird es bereits dünn. Allesamt nicht sehr gängige Berufe. Unser Leben heute enthält uns wirklich elementares Dasein vor. Wir brauchen – wahrscheinlich und hoffentlich! – in der nächsten Zeit weder Krieg, Hunger, Durst noch Seuchen zu befürchten. Um uns wirklich als Mensch zu fühlen, muss uns nun mal von Zeit zu Zeit echter Dreck um die Ohren fliegen, sonst glauben wir schlicht nicht mehr, dass wir noch leben. Wir dürsten nach existenziellem Kampf und der damit verbundenen Demut, Dankbarkeit und tiefen Freude. Erst das macht uns lebendig, glücklich und ganz Mensch. Unser Leben ist im ökonomischen Aspekt häufig bereits sinnfrei geworden. Es macht einfach keinen Sinn, immer noch mehr zu haben, immer noch luxuriöser zu leben. Das befriedigt uns einfach nicht. Die erhaltene Befriedigung steht in keinem Verhältnis für den Aufwand. Wir sind es einfach leid, im Überfluss zu ersticken.

Wir Menschen sind seit jeher in einer zutiefst analogen Welt herumspaziert. Plötzlich ist alles digital und virtuell. Aus eigener Kraft bewegen, ist kaum noch nötig. Wir können uns in künstliche Welten komplett zurückziehen mit dem Ergebnis, dass viele im Alltag offensichtlich nur noch mäßig zurechtkommen. Genauso können wir uns in historische Welten zurückziehen, die wohl eher romantisierte Sehnsüchte befriedigen und uns nur mühsam und „wie aus einer anderen Welt" am tatsächlich stattfindenden Alltag teilnehmen lassen. Die Sehnsucht zum Natürlichen zu verspüren, ist normal. Ich denke, wir sollten diese Sehnsüchte würdigen und sensibel pflegen. Damit sie in fruchtbaren Kanälen unseren Alltag um Sichtweisen bereichern, zu welchen eine durchtechnisierte und digitale Welt einfach nicht in der Lage sein kann. Wie soeben besprochen, sucht sich jedes unterdrückte Bedürfnis früher oder später einen Weg, um zu wirken. Gelangt es schließlich an die Oberfläche, brauchen wir uns über Auswüchse nicht zu wundern. Meist heißen diese Depression, Burn-out, Suchtkrankheiten, Allergien usw.

Ich denke, wir stehen vor der Entdeckung einer neuen Dimension von Gesundheit, Kreativität und damit Lebenserfolg. Wir haben bloß noch nicht in die richtige Richtung geschaut. Eine Gesundheit und Kraft, die aus der Tiefe der Menschen kommt. Die uns von Grund auf gesund sein lässt. Einfach tiefengesund. Über kleine Wehwehchen, dann und wann ein Schnupfen, brauchen wir nicht zu diskutieren. Gesundsein darf endlich zum Normalzustand für alle werden. Wenn wir unsere hochtechnisierte Welt mit unserem Bedürfnis nach echter Natur und echter Gemeinschaft kombinieren, steuern wir auf eine neue und noch nie dagewesene tiefe Gesundheit und Lebensfreude zu.

Sehen wir uns dazu einen sehr motivierenden Aspekt unserer menschlichen Fähigkeiten an.

8. Kaputt geschont: Laufwunder Mensch

Was glauben Sie, war eine der wichtigsten Fähigkeiten unserer Urahnen? Sie sitzen gut? Wenn nicht, dann setzen Sie sich hin oder halten Sie sich fest. Eine Spezialität des Menschen war es, seine Jagdbeute zu Tode zu hetzen. Können Sie sich das vorstellen? Einer Antilope oder einem Zebra so lange nachzulaufen, bis es vor Erschöpfung zusammenbricht und sich ohne Gegenwehr die Kehle durchschneiden lässt.[1])

Und heute: Mehr als die Hälfte der Deutschen sehen sich als Sportmuffel oder sogar Antisportler. Dieser Anteil hat sich innerhalb von nur sieben Jahren, nämlich von 2007 bis 2013, von 44 auf 52 Prozent erhöht. Gleichzeitig räumen viele ein, sich in ihrem Körper nicht wohlzufühlen.[2]) Die Vermutung liegt nahe, dass der eklatante Bewegungsmangel von insgesamt durchschnittlich nur einer Stunde am Tag – übrigens inklusive Gang zum Kühlschrank, Kopierer und zur Toilette – primäre Ursache dafür ist.

Stellen Sie sich vor, Sie hätten sehr gerne einen mittelgroßen Hund, ein Pferd oder einen edlen Sportwagen wie vielleicht einen Aston Martin V12 Vantage S. Gleichzeitig kennen Sie jemanden, der einen Hund, ein Pferd oder einen solch edlen Flitzer besitzt. Dieser Jemand schenkt seinem Tier ausgesucht wenig Bewegungsmöglichkeiten. Sie sehen buchstäblich mit bangem Blick, wie das Tier unruhig, aggressiv und mit stumpfem Fell eine Ersatzkarriere als Fressmaschine antritt. Oder dieser Jemand lässt den Motor seines Schlittens nur dann und wann in der Garage furchtbar grob aufröhren, fährt aber nie damit. Ihnen jagen eisige Schauer den Rücken hinunter, nicht wahr? Mir geht es ebenso. Sie und ich, wir wünschen uns beide in die Situation, Besitzer dieser armen Kreaturen zu sein und ihnen eine angemessene Behandlung angedeihen zu lassen.

Und nun stellen Sie sich jemanden vor, der einen Körper besitzt, der in anmutiger Bewegungsharmonie hocheffizient täglich problemlos einige Dutzend Kilometer durch unwegsames Gelände in unterschiedlicher Geschwindigkeit zurücklegen könnte. Ungerührt von sengender Hitze oder klirrender Kälte. Seine Spezialität: Beutetiere zu Tode hetzen. Doch dieser Jemand bewegt sich, bis auf ein paar Hundert Meter jeden Tag, einfach nicht.

Durchlaufen Sie wieder Schauer? Haben Sie Mitleid? Haben Sie Lust, diese Laufmaschine, die in jedem von uns eingebaut ist, sich endlich wieder einmal auf der Rennstrecke austoben zu lassen? Unsere Hardware wurde für Daueraktion in grobem Gelände entwickelt. Sie ist an eine Software gekoppelt, welche die Signale der Hardware aufnimmt und direkt an die Bereitstellung von Energie, Kreativität und Lebensfreude koppelt. Ergänzend zu diesem Phänomen wartet auf Sie noch Spannendes im Kapitel „Kreativitätsbooster Natur. Körpereigene Drogen: seine Schlaumacher nutzen“.

„Wir leben im 21. Jahrhundert, aber unser Körper ist noch der eines steinzeitlichen Lauf-Spezialisten.“[3]) So Prof. Dr. Daniel E. Liebermann, Evolutionsforscher aus Harvard. In uns drängen Bewegung und Risiko nach draußen. Das Gefühl, ganz intensiv uns selbst durch unseren eigenen Körper zu spüren.

Na, verspüren Sie schon Lust, loszulaufen?

Vielleicht wie diese zwei betagten Damen? Beide gut jenseits der 90, leben sie täglich ihr Credo: mindestens eine halbe Stunde Spaziergang. Bei jedem Wetter. Die zwei Damen tun dies schon etliche Jahre, sind ihrem Alter entsprechend knorrig, aber sehr gut zu Fuß. Außerdem strahlen sie eine Zufriedenheit aus, die einem selbst das Herzlein hüpfen lässt. Für jeden stets nicht nur einen Gruß, sondern auch ein nettes Wort parat. Erkennen Sie auch, was sich hinter dieser intensiven Auffassung körperlicher Aktivität verbirgt? Es ist der Wille, durch seine Bewegung ein Ziel zu erreichen. Unsere Vorfahren wären niemals so weit gekommen, hätten sie nicht den Willen gehabt, mit dieser Methode zum Jagderfolg zu gelangen. Letztlich zeigt sich in der Fähigkeit des Tothetzens der unbedingte Wille, die Jagd für sich zu entscheiden. Allein deshalb ist der Mensch – im Konkurrenzaspekt – jedem Tier überlegen. Allein deshalb erreichen manche Menschen mehr als andere oder besser gesagt, mehr von dem, was ihnen wirklich wichtig ist. Weil sie erst dann aufhören sich anzustrengen, wenn sie ihre Beute erlegt haben. Das sind die Selbstläufer, wie wir sie treffend bezeichnen und nach denen sich zu allen Zeiten auf der ganzen Welt die Finger abgeschleckt wurden und werden. Sei es in der Partnerschaft, als Freund oder im Beruf.

Ein altes Sprichwort oder vielmehr Gesetz lautet: „Wie innen, so außen. Wie außen, so innen." Im Lichte unserer Betrachtungsweise hier, können wir also schlussfolgern: verschaffen wir uns Bewegungsreize, die unsere jahrmillionenalten Urimpulse in uns stimulieren, werden wir uns im Leben insgesamt leichter an den direkten Wegen zu unseren Zielen orientieren. Ja, wir werden sogar leichter Ziele für uns definieren können.

Wir brauchen mehr und mehr und mehr. Ja, tatsächlich: mehr Bewegung, mehr Bewegung, mehr Bewegung. Das macht lebensfroh, gesund, schlau und damit dauerhaft leistungsfähig und erfolgreich. Gehen Sie hinaus in die Natur, da schlagen Sie spielerisch alle diese fünf Fliegen mit einer Klappe. Gratis.

Wie agil wir körperlich und geistig sind, hängt davon ab, wie viel wir uns bewegen. Nach oben sind die Grenzen offen, nach unten sind sie dicht. Wie viel wir uns tatsächlich auch zutrauen, körperlich und vor allem geistig zu leisten und zu wagen, und wie wir mit dem Auf und Ab des Lebens umgehen, hängt von einer besonderen Form des Vertrauens ab.

9. Urvertrauen: Muttermilch, Wiege und dann?

Die gleißende Sonne drückt mir die Augen zu und den Schweiß aus allen Poren. Die Welt scheint nur noch aus Hitze zu bestehen. Gierig sauge ich die zähe Luft ein, die ob ihrer Hitze kaum noch Sauerstoff für mich liefert. Am Nordrand der Sahara, in Marokko, überschreite ich den Hohen Atlas der Länge nach. Hier ist Wasserknappheit so normal wie der makellose blassblaue Himmel. Um ihr zu entgehen, habe ich zwei Möglichkeiten: ständig sehr viel Wasser mitzuschleppen oder mich auf die örtliche magere Infrastruktur zu verlassen. Beides behagt mir nicht wirklich. Die Lösung finde ich schließlich im Vertrauen in das Gebirge und meine Fähigkeiten. So trinke ich mich an jeder Wasserstelle übersatt und fülle etwa einen halben Liter in eine Flasche. Ein kleiner Stein im Mund hält meinen Gaumen feucht und das Durstgefühl gering. Etwa ein bis zwei Liter Flüssigkeit spare ich pro Tag, indem ich nur durch die Nase atme. Jeder Busch, jeder Baum, jeder Einschnitt in den weiten Berghängen zeigt mir, wo es Wasser gibt. Ich lerne, die Landschaft zu lesen. Mindestens einmal pro Tag finde ich Wasser. Auch wenn ich manchmal den eisernen halben Liter vor Durst hinunterstürze und einfach nicht sehe, wo es Wasser geben wird.

Zumindest kann ich dann für eine Stunde mit klarem Kopf nach Wasser Ausschau halten.

Nur einmal geht meine Taktik nicht auf. Neben etlichen kleineren Gipfeln besteige und überschreite ich zusätzlich den höchsten, den zweithöchsten sowie den westlichsten und den östlichsten Berg des Atlasgebirges. Im besonders kargen letzten Drittel des über 900 Kilometer langen Marsches steige ich die gigantischen Hänge des zweithöchsten Atlasberges, des 4.068 Meter hohen Ighil M'Goun, hinauf. Ich habe nur noch ein paar Schlucke Wasser und gehe davon aus, weiter oben sicher welches zu finden. Oder vielleicht ein Schneefeld in einer Mulde. Doch nichts. Weit und breit kein Wasser. Nur Steine. Ein Stück unterhalb eines Sattels finde ich eine ebene Stelle für die Nacht. Gerade groß genug für mich. Im Begriff einzuschlafen, beginnt es aus heiterem Himmel zu regnen. Schnell werfe ich die Zeltplane über mich, spreize die Beine und fange so etwa einen Liter Wasser auf. Gerade genug für die Überschreitung der sieben Gipfel. Es ist der dritte und letzte Regen während der gesamten 35-tägigen Tour. In diesem Falle hatte das Wasser mich gefunden. Von da an kann mich überhaupt nichts mehr erschüttern. Mit dem sicheren Gespür und dem unerschütterlichen Vertrauen, zu finden, was ich brauche, trete ich in eine völlig neue Dimension des Reisens ein. Losgelöst von der Fixierung auf Infrastruktur oder offensichtliche Wasserquellen, überkommt mich das extrem starke Gefühl, mich völlig frei bewegen zu können. Dieses Gefühl übertrug ich von dieser Reise an auf meinen Lebens- und Berufsalltag. Hier ist es natürlich nicht so einfach wie bei der eindimensionalen Suche nach Wasser. Trotzdem fügte sich seitdem Ungeahntes und oft unmöglich Erscheinendes. Vermutlich vertraute ich einmal öfter meinem Bauchgefühl, auch wenn alles dagegensprach? Oder ich griff in Geschäftsprozessen Dinge voraus, die erst geraume Zeit später Branchenstandard wurden und über deren Klinge so manch andere Unternehmen sprangen?

Ein Auf und Ab, ein Kommen und Gehen. Daraus besteht die Welt. Das wissen wir rein kognitiv sehr genau. Was heute gilt, ist morgen passé. Unser Alltag heute, vor allem in der Wirtschafts- und Technologiewelt, überholt sich selbst. Nur lässt diese Hochgeschwindigkeitswelt, in der sich die Erfolge die Klinke in die Hand zu geben haben, ein Ab nicht wirklich zu. Wir ringen uns selbst ein Leben auf der Überholspur ab. Umso heftiger erleben wir das Ab, für das wir zusehends verlernen, Strategien zu haben. Heute erleben wir wieder einen verstärkten Wunsch nach Sicherheit. Eine Sicherheit, die auf Kontinuität baut. Ein Zustand, den wir als Relikte aus der Wirtschaftswunderzeit zu schätzen gelernt haben. Diese Zeit ist allerdings vorbei. Wir brauchen Strategien, um im stetigen Auf und Ab eine neue Sicherheit durch Dynamik erkennen zu können. Wobei Auf und Ab weder als gut und schlecht polarisiert werden, sondern vielmehr als hin und her. Ein permanenter Zustand des Pendelns, der gerade durch seine immerwährende Bewegung Sicherheit bietet.

Rein kognitiv erfassen wir diese Achterbahn. Aber sie auch wirklich akzeptieren und leben? Lassen wir das zu?

Das Auf und Ab spüren wir täglich durch das Schwingen unseres Stoffwechsels. Zwar ist das für uns analoge Wesen durch und durch normal, doch zerren wir mit Alltagsdrogen aller Art wie ungeduldige Geburtshelfer an unserem Körpergefühl.

Den Fluss des Lebens tatsächlich anzunehmen und nicht nur wie einen kalten Regen über sich ergehen zu lassen und auf die Sonne zu hoffen, ist tatsächlich eine höhere Kunst. Eine Kunst, die von der Gemeinschaft an die Jungen weitergegeben werden muss. Die sich nicht selbst erhalten kann, schon gar nicht von Geburt an bis ins Erwachsenenalter. In Anbetracht der vielen Millionen Stunden, die täglich in digitalen Parallelwelten wie Social Media und virtuellen Spielwelten verbracht werden, gibt es offensichtlich ein starkes Bedürfnis nach Unmittelbarkeit, die im realen Leben keinen Wirkkanal findet. Es gibt genauso offensichtlich eine tiefe Sehnsucht nach inniger Körperlichkeit, die uns buchstäblich das Geliebtsein, das Dazugehören und damit das Urvertrauen aufdrückt. Würde es sonst wohl Bonding-Treffen geben, wo sich wildfremde Menschen gegenseitig mal so richtig drücken?

Urvertrauen ist gezeigte Liebe

Urvertrauen ist nach Erik H. Erikson das „Sich-verlassen-dürfen" und wird im ersten Lebensjahr angelegt.[1]) Dieses Urvertrauen erfahren wir durch die bedingungslose Liebe unserer Eltern. Sie haben dieses Vertrauen im Idealfall selbst durch erlebte Fürsorge und Vorleben ihrer Eltern erfahren und für sich geschaffen. Sollten Sie zumindest. Wie können sonst Kinder ein tiefes Urvertrauen erhalten und es zu einem Selbstläufer entwickeln, wenn die eigenen Eltern diesen Zustand nicht kennen? Wie können Eltern dieses Urvertrauen an ihre Kinder weitergeben, wenn ihnen selbst von der Alltagswelt die wichtige Bestätigung versagt bleibt? Das alte Menschheitswissen scheint unter die Leichtmetallräder und Terabyte gekommen zu sein. Urvertrauen, gelebt in der Familie, in der Sippe, gehört zur Grundausstattung eines jeden Menschen, eines jeden Tieres und jeder Pflanze. Man stelle sich vor, ein Wildtier in der Mitte der Nahrungskette, hätte es nicht. Es würde binnen Stunden vor Angst sterben.

Allerdings bedarf es dazu auch einer „Sippe" oder eines „Stamms" aus weisen Personen, die das Wissen um dieses besondere Vertrauen haben und weitergeben. Und es bedarf einer allgemeinen Akzeptanz, dass dieses Wissen Wert für alle hat. Urvertrauen ist die Fähigkeit, sich im heftigsten Auf und Ab des Lebens gewiss zu bleiben. Und nur wer gelernt hat, sich selbst zu vertrauen, kann auch anderen vertrauen. Erst die Vergänglichkeit birgt Ewigkeit. Die Natur ist Symbol für Vergänglichkeit und gleichzeitig Ewigkeit. Sehen Sie sich eine Wolke an. Sie ist nur für einen einzigen Augenblick so, wie sie ist. Im nächsten Moment hat sie ihre Form und ihre Position verändert. Diese Wolke gab es genau so noch niemals und wird es genau so niemals wieder geben. Sie sind Zeuge dieses einmaligen Augenblicks. Es ist nur ein kleines Detail, doch es kann zu einem Moment in unserem Leben werden, an den wir uns erinnern, solange wir leben. Ein Augenblick, den wir an die nächste, die übernächste Generation weitergeben, weil er uns geprägt hat.

In uns tickt eine unfassbar leistungsfähige Rechenmaschine. Sie berücksichtigt permanent alles, was in unserem Leben und den Leben unserer Ahnen geschehen ist. Sie verwebt dieses Erfahrungswissen mit den aktuellen Einflüssen und den Impulsen, die wir durch unsere Mitmenschen bekommen. Es liegt an uns, ob wir diesem Wunderding, wie auch immer wir es nennen mögen – Bauchgefühl, Intuition oder Eingebung –, Gehör schenken. Es mag viele Möglichkeiten geben, diesem Ziehen oder Schieben in gewisse Richtungen mehr Aufmerksamkeit zu schenken. Da es für unser Leben und das unserer Lieben so viel Gutes birgt, ist das Beste gerade gut genug. Das Beste ist das Reinste, das Freieste von Einflüssen der gewohnten Alltagsart. Wählen Sie klug.

Wenn wir es schaffen, unsere Intuition bewusst zu befragen, helfen wir quasi dem Zufall und damit unserem Glück gehörig auf die Sprünge. Einfach weil wir ausschöpfen, was ohnehin für uns parat liegt. Ohne dieses Vertrauen können wir es schlicht nicht wahrnehmen und empfinden die Welt als chancenlos und ungerecht. Haben Sie schon einmal Dankbarkeit empfunden, die frei ist von empfundener Gnade? Die nicht geschürt wurde durch Demut? Wo Sie zuvor nicht dem Zufall, Glück, Schicksal oder der Hand Gottes ausgeliefert waren und sich die Ereignisse zu Ihren Gunsten entwickelt hatten. Keine demütig empfundene

Dankbarkeit, die irgendwo das schale Gefühl von Kleinsein und Abhängigkeit hervorruft? Also eine an Demut gekoppelte Dankbarkeit, die damit nur temporär ist. Die, sobald sich Zufall, Glück, Schicksal oder die Hand Gottes gegen einen wenden, Säuerlichkeit oder Trotz hervorruft.

Wann haben Sie zuletzt eine Dankbarkeit empfunden, die erfüllt war von Freude an den Dingen, den Umständen, dem, was war, was ist und dem, was wohl sein wird? Eine Dankbarkeit, die nicht an Bedingungen geknüpft war. Die tiefe Zufriedenheit, jedoch keine Sättigung hinterlässt. Eine Dankbarkeit, die Freud und Leid wie eine Hülle umfasst und diese zu einem vollendeten Ganzen vereint: Dankbarkeit aus Freude.

Leben wir in der Gewissheit des Urvertrauens, gehen wir offenen Mutes auf die Welt und ihre Herausforderungen zu, egal, wie rasend sie auch sein mögen.

10. Sehnsucht nach Leistung

Im Schweiße seines Angesichts zu leben und zu arbeiten. Genauso tief zu entspannen und sich der Muße hinzugeben, ist der in uns Menschen angelegte Normalrhythmus. Im Hier und Jetzt zu sein und richtig zu leisten oder „volle Pulle abzuhängen“ ist unsere Natur. Seit jeher. Es ist für das Wesen Mensch überhaupt nicht normal, keine Lust zur Aktivität zu haben. Das ist für überhaupt kein Lebewesen normal. Nicht einmal für ein Faultier. Schließlich lebt es einfach nur, seiner Natur entsprechend, langsam und tarnt sich damit optimal. Wenn ein Tier keine Lust hat, ist es krank oder lebt in krankmachenden Umständen. Wir Menschen unterscheiden uns biologisch überhaupt nicht von Tieren. Haben wir permanent keine Lust, sind wir krank.

Und wer krank ist, der sucht etwas, wie wir bereits erfahren haben. Unlust zur Arbeit und zum Alltag ist ein unmissverständliches Zeichen, dass wir nicht tun, was wir am liebsten täten. Jeder Mensch hat irgendetwas, das ihn begeistert. Es geht gar nicht anders. Stellen wir uns nur einmal einen unserer Vorfahren vor, der keine Lust zu seinem Alltag hat. Das Bild allein ist skurril. „Och Mann hey, Jagen ist so fad. Hab ich überhaupt kein' Bock drauf. Ich will viel lieber den ganzen Tag mit einem Stöckchen im Feuer herumstochern …" (Urform des Daddelns).

Was haben unsere Vorfahren wohl mit so einem gemacht? Schnurstracks in den Wald geschickt für ein paar Tage, damit er sein Gleis findet. Damit er wieder „gesund" wird, bevor er die ganze Sippe mit der tödlichen Krankheit Unlust ansteckt. Übrigens mit der klaren Botschaft: „Komm gerne wieder, wenn du weißt, für was du brennen willst." Für so gut wie alle unsere Vorfahren waren Zeiten des Alleinseins Bestandteil ihrer Ausbildung zum Erwachsenen. Ganz besonders für jene, die Verantwortung für andere übernahmen. Seien es Anführer oder Heiler. Druiden beispielsweise durften erst nach über 20 Jahren der Ausbildung in der Abgeschiedenheit der Wälder ihre Aufgabe ausüben. Für den völlig normalen Lebens-Lernprozess – seine eigene Rolle immer wieder neu zu definieren – gab es Rituale, die genau dieses Suchen in einen Lebensweg münden ließ. Hochwirksame Vorgehensweisen, die wir heute nicht mehr zu brauchen meinen. Denn unabhängig von den äußeren Erscheinungen der Welt, braucht jeder Mensch seinen Kern der Ruhe tief in sich drin. Der ihn wissen lässt, wer er ist und zukünftig sein will. Ohne diesen schlingern wir durchs Leben und wissen nicht, wofür wir unsere Sehnsucht nach Leistung einsetzen wollen.

Heute leisten wir es uns generös, dass ein Großteil unserer Mitmenschen einfach keine rechte Lust auf Alltag und Dasein hat. Die Wunde schwärt zunehmend im nicht mehr allzu jungen Körper: gesättigte Märkte, alternde Gesellschaften mit zu wenig Nachwuchs, der obendrein angeblich den Zusammenhang zwischen Leistung und Verdienst nicht richtig gelernt hat.

Heiß auf Erfolg oder doch lieber lauwarmes Einerlei?

Firmen, die Menschen beschäftigen, die keine Lust mehr haben, köcheln ihren Erfolg auf lauwarmer Sparflamme. Eine Gesellschaft, deren Mitglieder keine rechte Lust auf das Leben in der Gesellschaft haben, zeigt sich in überbordenden Gesundheitskosten und Abgaben für ein Heer an Alltags-Drogenabhängigen und Fettleibigen, aggressiven Jugendlichen, in Pflegeanstalten abgeschobene Senioren. Kleinstfamilien, die jenseits der täglichen Belastungsgrenze funktionierend, Fluchtversuche der Psyche in Burn-out und Depression mühsam vereiteln. Der Kampf gegen die Erschöpfung bindet immense Kräfte, die für Entwicklung und Verbesserung der Ist-Situation fehlen. Vielleicht sind deshalb die Neandertaler ausgestorben. Sie hatten einfach keine Lust mehr auf das neue Zeitalter mit den „vernunftbegabten Menschen“, wie wir Homo sapiens sapiens uns selbst titulieren. Wer weiß, wie lange es diese vernünftigen Menschen noch gibt?

Das Grundmuster des Menschen ist Leistung. Leistung mit direktem Nutzen für Sippe und Nachwuchs. Damit die Familie leben kann, muss jedes Mitglied möglichst funktionstüchtig sein. Das ist heute so aktuell wie ehedem. Also hat die Gemeinschaft ein kollektives Interesse, dass jedes Mitglied seine Stärken und Talente voll zur Geltung bringt. Nur dann haben alle den größtmöglichen Nutzen. Jeder Einzelne erfährt tiefe Befriedigung in der Anerkennung und im Nutzen seiner Leistung. Schleppen wir lustlose Menschen mit, handeln wir nicht nur kräftezehrend, was einen unstillbaren Hunger nach Wachstum zur Folge haben muss. Wir ruinieren für die Zukunft das Saatbett für Leistungswillen und Kreativität. Wir verwehren den Leistungsbereiten ihren gerechten Lohn an deutlich höherer Vergütung, satter Anerkennung und Förderung ihrer Stärken und Talente, was sie über kurz oder lang abwandern oder ausbrennen lässt. Die ohnehin Leistungswilligen noch leistungswilliger zu machen, verschleißt sie und rührt nicht am Grundübel. Wir brauchen wieder eine Lebensform, die uns kollektiv sehnsüchtig nach Leistung macht.

Zu dieser Lebensform kommen wir durch Reflexion und Nachdenken. Nachdenken auf eine uralte und dennoch neue Weise. Allein dieser Weg ist bereits purer Genuss.

11. Gedankenjongleure im Kreativitätsgenuss

Es gab eine Zeit in meinem Leben, da freute ich mich weder auf den gerade stattfindenden noch auf den nächsten Tag. Es war mir so vieles so gleichgültig. Es fühlte sich an, als wäre ich ungebremst gegen eine Wand gelaufen. Ich wusste nicht, was mit mir los war. Was mir dabei als unfassbar auffiel: es war mir egal. Es war mir egal, nichts zu wollen, mich nicht wirklich zu freuen. Es war mir egal, meine Tage zu vertun. Ich konnte gegen dieses übermächtige Egal nichts tun. Es war wie eine Art Blase um mich herum. Als würde ich die Welt durch eine Scheibe betrachten wie ein Zoobesucher. Gleichgültig, was ich tat oder sah, es tauchte jegliches sonst warme Gefühl in eine modrige Suppe aus Egal. Eines Tages bekam ich Angst bei dem Gedanken, dieses Egal könnte niemals mehr aufhören. Auch wenn mir diese Aussicht selbst egal war. Nur dachte ich an meine Frau und meine Kinder. Ihnen wollte ich es nicht antun, so einen platten Typen jeden Tag im Haus zu haben. Ich ging für vier Tage auf einen für mich besonderen Berg. Ich aß nichts, ich trank wenig. Zumeist nackt saß und stand ich da oben. Gegen den nächtlichen Regen schützte mich nur dürftig eine Plane. Ich hatte intensive Begegnungen mit Tieren, die unglaublich nah zu mir kamen. In diesem Moment änderte sich mein gesamtes Lebensgefühl. Von allen mir möglichen Wegen zeigte sich sehr schwach eine Richtung, die mich magisch anzog. Eine noch weglose Richtung. Dieser Richtung in den nächsten Monaten auch tatsächlich zu folgen, war keine Befreiung. Im Gegenteil, ich schuftete mich so durch. Und doch zeigten sich dann und wann Lichtblicke, die mir bestätigten, wie richtig es war, dieser weglosen, intuitiven Richtung zu folgen.

Wer sein Leben nach seinem Geschmack gestalten will, braucht Kreativität wie die Luft zum Atmen. Die eigene Kreativität und die der Mitmenschen in seinem Lebensumfeld. Zu erschaffen, zu gestalten, mit seinen Gedanken unglaubliche Reisen anzutreten, ist uns genauso gegeben, wie uns in andere einzufühlen und mit ihnen zu fühlen. Das setzt eine hohe Meinung von uns selbst voraus, ohne die wir zu unseren Schöpfungen gegenüber der Welt nicht stehen würden. Gelebte Kreativität fordert auch ein Umfeld, das Neues ausdrücklich wünscht und aus uns herauskitzelt. Wir müssen sie uns und anderen erlauben und sie zulassen. Schon durch die Gestaltung unseres Umfeldes haben wir erheblichen Einfluss auf unsere Ideenproduktion. Stumpfsinn erzeugt Stumpfsinn genauso wie Kreativität Kreativität erzeugt. Ein geradezu ideales Umfeld bietet die Natur. Sie ist meist leichter zu erreichen als ein erquickendes soziales Umfeld. So wissen wir mittlerweile auch empirisch, der besondere Erholungseffekt in natürlichen Umgebungen ist vorrangig eine „Regeneration von mentaler Ermüdung“, die im Alltagsumfeld vor allem durch den erheblichen Unterdrückungsaufwand der immensen „irrelevanten Informationen“ entsteht.[1]) Die konzentrationssteigernde Wirkung von Waldspaziergängen gegenüber Stadtspaziergängen wurde bereits nachgewiesen. Bilder städtischer Umgebungen haben sogar „signifikant negativ kognitive Effekte".[2]) Naturlandschaft wirkt auf unser Unbewusstes und regt es an. Denn mit unserem Unbewussten, mit unserer Intuition, spüren wir uns in Sachverhalte und andere Menschen hinein, entscheiden und beziehen den größten Teil unserer Kreativität. Dadurch werden unsere organisatorischen, analytischen und imaginativen Fähigkeiten herausgefordert.[3]) Das Unterwegssein in der Natur projiziert sich direkt auf unser kognitives Verhalten und wir werden neugierig, entdeckungsfreudig, erkennen Symmetrien und Harmonie und entwickeln eine höhere Problemlösungskompetenz.[4])

Führungskunst geschmiedet auf dem Amboss der Natur

Satte Leistung, liebe Natur. Und weiter gehts: heute wird bekanntlich Emotionale Intelligenz (EQ) groß geschrieben. Insbesondere, wenn es um die Führung von Menschen im beruflichen Kontext geht. Auch diese Schlüsselkompetenz für Führungskräfte und alle, die mit Menschen zu tun haben, verbessert sich mit Naturkontakt. „... Menschen sind liebevoller, wenn sie Zugang zur Natur haben." Und verhalten sich proportional gegenteilig, „... je intensiver sie sich mit ‚künstlichen Elementen' beschäftigen."[5]) Es brauchen uns deshalb die rauen Sitten und die zwischenmenschliche Kälte in dafür bekannten Branchen, Unternehmen und Einrichtungen nicht zu wundern. Dort und auch in unserem in dieser Beziehung zu kurz greifenden Schul- und Ausbildungssystem könnten wir mit gezielter Zeit in der Natur Entspannung und echten Aufbruch zu lebenswerteren Horizonten erleben.

In einer Umgebung, die uns im tiefsten Inneren zur Ruhe kommen lässt, können wir erfahren, wo wir besonders kreativ waren und sind. Sei es in einzelnen Situationen oder in ganzen Lebensbereichen. Wir können demnach in regelmäßigen Zeiten in der Natur erkennen, wohin wir unsere Schritte sinnigerweise lenken sollten. Unsere gesamte Gesellschaft würde davon profitieren. Und das kostet nicht einmal Geld. Wir haben genug Natur und brauchen nur hingehen. Nur hingehen. Nichts weiter.

Unsere Umgebung steuert uns mehr, als uns zumeist bewusst ist. Nur können wir nicht permanent hochleistungsfähig sein, egal wie animierend unser Umfeld auch sein mag, welche Techniken und Mittelchen wir auch immer anwenden mögen. Irgendwann sind wir erschöpft. Um immer wieder hochleistungsfähig zu sein, brauchen wir dringend regelmäßig Pausen. Und zwar zum richtigen Zeitpunkt.

12. Dirigent Licht: weniger Aufwand, mehr Erfolg

Es gibt sie nun einmal, diese Tage. Diese Tage, an welchen wir partout nichts zustande bringen. Es fällt uns einfach nichts ein, auch wenn wir uns noch so disziplinieren oder unser Hirn martern. Am liebsten würden wir uns einfach nur auf die Couch oder am besten gleich ins Bett legen. Dann gibt es wiederum Tage, da flutscht es einfach, dass es eine wahre Freude ist. Spielend holen wir auf, was wir vielleicht an den miesen Tagen verbummelt haben und gehen um Längen in Führung. Die Ideen sprudeln. Ach, könnte es doch immer so sein. Und dann wieder – zack. Und der Karren steht.

Und genau das ist doch toll!

Es ist nun mal ein Gesetz auf dieser Erde: Alles hat seine Zeit. Nach jedem Winter kommt der Sommer. Wie lange die finstere und kalte Jahreszeit auch dauern mag. Zudem kann uns der Winter sehr viel mehr lehren, als es der Sommer je vermag. Denn erst die Wolken machen das Wetter interessant. Das wird Ihnen jeder Fotograf bestätigen. Makelloser Sonnenschein ist zwar schön, aber auf Dauer erzeugt er nur eine Wüste. Wir wollen alle ein schönes Leben. Aber wollen wir nicht noch viel lieber ein interessantes und tief erfüllendes Leben? Was machen Ratten, denen man zwei Käfige zur Verfügung stellt, wovon einer langweilig ist und im anderen werden ihnen schmerzhafte Elektroschocks verabreicht? Sie ziehen nach einer gewissen Zeit die Schmerzen der Langeweile vor!

Genau so geht es uns. Wir wollen es interessant haben. Und interessant ist, was Abwechslung bringt. Deshalb brauchen wir uns nicht absichtlich wehzutun. Es hilft bereits, wenn wir unsere Rhythmen erkennen und entsprechend unseren Aktivitäten oder Passivitäten frönen. Das hält unsere Lebensgeister und die Synapsen in Schwung. So sind wir Menschen gepolt. Es gibt Zeiten des Schaffens und Zeiten des Ruhens. Je intensiver wir beide nutzen, umso besser geht es uns und umso weniger Energie müssen wir für unsere Erfolge aufwenden. Volle Pulle leisten und volle Pulle abhängen eben. Mit richtig Power durchzustarten, ich glaube, darüber brauche ich nicht viele Worte zu verlieren. Das tun wir einfach. Wir sehen dann nicht auf die Uhr, sondern machen und tun, bis uns die Augen zufallen. Denn wir wissen ja, diese anderen Tage kommen bestimmt. Für die schaffen wir uns ein Pölsterchen, das wir dann abfeiern, wenn wir uns der Muße und damit unseren besten Gedanken hingeben.

Alles Leben auf der Erde ist durch die An- oder Abwesenheit des Sonnenlichts beeinflusst. Wir als Tageslichtwesen unterliegen in ganz besonderem Maße mit unserer Leistungsfähigkeit und Leistungsbereitschaft der Intensität des Sonnenlichts. Nur, was tun wir im normalen Lebens- und Arbeitsalltag in Wohnungen, Läden, Büros und Werkhallen? Beständig regulieren wir Licht. Tagsüber reduzieren wir Licht, indem wir uns in Gebäuden aufhalten. Die Zuführung von künstlichem Licht hilft da nicht wirklich. Sobald wir in das Licht des Tages treten, dunkeln wir unsere Augen mit Sonnenbrillen ab. Abends, wenn sich unser Körper auf Ruhe und Schlaf einstellt, beleuchten wir unsere Umgebung und behindern unsere so wichtige Regeneration. Damit dann doch der Schlaf schnell eintritt, dämpfen wir uns mit Alkohol oder Pillen. Sind wir am nächsten Tag dann müde, putschen wir mit allerlei Alltagsdrogen unseren Organismus zur gewünschten Produktivität auf. Wir wenden ständig Energie auf, um unsere Lebensgeister nach der Uhr zu regeln. Damit regulieren wir auch ständig unseren Hormon- und Botenstoffhaushalt und unser Bedürfnis nach Licht und Dunkelheit. Wir erschöpfen uns auf Dauer. Unsere Leistungsfähigkeit, unsere Kreativität und Widerstandskraft gegen Krankheiten sinken. Das Resultat ist permanente Müdigkeit, Unlust, gleichbleibende niedrige Leistungsfähigkeit und damit eine geringe Lebenszufriedenheit.

Nicht verwunderlich, denn wir hasten und arbeiten das gesamte Jahr über durch, mit dem Anspruch, an jedem Tag in Bestform zu sein. Wofür wir an sich nicht gebaut sind. Seit jeher hat der Mensch die Lichtphase des Jahres zur Aktivität genutzt und die Phase der Dunkelheit zur Regeneration. Es gibt keinen triftigen Grund, weshalb das Leben und Arbeiten als permanente Mühsal und Müdigkeit empfunden werden muss. Wir drehen den Spieß jetzt um: das Geschleppe von der Winterdrepression in die Frühjahrsmüdigkeit, der Hitze-Mattigkeit im Sommer bis zu den melancholischen Episoden in Herbst und Winter verwandeln wir in einen nachhaltigen und gesunden Rhythmus, der unsere Lust auf das Leben hochhält.

Wie können wir nun die natürlichen Jahresrhythmen nutzen, um für uns einen auf Dauer gesunden Rhythmus zu entwickeln? Es steckt eine sehr einfache Systematik dahinter. Sie orientiert sich an der Sonne.

Die Systematik lautet:

- Je mehr Licht, desto leistungsfähiger. Nach dem Höchststand des Lichts eine kurze Pause.
- Je weniger Licht, desto weniger leistungsfähig. Um die dunkelste Zeit des Jahres eine Pause.

Lichtphasen schlau nutzen

Hier gebe ich Ihnen einen Vorschlag, wie Sie die Phasen des Lichts in Mitteleuropa während des Jahres für sich nutzen können. Sie finden hier bewusst keine genauen Datumsangaben. Weil jedes Jahr und jede Jahreszeit zu einem anderen Zeitraum – nicht Tag! – beginnt und endet und sich mal mehr und mal weniger intensiv gebärdet. Letztlich ist sie auch von der aktuellen Witterung abhängig. So kann uns eine Schönwetterphase mit milden Temperaturen im Frühjahr deutlich motivieren und das Leistungsjahr früher beginnen lassen. Und eine Schlechtwetterphase mit niedrigen Temperaturen und viel Regen im Sommer die Leistungslust deutlich vermindern und uns so eine wohltuende Pause einschieben lassen. Änderungen in jede Richtung von ein bis zwei Wochen sind also gang und gäbe.

Mit Leistung sind hier Aktivitäten und Arbeiten jeglicher Art, körperlich und geistig, gemeint.

Das Jahr beginnt, wie immer schon, mit der dunkelsten Phase. Wie unser eigenes Leben im Mutterleib.

Frühwinter	moderat	Mitte November – Ende Dezember
Hochwinter	Pause 3 Wochen	Ende Dezember – Mitte Januar
Spätwinter	moderat	Mitte Januar – Ende Februar
Frühjahr	Hochleistung	März – Mitte April
Frühling	Hochleistung	Mitte April – Mitte Mai
Frühsommer	Hochleistung	Mitte Mai – Ende Juni
Hochsommer	moderat und Pause 2 Wochen	Ende Juni – Ende Juli
Spätsommer	Hochleistung	August – Mitte September
Herbst	Hochleistung	Mitte September – Mitte Oktober
Spätherbst	Hochleistung	Mitte Oktober – Mitte November

Damit entspricht unser natürlicher Jahresrhythmus nicht unserer modernen Auffassung vom optimalen Arbeits- und Freizeitverhalten. Dafür kann der Rhythmus nichts. Ihn gibt es nun einmal schon länger.

Sehen wir uns nun an, was die einzelnen Phasen charakterisiert und wozu sie sich am besten eignen:

- Frühwinter

  Zu Hause gemütlich machen. Auch aufräumen und alten Plunder und Unordnung loswerden.

  Kräfte schonen. Wir sind allgemein anfälliger für Krankheiten.

  Zurückblicken und vom Vergangenen lernen.

- Hochwinter
  Pause machen. Kontemplation. Für das neue Jahr Kräfte sammeln. Krankheiten auskurieren.
  Pläne für das neue Jahr und die Zukunft machen.
  Zeit für Familie und gemeinsames Erleben.
- Spätwinter
  Vorbereiten für das Neue.
  Wieder mehr hinausgehen an die frische Luft.
  Von Belastendem endgültig lösen, jetzt geht es noch relativ leicht.
- Frühjahr
  Neues anpacken.
  Viel im Freien sein und Licht und Luft tanken.
  Mit mehr Bewegung und mehr Sport beginnen fällt jetzt besonders leicht.
- Frühling
  Durchstarten in allen Belangen.
  Abnehmen geht hier besonders leicht, genauso wie Fasten.
- Frühsommer
  Das Leben in vollen Zügen genießen und die Tage nutzen.
- Hochsommer
  Hitzefrei. Pause machen und den Sommer genießen. Seele baumeln lassen. Kontemplation.
  Kräfte sammeln für den langen Herbst.
  Zeit für Familie und gemeinsames Erleben.
- Spätsommer
  Viel Kraft und Ausdauer für die Arbeit.
  Ab jetzt macht Abnehmen keinen Sinn mehr.
- Herbst
  Viel Kraft und Ausdauer für die Arbeit.
  Lassen Sie es sich schmecken.
- Spätherbst
  Kraft und Ausdauer nehmen ab.
  Lang Währendes darf seinen Abschluss finden.
  Stolz sein auf das Vollbrachte.

Der Jahresrhythmus bestimmt als großer Taktgeber unsere Aktivitäten. Angelehnt an ihn, hat jeder von uns seine eigenen Rhythmen, die in den genannten Phasen ihre eigenen Leistungs- und Pausenphasen haben.

Mit der folgenden Übung finden Sie heraus, welchen eigenen Rhythmus Sie haben.

Übung Eigen-Rhythmus

Ja, ich weiß, dafür gibt es eine App. Und nein, die brauchen Sie nicht. Finden Sie ohne Hilfsmittel heraus, wann Sie Ihre Leistungsphasen haben. Das macht Sie nicht nur unabhängig von technischen Geräten, Sie bekommen ein weitaus besseres Gefühl für sich selbst und die Signale, die Sie sich selbst geben. Das ist wichtig und wird immer wichtiger. Viele Krankheiten, etwa das Phänomen Burn-out, lassen sich eindeutig auf die Unfähigkeit, eigene Gefühle und Körperwahrnehmungen richtig zu deuten, zurückführen. Ihre Leistungsphasen zu kennen, macht Sie außerdem für die Empfindungen anderer aufnahmefähiger. Das ist Grundvoraussetzung für die heute als so wichtig proklamierte Emotionale Intelligenz. Wer andere wirkungsvoll führen und sinnig mit anderen Menschen umgehen will, braucht diese Fähigkeit.

Wir finden ganz analog und nachfühlbar heraus, wann wir durchstarten und wann wir Pause machen sollten. Nehmen Sie ein Blatt Papier und legen Sie es neben Ihren Arbeitsplatz oder hängen Sie es an eine Stelle in Ihrer Wohnung, an welcher Sie regelmäßig vorbeikommen.

Tragen Sie links die Spanne Ihrer üblichen Wachzeit ein, also z.B. von 6:00 Uhr bis 22:00 Uhr.

Unten am Blatt ziehen Sie eine Linie von ganz links bis ganz rechts. Darunter schreiben Sie die Zahlen 1 bis 31 der Reihe nach auf. Diese Zahlen sind die Tage in Ihrem Beobachtungsmonat.

Täglich vergeben Sie nun alle zwei bis drei Stunden entsprechend Ihrer Empfindung Ihres Leistungslevels eine Wertung. 1 = Es geht mir miserabel. 10 = Bin total super drauf!!!

Verwenden Sie dazu am besten drei Farben, um Leistungsbereiche anschaulich darzustellen. Etwa die Werte von 1 bis 3 notieren Sie in Rot, die Werte von 4 bis 7 in Gelb und die Werte von 8 bis 10 in Grün.

So erkennen Sie bereits nach ein bis zwei Wochen auf den ersten Blick, wann Sie welche Leistungsphasen haben. Gleiches können Sie mit Ihren kreativsten Phasen tun. Nehmen Sie dafür einfach eine andere Farbe. Zu diesen Zeiten gehen Sie am besten von nun an immer hinaus ins Grüne, um Ihre Kreativität optimal auszuschöpfen.

Sie kennen nun Ihre Hoch- und Tiefphasen. Die Hochphasen werden das große Problem nicht sein. Was machen wir mit Tiefphasen und den kraftlosen Tagen?

Kraftlose Tage in wertvolle Tage verwandeln

Das schlimmste Gift, das Sie an diesen Tagen nehmen können: Aufschieben.

Aufschieben und Dinge aus Unlust nicht anpacken. Streichen Sie diese Vorgehensweise und das schlechte Gewissen, das Sie dabei beschleicht, aktiv aus Ihrem Verhaltensrepertoire. Füllen Sie die entstehende Verhaltenslücke mit dem Gefühl, jede Aufgabe zur richtigen Zeit anzugehen. So schräg sich das jetzt vielleicht anhören mag, es ist ein gewaltiger Unterschied, ob Sie eine Tätigkeit vor sich herschieben oder sie zum richtigen Zeitpunkt anpacken. Nehmen wir als Beispiel das Schreiben dieses Buches. Ja, glauben Sie, ich habe das in einem Rutsch durchgeschossen? Ich habe nicht einmal in der heißen Phase jeden Tag daran gearbeitet. Tagelang bin ich nicht vorangekommen. Und dann habe ich in Schreiborgien Massen von jungfräulichen Seiten gefüllt. Wenn mir jemand befehlen würde, ich solle jeden Tag zwei Seiten schreiben, ich würde heulen, weil ich mich entweder furchtbar begrenzen müsste oder mich ebenso furchtbar quälen. Das bringt doch nichts. In den Tagen, an denen eine Sache nicht geht, machen wir eben etwas anderes oder nichts. Es gibt genug zu tun. Und wenn es das Frönen des Nichtstuns ist.

Die wirkungsvollste Medizin, die Sie an diesen Tagen nehmen können: Muße.

Schönes Wort, Muße, nicht wahr? Mmmh, allein bei dem Gedanken an diese köstlichen Zeiten schwelge ich in ... Aber lassen wir das. Muße sagt man heute ja nicht mehr. Muße hat man nicht mehr. Muße ist total out. Da uns aber egal ist, was „man" so sagt oder tut, sehen wir uns diesen fruchtbaren Zustand an. Dösen wir gemütlich vor uns hin oder ergehen uns in gemächlicher Spaziererei – am besten in viel Grün – taktet unser Gehirn in den besonders ideenreichen Frequenzen des Alpha- oder Theta-Zustandes. Dabei korrespondieren die Gehirnhälften optimal miteinander. Wir nutzen unser Gehirn und zugleich unser Unbewusstes, das sich in ruhigen Momenten für gewöhnlich am aufdringlichsten in den Mittelpunkt unserer Aufmerksamkeit schiebt. Jetzt dürfen wir nur einen Fehler auf keinen Fall machen: zu sehr nachdenken. Lassen Sie die Gedanken und die Seele baumeln, das ist Ihr produktivster Zustand für neue Ideen und richtungsweisende Überlegungen.

Und noch etwas dürfen Sie niemals mehr tun. Egal, wie wenig Lust und Energie Sie gerade haben mögen: eine Idee, einen guten Gedanken nicht sofort zu notieren, in dem Moment, in dem er Ihnen einfällt. Auf welche Art auch immer, Sie müssen den Einfall konservieren. Sonst ist er weg. Führen Sie ein Notizbüchlein, sprechen Sie den Gedanken in die Diktierfunktion Ihres Smartphones, machen Sie ein kurzes Video, verteilen Sie im ganzen Haus Notizzettel, egal, wie auch immer. Nur tun müssen Sie es sofort. Sofort! In jedem Fall in der einmaligen Qualität seines Geburtszeitpunktes. Es gibt keinen „Gedankenmüll", wie leider vielen Ideen von uns selbst bereits im Moment Ihrer Geburt der Lebenshauch abgegurgelt wird. Nicht jede Idee ist ein Volltreffer. Schon gar nicht zum Zeitpunkt deren Geburt. Und die meisten Ideen werden auf ewig Ideen bleiben. Doch nur, wenn Ideen reifen dürfen, wenn sie überhaupt auf diese Welt dürfen, kann aus ihnen etwas entstehen. Haben Sie diese Ideen schriftlich konserviert, tut sich Ihr Unbewusstes leichter, beständig daran zu arbeiten. Füttern Sie den völlig automatischen, völlig unbewussten und energiearmen Denkprozess Ihres Unbewussten mit vielen Ideen und wertvollen Informationen. Sie werden staunen, von Zeit zu Zeit werden daraus wahre Gedankenwunder.

Wer genug schläft, lebt mehr

Was glauben Sie, haben noch unsere Urgroßeltern vor 100 Jahren gemacht, wenn sie am Land gelebt haben? Sie sind ins Bett gegangen, als die Sonne untergegangen ist. Elektrizität wurde da gerade verlegt. Und selbst wenn sie schon Strom hatten, so wurde der hauptsächlich zum Arbeiten verwendet, weil er für Firlefanz wie Lesen einfach zu teuer war. Und sonstige Lichtquellen wie Kerzen oder Öllampen waren zu schade, um nur davorzuhocken. Übrigens, tun Sie das doch einmal: setzen Sie sich einmal im Dunkeln vor eine Kerze. Wie lange halten Sie das aus? Spätestens nach einer Stunde fallen Ihnen die Augen zu. Stellen Sie sich vor, so haben alle unsere Vorfahren immer gelebt. Bis auf die letzten zwei oder drei! Alle anderen haben sich zum Schlafen gelegt, wenn es dunkel wurde, und sind aufgestanden, wenn es hell wurde. Das war auch kein Problem, denn im Sommer haben sie gerackert bis zum Umfallen und im Winter war „Urlaub". Winterruhe.

Unterschätzen Sie nie die positive Wirkung von genug gutem Schlaf. Er ist eine besondere Form unseres unbewussten Erlebens und ein großer Hebel für unsere Gesundheit, Leistungsfähigkeit, Kreativität und unser Wohlbefinden. Und schon allein das ruhende Liegen in Dunkelheit ist purer Balsam für unsere Seele – sofern wir es denn zulassen können.

Dieser Rhythmus, dem unsere Ahnen noch nachgehen konnten, ist fest in uns verankert. Wir alle merken doch, wie wir im Herbst die Gemütlichkeit zu Hause vorziehen, und im Frühjahr drängt es uns mit aller Macht nach draußen. Das macht die Sonne mit uns, egal wie viele Lampen auch immer wir anschalten. Zwar können wir heute mit immer und überall verfügbarem Strom völlig unabhängig vom Sonnenlicht leben, doch gesund ist das nicht. Wir werden krank, wenn wir permanent gegen unseren natürlichen Lichtrhythmus arbeiten. Wir bekommen Schlafstörungen, Depressionen, Übergewicht, Diabetes, Herz-Kreislauf-Probleme, Krebs. Das ist keine gesellschaftliche Randerscheinung, die nur wenige betrifft: über 20 Prozent der Beschäftigten arbeiten außerhalb normaler Zeiten, mit steigender Tendenz.[1]) Schichtarbeit über Jahre ist eine Extremsituation für den durch künstliches Licht veränderten Tagesrhythmus. Otto Normalmensch tut nur leider ganz Ähnliches. Er steht auf, wann der Wecker auch klingeln mag. Schützt seine Augen vor der tiefstehenden Morgensonne mit dunklen Gläsern. An seiner Arbeitsstätte muss er mit künstlichem Licht zuleuchten, weil es sonst fast immer zu dunkel wäre. In der Mittagspause und nach Feierabend, wenn seine Augen und seine Haut endlich Chance auf echtes Licht hätten, regelt er wieder mit der Brille nach und steckt, wohl oder übel, immer noch im hochgeschlossenen Anzug. Vorausgesetzt, er kommt überhaupt an die frische Luft. Meist jedoch wird er nur mit minimalen Unterbrechungen die Räumlichkeiten wechseln. Wie sehr sich dieses permanente Gegenregeln der natürlichen Lichtverhältnisse auf unseren Organismus auswirkt, ist schwierig herauszufinden. Unser Körper und unsere Augen haben sich über Jahrmillionen genau passend zu den Licht- und Dunkelverhältnissen auf der Erde entwickelt. Abweichungen in einem so kurzen Zeitraum von gerade einmal zwei, drei Generationen können keine Genveränderung bewirken. Dass sich unser mittlerweile künstliches Leben jedoch auf unsere dauerhafte Vitalität, Leistungsfähigkeit, Kreativität und damit unser empfundenes Lebensglück negativ auswirkt, steht ohnehin außer Frage.

Experiment Leben ohne Licht

Meine Familie und ich haben im letzten Winter, Mitte Dezember, ein kleines Experiment durchgeführt. Acht Tage lang haben wir Elektrizität nur zum Kochen und Arbeiten am Computer verwendet. Und das auch nur, weil wir keinen Holzherd und keine Schreibmaschine haben. Es war die Zeit der Kerzen. Aber auch nur da, wo sie unbedingt sein mussten. Schule, Kindergarten und in die Arbeit gehen liefen natürlich weiter. Was machten wir nachmittags, so ab 16:30 Uhr, als es dunkel wurde? Wir haben unseren Kachelofen eingeheizt und es uns im Feuerschein vor ihm gemütlich gemacht. Haben uns viele Fotos angesehen und uns unsere eigene Geschichte vom Jahr erzählt. Wir haben überhaupt viel gesprochen, haben musiziert, gesungen, Rätsel geraten und einfach nur ewig in die Flammen geschaut. Wir haben uns gegenseitig erzählt, was wir im nächsten Jahr machen wollen. Und da wir bei dieser ganzen Gemütlichkeit früh müde wurden, sind wir zeitig zu Bett gegangen und am nächsten Morgen auch ohne Wecker rechtzeitig aufgewacht. Unsere Söhne waren da sechs und vier Jahre alt und waren schlicht begeistert von so viel Feuer und Stimmung.

Probieren Sie es doch einmal selbst aus. Schreiben Sie mir, wie es Ihnen dabei ergangen ist. Ich freue mich auf Ihre Nachrichten. Für uns jedenfalls steht die Wiederholung unseres Experiments im nächsten Winter bereits fest.

Wir Menschen leben genauso im Rhythmus des Lichtes wie es Tiere und Pflanzen tun. Ihnen gestehen wir selbstverständlich zum Beispiel ihre Winterruhe zu. Und uns selbst? Wir haben es in der Hand, ob wir unsere Urbedürfnisse beständig regulieren und uns damit von dauerhaft hoher Leistungsfähigkeit genauso abkoppeln wie von echter Regeneration.

KAPITEL III

Kennen Sie schon Ihren Stamm?

13. Jeder wird gebraucht

Ein neu auf die Erde kommender Mensch darf zwei Dinge erwarten: geliebt und gebraucht zu werden. Die Liebe erhält er von seiner Familie. Das Gefühl gebraucht zu werden, geben ihm wiederum die Familie und später in besonderem Maße die Gesellschaft. So, wie wir im Moment agieren, untergraben wir die Arbeits- und damit die Lebensmoral der gesamten Gesellschaft. Gerade einmal 15 Prozent der Angestellten fühlen sich mit ihrem Arbeitgeber und ihrer Arbeit emotional fest verbunden[1]) und damit gebraucht. Gleichzeitig suchen viele Unternehmen händeringend nach genügend passenden Mitarbeitern. Wir bilden offensichtlich die weitaus meisten weder sinnvoll aus noch setzen wir sie gezielt ein. Zudem behandeln wir sie völlig falsch. Diese Zahlen zeigen: es gibt keinen Arbeitskräftemangel. Es gibt aberwitzigen Fehleinsatz und Fehlbehandlung der Menschen. Wer ist denn noch aufrichtig stolz auf seine Tätigkeit und bekommt das von seinem Unternehmen auch noch in aufrichtiger Wertschätzung gezeigt? Stolz zu sein gehört gar nicht mehr zum kollektiven Bewusstsein. Wir definieren uns nicht mehr über unsere Arbeit selbst, sondern nur noch darüber, welches Prestige und welche materiellen Werte daraus hervorgehen.

Wenn so viele die Bereitschaft verweigern, sich emotional an ihrer Arbeit zu beteiligen, dann macht es für die allermeisten keinen Sinn zu arbeiten. Dann dient Arbeit nicht einem höheren Zweck, nämlich sich selbst durch sie zu definieren, sondern lediglich dazu, Güter zur Bedürfnisbefriedigung zu erwerben. Wie sollen junge Menschen eine tiefe Freude am Lebensumstand Arbeit entwickeln, wenn ihnen von den Unternehmen überdeutlich gezeigt wird: „Arbeit ist dazu da, um Dinge zu produzieren, die keiner wirklich braucht. Außerdem schätzen wir euch nur als Arbeitskraft und Konsument. Als Menschen seid ihr uns egal."

Für unsere Gesellschaft beginnt das fatal zu werden. Viele leben vor sich hin ohne Ziel, ohne Richtung, vielfach ohne Hoffnung mit richtig viel Angst. Das macht über eher kurz als lang alles kaputt, was unsere Vorfahren in mühsamer Arbeit über Jahrhunderte und Jahrzehnte geschaffen haben. Wir verhungern emotional im größten Wohlstand, den die Welt je gesehen hat. Wir können so nicht leben. Das entspricht nicht unserer Natur. Unsere Natur verlangt von uns, nach Höherem und Wertvollem zu streben und stetige Freude am Dasein und Miteinander zu haben. Wir Menschen sind durch unsere jahrmillionenalte Geschichte so gebaut.

Stellen Sie sich vor, wie wohl der Empfang eines jeden neugeborenen Menschen über Millionen von Jahren hinweg in seiner Sippe gewesen sein muss? Unsere Vorfahren lebten in auf sich allein gestellten Sippen von vielleicht 30 oder 50 Personen als Jäger, Sammler, Hirten oder Wanderbauern inmitten unendlicher Wälder, Sümpfe, Moore, Heidelandschaften, Tundren, Steppen und Savannen. Mit jedem Sippenmitglied wuchs die Überlebensfähigkeit der gesamten Sippe. Die Sippe, der Stamm, war darauf angewiesen, dass möglichst jedes Mitglied seinen Anteil zum Wohle der Gemeinschaft leistete. Je besser der Einzelne seine Stärken und Fähigkeiten zur Anwendung brachte, desto größer war der Nutzen für die Sippe, desto besser ging es der Sippe, desto sicherer war das Leben aller. In jedes Kind müssen sehr große Erwartungen und Hoffnungen gesetzt worden sein. Denn jedes gesunde Kind trug zur Zukunftssicherung aller bei. Jeder leistete, was er konnte, so lang er lebte. Niemand war unnütz. Weshalb sollte es auch je eine Phase geben, in welcher man von der Gemeinschaft nur ausgehalten wurde? Was man arbeitete, war schließlich das, was man sein Leben lang am liebsten getan hatte. Wofür man gekämpft und gelitten hat. Wofür man Anerkennung bekam. Wofür man gebraucht wurde. Worauf man stolz war. Weshalb sollte also jemand ohne triftigen Grund vor dem Tod mit seiner Arbeit aufhören? Damit würde er ja sein gesamtes Leben infrage stellen. Uns fehlt Lebenswichtiges, wenn wir nicht gebraucht werden. Wenn wir nicht Menschen um uns haben, die auf uns zählen. Wir brauchen einen echten Sinn für unser Tun. Einen Sinn, der uns als ganzen Menschen fordert und braucht.

Es gibt heute nur noch eine einzige und alles entscheidende Frage, die Unternehmen beantworten müssen: Was ist der Sinn ihres Tuns? Diese eine Frage genügt. Unsere Zeit ist von lähmender Übersättigung geprägt. Wir haben alles. Was noch dazukommt, brauchen wir nicht wirklich. Nice to have. Mehr nicht. Uns geht es faktisch überhaupt keinen Deut besser, bloß weil wir die 72. App für irgendetwas haben. Und das ist das Fatale an unserer Zeit. Da es von allem bereits zu viel gibt, ist es unerheblich, ob es ein einzelnes Produkt gibt oder nicht. Solange es nichts anderes kann, als ein alltägliches, schnell aufkommendes Bedürfnis zu befriedigen. Bereits morgen ist ein besseres Produkt auf dem Markt, das übermorgen ebenfalls abgelöst wird. Deshalb ist es auch völlig unerheblich, ob es ein einzelnes Unternehmen gibt oder nicht. Verschwindet es, schließt sofort ein neues Unternehmen oder der Wettbewerb die Lücke. Jeder halbwegs brauchbare Ex-Mitarbeiter kommt nahtlos in einem ähnlichen Unternehmen unter. Weshalb sich also für ein Unternehmen oder gar ein Produkt echt engagieren? Kann ein Unternehmen die Sinnfrage mit einem echten Über-Sinn verständlich beantworten, wird es auch genügend Bewerber haben. Ob es auf Dauer dann auch ausreichend passende Mitarbeiter behält, hängt von der Verwirklichung dieses Über-Sinns und der Behandlung ab.

Was ist der Über-Sinn?

Er ist der emotionale Geist eines jeden Unternehmens. Er ist das, was immer da ist, egal in welcher Situation ein Unternehmen sich gerade befindet. Er entscheidet letztlich, ob ein Unternehmen auf Dauer erfolgreich ist. Er sagt aus, ob sich die Beschäftigten aufrichtig mit dem Unternehmen verbunden fühlen. Ob sie tatsächlich gebraucht werden und stolz darauf sind, ein Teil des Unternehmens zu sein. Kurz: Er sagt aus, ob ein Unternehmen ein Stamm ist.

Ja, ein Stamm. Wir brauchen neue Stämme. Zugunsten einer hypermobilen Gesellschaft mit einhergehender Auflösung jeglicher größerer Familienstrukturen haben wir eine nie da gewesene Arbeitsproduktivität erreicht. Dabei haben wir diese emotionale Kraft der Sippe, des Stammes, total vernachlässigt. Das Ergebnis dieser Verhaltensweise über lange, lange Jahre ist unsere Gegenwart. Nun ist es jedoch an der Zeit, neue Stämme zu schaffen, die eine echte emotionale Heimat bieten. Sonst wird die Grundlage jeden ökonomischen Handelns ad absurdum geführt: das Streben nach Höherem, nach Wertvollerem. Aus keinem anderen Grund wurde in früheren Zeiten je Handel getrieben, Kriege geführt und neue Länder erobert. Allein, um für den eigenen Stamm die Zukunft zu sichern.

Zukunftssicherung ist Bestreben der Gemeinschaft, die nur so gut ist, wie jedes einzelne Mitglied, das seine Stärken voll zur Geltung bringt. Der Beruf als Sammelbegriff für die Lebensaufgabe jedes Einzelnen ist an sich keine Aufgabe, der jeder allein ausgesetzt werden darf. Die Wahl des Berufes ist Stammesaufgabe.

14. Berufung ist keine One-Man-Show

Wir überlassen es jedem selbst, sich erfolgreich um seine eigenen Stärken und Talente zu kümmern. Im seltensten Fall ist dazu ein Erwachsener ohne Hilfestellung in der Lage. Geschweige denn Heranwachsende, die mit der Wahl des ersten Berufes eine sehr prägende Entscheidung fällen. In dieser Zeit braucht jeder Teenager wertvolle, gereifte Erwachsene, die Orientierung, Halt und auch mal einen Schubs geben.

Wer weiß, welche Rolle er in der Gemeinschaft spielen will und sich darin bestärkt und gefördert sieht, der hat keine Lust auf blockierende Konkurrenz und Verschwendung der eigenen Zeit. Der sucht sich aktiv ein Umfeld, in dem er seine Talente zur Geltung bringen kann und wo er sich wohlfühlt. Antworten auf nahezu alle Fragen lassen sich heutzutage sehr leicht finden. Ein Blick ins weltweite Netz legt jegliches Wissen und mannigfaltige Erfahrungen dar. Mit nur wenigen Klicks werden unbegrenzte Erfolge versprochen. Nur finden wir dort wirklich auf alle Fragen die für uns passenden Antworten?

Keine auf sich allein gestellte Sippe oder kein Stamm kann es sich leisten, die Stärken und Talente eines jeden Mitglieds nicht genau zu kennen und zu einer optimalen Anwendung zu bringen. Keine Sippe, die als Gemeinschaft Erfolg haben will, darf sich gegenseitig zerfleischen. Und doch ist es genau dies, was tagtäglich in Unternehmen geschieht. Das Verhalten von vielen Erwachsenen, die mitunter für etliche Mitarbeiter und Millionenbudgets verantwortlich sind, gleicht betrüblich oft dem Gezanke von Vierjährigen im Sandkasten. Dann wundern sich viele Unternehmenslenker, weshalb die Zeiten immer härter werden, sie nicht genügend gute Leute finden und unterm Strich immer weniger übrig bleibt.

Es ist nicht notwendig, ständig neue hochtrabende Konzepte und Systeme zu entwickeln, nach deren Pfeife in der nächsten Zeit getanzt wird, bis wir eine neue Pfeife geschnitzt haben. Wir brauchen endlich wieder Weitblick, dem wir gerne folgen. Wir Menschen funktionieren einfach immer noch so, wie wir schon immer funktioniert haben. Das haben wir bereits zur Genüge gesehen. Weshalb machen wir es uns nicht leicht und nehmen diese bewährten Systeme und übertragen sie auf das Heute?

Im Grunde geht es einem jeden Unternehmen heute exakt so wie einer Sippe, einem Stamm über fast die gesamte Geschichte der Menschheit. Auf jeden schwangeren Bauch (heute jeden neuen Mitarbeiter) wurde mit inbrünstiger Hoffnung geblickt, das heranwachsende neue Sippenmitglied möge gesund und mit wertvollen Talenten ausgestattet sein, die der Gemeinschaft zugutekämen. Es wurde auf jeden mit Bedacht geachtet, der der Kindheit entwuchs und sich nun einen vollwertigen Platz in der Sippe zu suchen hatte. Der ganze Stamm hatte das größte Interesse daran, dass ein jeder seine Berufung fand: nämlich das zu tun, was seinen Stärken und Neigungen bestmöglichen Ausdruck gab. So war in der logischen Weiterführung dieses Gedankens ein jeder Scheidende ein allgemeiner schmerzlicher Verlust, der möglichst bald ausgeglichen werden musste. Es gab Verantwortlichkeiten und Rituale, um das Beste in jedem jungen Mitglied freizusetzen. Noch heute ist es bei sämtlichen

Naturvölkern gang und gäbe, Jugendliche durch Initiationen in den Kreis der Erwachsenen aufzunehmen. Nach Jahren der Vorbereitung, der Übung und des Trainings, treten durch rituelle Zeremonien zur Zeit der Pubertät die jungen Männer und Frauen in die Gemeinschaft der Erwachsenen ein. Sie gelten fortan als vollwertige Mitglieder. Damit wird allen jungen Leuten der Abschluss ihrer Kindheit und der Neubeginn des nächsten Lebensabschnitts bezeugt. Die Kelten, unsere unmittelbaren Vorfahren, taten höchst Ähnliches. Die jungen Leute verbrachten unter anderem mehrere Tage allein in den Wäldern, um ihre Stärken und Schwächen zu erleben.[1]) Wer erlebt es heute überhaupt einmal in seinem Leben, mehrere Tage allein zu sein? Von allein in der Wildnis gar nicht erst zu reden. Diese Bräuche und Rituale sind so alt wie die Menschheit selbst. Wir haben allerdings diese immense Wirkung der Natur vergessen. Diese umfassenden und durchaus aufwendigen Rituale bringen jedem Einzelnen eine unglaublich hohe kollektive Wertschätzung entgegen. Jedem Mitglied wird klar, wie sehr es mit der Gemeinschaft verwoben ist. Wie sehr es gebraucht wird. Die bewusste Definition der eigenen Rolle, und die damit verbundene Entdeckung der eigenen Berufung, ist so nicht bloß individueller Wunsch, sondern wird von der Gemeinschaft erwartet. Damit ist auch der Weg zur eigenen Berufung etwas von der Gemeinschaft Getragenes und damit ein Weg im Schutz der Sippe. Jeder spürt gegenüber sich selbst und gegenüber seiner Sippe die immense Wichtigkeit und Erlaubnis, seine Talente zu suchen, zur Geltung und durch Übung zur Vollendung zu bringen.

Wir wertschätzen das Wesen Mensch nicht mehr

Wie gehen wir heute mit unserer allerwichtigsten Ressource, dem Menschen, um? Welche allgemein anerkannten

Initiationen, die echte Wertschätzung vermitteln, haben wir heute? Den Schulabschluss? Das Aufklärungsgespräch? Den Führerschein? Obwohl die Endlichkeit an Quantität und Qualität immer offensichtlicher wird, scheinen wir keine allzu große Motivation zu haben, den Menschen das zu geben, was sie wirklich brauchen, um dauerhaft gesund, leistungsfähig und kreativ zu sein. Wir brauchen eine echte tief emotionale Gemeinschaft, sonst ist Gemeinschaft eine bloße Ansammlung von Menschen, die uns im Grunde egal sind. Wir nehmen zu gerne leichtfertig an, der ausgeübte Beruf sei Berufung. Das kann so sein, muss es jedoch nicht und ist es offensichtlich in den meisten Fällen nicht. Die Berufung ist Ausdruck des gesamten Menschen und nicht die bloße Definition seines Broterwerbs. Heute wird sie jedoch vom Kollektiv rein über den Nutzen für das betreffende Individuum definiert. Wir stellen leider nie die Frage, in welcher Rolle sich jeder selbst sieht. Welche Rolle wollen wir in der Gemeinschaft einnehmen?

Was wollen wir durch unsere Rolle bewirken?

Diese Fragen mögen schwierig sein. Insbesondere für Heranwachsende. Wären sie einfach, hätten wir nicht das Dilemma, in dem wir uns befinden. Diese Fragen sind jedoch nicht allzu schwer, wenn junge Menschen Erwachsene haben, die ihnen die Antworten auf ihre Weise über Jahre vorleben. Sie sind im Gegenzug aber kaum zu beantworten, wenn junge Menschen von Erwachsenen umgeben sind, die selbst nicht wissen, was sie im Leben wollen und sich von kurzfristiger Bedürfnisbefriedigung getrieben durch den Alltag schlängeln.

Die Zeiten sind vorbei, in welchen wir eine Stelle ausschreiben und rasterartig Bewerber auf ihre Eignung testen. Heute müssen wir in Unternehmen Kandidaten sichten, unabhängig von irgendeiner Stelle. Die am besten zum Unternehmen passenden Leute müssen eingestellt werden. Wer mit seinen persönlichen Werten und Einstellungen zum

Unternehmenserfolg beitragen kann, soll dies tun dürfen. Erst auf den zweiten Blick dürfen Qualifikationen betrachtet werden. Ob diese beeindrucken oder nicht, darf kein Einstellungskriterium mehr sein. Wirklich gute Leute, die zum Unternehmen passen, gleichen Wissensdefizite spielend aus und erschaffen sich wenn notwendig ihre Stelle selbst. Wir müssen sie nur machen lassen.

15. Werkzeug mit Macht: das Ritual

Wenn Hunderttausende sich freiwillig in den gleichen Farben kleiden, Fahnen recken und wie aus einem Munde Gesänge und Parolen intonieren. Wenn jeden Einzelnen der Teilnehmer und sogar Betrachter Schauer der Erregung durchjagen und Augen feucht werden. Dann leben wir aus, was das wertvollste Bindeglied einer jeden Gemeinschaft ist: das Ritual.

Geht es im Sport wirklich um Erfolge und Siege? Geht es in Rockkonzerten tatsächlich um Musik? Geht es nicht vielmehr um unbändig ausgelebte Emotionen? Archaisches Ungemach heldenmütig zu überwinden und sich dabei voll und ganz zu spüren? Dreck, Schweiß, Blut, Tränen und dann endlich Freudentaumel. Mit dem Auf und Ab des Lebens baren Mutes zu spielen? Weshalb sonst werden die Fußballhelden am liebsten vor Schweiß und Schmutz triefend in Kampf-, Jubel- oder Schultersprungszenen dargestellt? Wir wollen dazugehören. Wir wollen mitleiden, mitfiebern, mitfeiern. Wir wollen uns hingeben für das eine große Gefühl: WIR.

Wie einfach gestrickt auch Einzelne wirken mögen, wie offenkundig sie ihr Tun des Geldes wegen bekräftigen, so stark wirken bei jedem Rituale. Besagte Massenansammlungen in Stadien aller Art sind höchst authentisch nachgespielte

Historienspektakel. Das Gebaren von Zigtausenden hat verblüffende Ähnlichkeit mit antiken Schlachtreihen. Und die Beteiligten scheinen sich sehr wohl dabei zu fühlen und sich nach diesem Gefühl regelrecht aufzuzehren. Was dort an ritueller Energie entsteht und frei wird, ist ein Urbedürfnis von uns Menschen. Wir wollen im Energiefluss unseres Stammes ein Bestandteil von etwas Großem sein. Wir wollen etwas viel Größeres vollbringen als durch die bloße Anzahl an Anwesenden faktisch erklärbar ist. Es sind die Rituale, die uns Halt geben, als dazugehörig kennzeichnen und uns wirklich Großes vollbringen lassen. Handlungen, die als Rituale zelebriert werden, vermitteln den hohen Wert des Zwecks, dem sie dienen. Es steht offensichtlich noch etwas viel Höheres, viel Wichtigeres hinter dem augenscheinlichen Tun. Die Fußballfans initiieren ihre Riten nicht auf Anweisung. Es ist ihnen einfach ein Bedürfnis, ohne jeglichen faktisch belegbaren Grund, zu tun, wie sie tun. Und unter frenetischen Fans finden sich Menschen jeglicher Couleur, sozialer Schicht und Ausstattung an IQ.

Rituale sind der Kitt für das WIR

Gemeinsames, regelmäßiges Tun bedeutet immer ein ganz großes, starkes WIR. Unser Alltag wird mit kleinen, feinen Ritualen zusammengehalten. Nicht immer müssen es die großen, gewaltigen Rituale sein. Die ganz großen sind die Meilensteine in unserem Jahr, in unserem Leben. Mit ihnen vollziehen wir Abschluss, Wechsel und Neubeginn. Mit ihnen reifen und vollenden wir uns selbst und unser Miteinander. Rituale sind der Wirkstoff für jegliche Gruppendynamik und gehören zu unserem Leben wie die Luft zum Atmen. Rituale sind die kraftvollen Symbole unserer Gemeinschaft mit gewaltiger Macht. Sie verbinden uns mit einem unsichtbaren Band. Sie geben unserem Leben Struktur und Halt.

Sie sind oft viele Tausend Jahre alt und haben sich in ihrer Ausprägung beständig gewandelt. Doch ihr Sinn und Zweck und das, was sie in uns bewirken, hat sich nicht verändert. Mit unserer Feier der Gemeinschaft knüpfen wir an uralte Bräuche an. Damit verbinden wir uns mit der über diese schier endlosen Zeiten immerzu weitergegebenen Energie und Stärke.

Gerade heute, wo wir keine die Gesellschaft über alle Schichten verbindende Spiritualität haben. Wo wir uns an Religionen und Praktiken aller Art nach Erfüllung sehnend klammern. Wo wir uns in einem Alltag, der uns nicht mehr mit allen Sinnen Mensch sein lässt, abarbeiten, anstatt zu leben. Gerade heute brauchen wir im Kreis unserer Familie, Freunde und unserer Erwerbsstätte ein neues wertvolles Praktizieren von Ritualen. Rituale, die kein kognitives Abspulen von Handgriffen und Bewegungen sind, sondern die erfüllt sind von dem aufrichtigen Wunsch, die Gemeinschaft als solche tatsächlich zu erleben und selbst in ihr aufzugehen.

Rituale sind die Verbindungen, die Menschen bewegten, letztlich in immer größeren Gemeinschaften zu leben. Wir haben ein tiefes Bedürfnis nach Gemeinschaft, Spiritualität und damit nach Ritualen. So wissen wir heute, das Zentralheiligtum Göbekli Tepe im Südosten der Türkei wurde vor über 11.000 Jahren von Jägern und Sammlern errichtet. Ein monumentaler Ritualplatz, geformt aus tonnenschweren Blöcken mit kunstvollen Tierdarstellungen. Gemeinsam Rituale zu feiern war unseren Vorfahren wichtiger, als gemeinsam zu wohnen. Es gab um diesen Tempel herum nicht einmal Häuser, geschweige denn eine feste Ansiedlung. Sie kamen, wer weiß, zu welchen Zeiten und für wie lange zusammen, um zu feiern. Um in Ritualen eine Gemeinschaft zu begründen und zu festigen, die vielleicht über Monate und Jahre weit verstreut in der Gegend herumzog.[1]) Genauso beeindruckt der weltgrößte Megalith, der

Grand Menhir Brisé in der Bretagne mit rund 280 Tonnen Gewicht und einer Länge von über 20 Metern, der über 12 Kilometer transportiert und senkrecht aufgestellt wurde. Für Steinzeitler eine Leistung, die gleichauf mit den ägyptischen Pyramiden genannt werden darf. Oder Stonehenge: um alle Bauphasen zu erfüllen, waren rund 20 Millionen Arbeitsstunden notwendig. Im weiten Umkreis gab es jedoch nur dünn besiedeltes Land, und von einer Überproduktion an Nahrungsmitteln, die für Tausende Arbeiter über Jahre notwendig sind, gab es eigentlich keine Kapazitäten.

Wie sollte das alles möglich gewesen sein, wenn unsere Vorfahren kein immenses Vertrauen in ihre Gemeinschaft gehabt hätten? Wie wertvoll müssen ihnen ihre Rituale gewesen sein und welche Kräfte haben diese freigesetzt, wenn sie über viele Jahre zu solchen Leistungen bereit waren?

Dieses Aufgehen in der Gemeinschaft, diese Hingabe für die Gemeinschaft, ist in uns unverändert stark. Wir wähnen uns so vielwissend und abgeklärt. Da sollte es uns gelingen, Rituale zu entwickeln, die diese gewaltigen Kräfte in fruchtbaren und friedvollen Aktivitäten erblühen lassen. Im angenehmen Nebeneffekt könnten wir dabei auch die meisten unserer Ersatzbefriedigungen leichten Herzens ad acta legen.

Wie entstehen gute und sinnvolle Rituale?

Richtig gute Rituale sind immer emotional. Entweder still oder brausend. Damit ist schon alles gesagt. Rahmen, Ablauf, Inhalt, dafür gibt es unendlich viele Möglichkeiten. Wer immer Menschen führt, egal in welchem Kontext, sei es privat in der Familie, im Verein oder im Beruf, sollte wissen, was in welchem Fall passt. Wichtig dabei: Ein Ritual muss das Bedürfnis nach Echtheit ausdrücken. Ein kurzes Schlaglicht werfe ich bewusst auf den beruflichen Bereich, weil dort durch besondere Abhängigkeiten und Hierarchien

Rituale auch spezielle Formen haben. Welche Rituale haben wir da? Morgendliches Ankommen in der Firma und am Arbeitsplatz, Besprechungen, Meetings, Arbeitsaufträge, Kontrollgänge, Berichte, Protokolle, Schriftverkehr, Telefonate, Übergaben, Vertretungen, Personalgespräche, Jahrestreffen, Urlaubsplanung, Pausen, Verabschieden und eine Vielzahl mehr. Wir sehen, es gibt unglaublich viele Möglichkeiten, Wertigkeit durch Emotionen in unseren Berufsalltag zu bringen.

Leider erlebe ich oft Führungskräfte, die sich gegenüber ihren Mitarbeitern sehr reserviert und technokratisch verhalten. Da werden Ziele vorgebracht und Maßnahmen eingeleitet und mit rein logischen Ansätzen vertreten. Von Emotionen oder gar Ritualen keine Spur. Doch gerade die Emotionen machen ein Ziel überhaupt erst greifbar und damit wertvoll. Gerade Emotionen vermitteln, auch bei scheinbar nüchtern-routinierten Vorgängen wie etwa der Entgegennahme eines Berichtes, Wertigkeit und Wichtigkeit. Gegenüber dem Berichtenden und besonders gegenüber den Berichtsinhalten. Das macht es für alle Beteiligten einfacher, sich zu engagieren. Weshalb sollen wir denn das Ziel erreichen? Was macht das für einen Sinn? Was haben wir denn davon, wenn wir das Ziel erreichen? Hier einfach nur Marktvorteile, Geld, Aufstiegschancen, Titel usw. zu listen, ist reine Zeitverschwendung. Ich verstehe Führungskräfte schon, wenn sie sich nicht zu mehr Gefühlen hinreißen lassen. Wenn die oberste Unternehmensführung das nicht vorlebt und auch keinen echten Sinn stiftet, ist das äußerst schwer. Allerdings steht es in der Macht jedes Einzelnen – und besonders jeder Führungskraft, egal welcher Hierarchiestufe –, dem eigenen Arbeitsumfeld Wert und Sinn zu verleihen.

Dies zu tun ist äußerst wichtig und dringend, denn mit unserer bisherigen Unternehmensführung erreichen wir offensichtlich nicht die Grundmotive der meisten. Wenn es uns nur gelänge, einen Bruchteil der rituellen Energie, die in den

Arenen ans Tageslicht kommt, in Arbeitseifer umzulenken, wären jegliche Zukunftsbedenken überflüssig. Wir brauchen in Unternehmen Rituale, die echt berühren. Ohne diese vegetieren wir Menschen. Egal, wie es uns wirtschaftlich und technisch gehen mag. Wir benötigen einfach das Gefühl, unser Dasein und Tun dient Höherem. Den Mindeststandard an Riten in Form von technokratischem Ableisten decken wir ohnehin. Die Rahmen sind bereits da und können mit Herzblut gefüllt werden. Befriedigen Unternehmen dieses Bedürfnis nicht, decken die Mitarbeiter ihren rituellen Bedarf in der Freizeit. So geht sehr viel Energie verloren und bindet die Mitarbeiter emotional nicht ans Unternehmen.

Wir haben doch eine, wie ich finde, sehr schöne Tradition. Es würde mich nicht wundern, wenn auch sie bereits mehrere Tausend Jahre alt ist: das Feierabendbier. Bier ist kein Getränk, es ist Ausdruck von Lebensfreude. Früher war es ein spirituelles Kultgetränk – wohl deshalb ist es auch so beliebt. Es ist einer der ersten richtig sonnigen und warmen Frühlingstage. Die Sonne wärmt noch wohlig. Auch wenn sie bereits sehr tief steht. Nach getaner Arbeit zufrieden mit sich und der Welt, sitzen wir auf der Hausbank und stoßen mit unserem „Bierchen" an. Fern jeglicher Alkoholseligkeit. Einfach das Leben genießend. Mit Freunden, mit Nachbarn. Ganz im Hier und Jetzt. Leider ist auch dieses Ritual im Verschwinden begriffen, weil alle am Abend noch schnell irgendetwas zu erledigen haben.

Ich denke, wir wissen eigentlich schon, wie schön das Leben sein kann. Das Glück liegt auf der Straße. Wir werden da wieder hinkommen, es einfach aufzuheben. Einfach weil wir unseren Alltag sonst nicht mehr aushalten. Stoßen wir eben ganz im Zeitgeist mit alkoholfreiem Bier an. Nehmen wir uns einfach regelmäßig diese rituelle Viertelstunde, nur für uns.

Wir dürfen uns auf ein neues, inniges Miteinander, egal in welchem Kontext freuen. Denn nur so werden wir die

Herausforderungen unserer Zeit meistern können. Nehmen Sie Rituale – berufliche wie private – bewusst an und genießen Sie diese als das, was sie sind: etwas sehr Wertvolles. Rituale und ihre kostbare Wirkungsweise funktionieren jedoch nur, wenn sie einen geschützten Rahmen bekommen. Wenn alle Teilnehmer vertrauen dürfen, dass das, was sie dort tun und erleben, unter besonderem Schutz steht.

16. Vertrauen: die Mutter der Hingabe

Wer vertraut, dem wird vertraut.

Und damit könnten wir dieses Kapitel bereits beenden. Es funktioniert nur in diese Richtung. Vertrauen können wir niemals einfordern. Wir müssen zuerst zeigen, wie vertrauenswürdig wir sind und dies immer und immer wieder bestätigen. Nur dann baut sich Vertrauen auf. Nur dann sind wir vertrauenswürdig und unseren Ideen und Meinungen wird vertraut. Vertrauen heißt loslassen. Vertrauen ist eine besonders kraftvolle Form des Loslassens. Ich gebe eine Aufgabe, ein Ding in die Hand eines anderen und vertraue auf seinen Willen und seine Fähigkeit, die Ereignisse zu ihrem Besten zu gestalten.

Mein Bergfreund steht am Rande einer steilen Schneerinne. Das Seil führt von seinem Hüftgurt direkt zu mir. Ich baue die Sicherung und rufe ihm zu „Sicher!". Er tastet sich vor. Schritt für Schritt. Hält der Schnee? Er hält. Auf der anderen Seite baut er die Sicherung. Nach seiner Freigabe, folge ich seinen Spuren und komme wohlbehalten bei ihm an.

Einem anderen sein Leben anzuvertrauen, mehr Vertrauen können wir uns gegenseitig nicht schenken. Das Seil zwischen seinen Fingern durchgleiten zu lassen mit der Gewissheit, am anderen Ende hängt das Leben eines Menschen, der dir sehr viel bedeutet. Den du kennst, wie kaum ein Zweiter. Du kennst beinahe sein ganzes Leben, seine Frau, seine Eltern. Du hast so viel mit ihm erlebt, gelacht, gelitten und gestritten. Das Seil fühlt sich in so einem Moment lebendig wie ein Körperglied an. Wie eine Nabelschnur, mit der wir verbunden sind.

Nur weil wir uns vertrauen, geben wir uns der unberechenbaren Physik des Schneefeldes hin. Ohne Sicherung wäre das russisches Roulette. Wir vertrauen uns gegenseitig so sehr, wir lassen sogar unser eigenes Leben los und geben es in die Obhut des Freundes.

Das mag extrem erscheinen. So eine Situation bringt Vertrauen auf den Punkt. Lernen wir das einmal grundlegend, fällt es uns im Alltag leichter. Im Alltag haben wir unendlich viele Gelegenheiten, anderen Vertrauen zu schenken, das Vertrauen in uns zu stärken und damit uns selbst vertrauen zu lernen. Es ist an sich einfach und gerade deshalb so schwer, es auch tatsächlich zu tun. Damit es gelingt, gibt es eine einfache Regel: Alles, was wir versprechen, halten wir.

Können wir aus irgendwelchen Gründen unser Versprechen nicht einhalten, teilen wir den Betroffenen ohne Aufforderung mit, weshalb. Dabei tragen wir selbst die Verantwortung und schieben nichts auf die Umstände.

Sagen Sie nicht: „Sorry, ich komme später, weil so viel Verkehr ist."

Sagen Sie: „Sorry, ich komme zu spät, weil ich zu spät losgefahren bin. Ich habe den Verkehr unterschätzt. Das nächste Mal fahre ich früher los."

Und dann sind wir das nächste Mal auch tatsächlich überpünktlich. Und alles ist wieder gut.

Sagen Sie nicht: „Tut mir leid, es gab keinen besseren Platz."

Sagen Sie: „Tut mir leid, ich habe mich zu spät darum gekümmert. Jetzt ist nur noch dieser Platz frei. Das nächste Mal mache ich es sofort."

Und dann tun wir das auch beim nächsten Mal und reservieren den besten Platz im Restaurant.

Was passiert durch diese Formulierungen in uns selbst und im anderen? Wir alle nehmen uns als Gestalter unseres Lebens wahr. Wir meistern nicht nur die Umstände und kommen pünktlich, sondern zeigen, dass wir jederzeit die Umstände gestalten können, wie wir wollen und sind überpünktlich oder bekommen den besten Platz. Schließlich entscheiden wir ja zuvor bei der Vereinbarung von Terminen und Treffen auch generös und frei, wann und wo wir diese haben wollen. Dann werden wir es auch schaffen, einzuhalten, was wir uns selbst vorgenommen hatten. Das Vertrauen anderer in uns und in uns selbst wächst. Wenn wir vertrauen wollen, kommen wir nicht umhin, die volle Verantwortung für unser Tun zu übernehmen. Dann sind wir nicht mehr Sklaven von Uhren, Verkehrsaufkommen, Platzangeboten, Terminen oder Fristen. Dann sind wir Herr über unsere Zeit und Beziehungen. Das macht ungemein frei. Denn Menschen vertrauen, heißt dem Leben selbst vertrauen.

Vertraue dir selbst, dann vertraut dir die Welt

Wir lernen am schnellsten und nachhaltigsten, je mehr Sinne beim Lernprozess beteiligt sind und je intensiver die emotionalen Eindrücke dabei sind. Wo geht das besser als draußen in der Natur? Dort sind wir die absoluten Herren unserer Geschicke. Denn die Natur tut uns nichts. Sie ist einfach nur da. Sie ist, wie sie ist. Dort ist auch das Wetter, wie es eben ist. Das wissen wir vorher. Wie wir damit umgehen, ist allein unsere Sache. Dort sieht uns niemand beim Fehlermachen zu und wir dürfen die Fehler auch sofort an Ort und Stelle selbst ausbügeln.

Am baumlosen Hochplateau Gaissane, südlich des Nordkaps in Norwegen, wache ich eines frühen Sommermorgens auf, weil ich meine Beine nicht mehr bewegen kann. Ich öffne die Augen und habe die Zeltwand im Gesicht. Mein Zelt ist bis zur Hälfte eingeschneit. Der schützende niedrige Hügel bewirkte eine gewaltige Schneewehe. Wie ein Wurm aus seinem Erdloch krieche ich aus Schlafsack und Zelt. Nach ein paar vergeblichen Schaufelversuchen drücke ich mich unter das winzige Vorzelt und ziehe mich vollständig an. Mir ist klar, ich muss das Zelt sofort ausgraben und an einer anderen Stelle aufbauen. Während ich auf der einen Seite buddle, füllt sich der Schnee auf der anderen in Sekunden nach. Tunlichst versuche ich, die dünne Plane zu schonen. Ein Riss und ich stecke in sehr ernsthaften Schwierigkeiten. Hier, über 30 Kilometer Luftlinie entfernt von den nächsten Menschen. Ohne Satellitentelefon, Mobilfunknetz oder gar Wege.

Der Wind fühlt sich an, wie wenn man auf der Autobahn eine Hand aus dem Fenster hält. Beinahe reißt mir der Sturm das Zelt aus den Händen, als ich es neu platziere. Nach einer halben Stunde Schufterei krieche ich wieder ins ohrenbetäubend peitschende Zelt, das ich erst wieder am nächsten Tag verlassen kann.

Haben wir gelernt, uns und dem Leben zu vertrauen, können wir beständig Neuland betreten. Körperlich oder im Geiste. Denn wer auf seine kreativen Fähigkeiten zu vertrauen lernt, der ist auch kreativer. Wie wir das noch optimieren, sehen wir uns nun an.

KAPITEL IV

Kreativitätsbooster Natur

17. Körpereigene Drogen: unsere Schlaumacher nutzen

Stoned, breit, dicht, high, flying, loaded. Das ist unser Dauerzustand. Ob wir wollen oder nicht. Ob wir das gutheißen oder nicht. Unser Denken, Fühlen und Handeln ist ein Produkt der Wirkungsweisen eines wahren Zaubertranks aus Hormonen und Botenstoffen, der ständig neu gemischt wird. Und das ist sehr gut so. Je nachdem, wo wir uns aufhalten, wie wir uns bewegen, wird dieses Zaubergebräu von unserem Gehirn gemixt und an die entsprechenden Rezeptoren auf der Oberfläche von Nerven- und Muskelzellen gesendet. Dementsprechend denken und fühlen und letztlich handeln wir. Nicht umgekehrt. Faszinierend, nicht wahr? Für jede erdenkliche Leistung oder Handlung produziert unser Körper, was er dazu braucht, selbst. Greifen wir aktiv in unsere Verhaltensweisen ein und begeben uns bewusst in bestimmte Umgebungen, lenken wir unsere begrenzten Kräfte und unsere Aufmerksamkeit auf für uns Wichtiges. Wir brauchen also keine von außen zugeführten Drogen, um besonders kreativ oder leistungsfähig zu sein oder um andere oder besondere Bewusstseinszustände zu erreichen. Die Zuführung von Drogen von außen ist praktisch und ihre Wirkung ist schnell und zuverlässig. Gerade das birgt die große Gefahr von Abhängigkeiten und beraubt uns unserer Freiheit.

Tiefes echtes Bewusstsein entsteht nur durch selbstständiges Tun. Keine Droge dieser Welt kann das vollbringen. Aus der eigenen tiefen Inspiration zu schöpfen, ist ein sehr wertvolles Geschenk, das uns zu dem befähigt, was tatsächlich an Großem in uns schlummert. Eingenommene Drogen, welcher Art auch immer, wirken biochemisch und versetzen uns in einen künstlichen traumähnlichen Zustand, der nur leider nichts mit unserer tiefen Kreativität, kognitiven und emotionalen Leistungsfähigkeit zu tun hat. Versetzen wir uns jedoch selbst in Zustände erhöhter Ausschüttung dieser Vielzahl höchst wirksamer kleiner Helfer, sind wir jederzeit mit unserem Selbst verbunden. Wir erleben uns selbst als erschaffenden Geist.[1])

Wie Muskeln, Bänder, Sehnen und Knochen will unser Gehirn auch bei der Produktion von körpereigenen Drogen gefordert sein. Fordern wir es nicht beständig, lässt seine Fähigkeit dazu nach. Je besser sie funktionieren, desto intensiver und interessanter, ja desto glücklicher nehmen wir unser Leben wahr. Monotonie, Alltagstrott, permanente geistige Unter- oder Überforderung, zu viel Fernsehen oder Internetsurfen führen zu einer geringeren Ausschüttung dieser Hormone und Botenstoffe. Genauso wie ständiges Sich-Zusammenreißen und Sich-Anpassen. Dadurch verkümmern die für die Übertragung an die Zellen so wichtigen Rezeptoren. Selbst bei späterer gesteigerter Produktion können die wertvollen Drogen nicht von den Zellen empfangen werden. Die Rezeptoren müssen sich erst nach und nach wieder bilden.[2]) Das ist fatal, denn haben wir bereits verkümmerte Rezeptoren, empfinden wir Aktivitäten, die an sich die Ausschüttung der körpereigenen Drogen steigern, als weniger wirkungsvoll. Wir verharren in einer gleichgültigen Stimmung, einem Nebel gleich, egal wie stimulierend eine Tätigkeit, ein Ereignis oder eine Umgebung auch sein mag. So abstrus es klingt, um die Welt intensiv wahrzunehmen, müssen wir sie intensiv wahrnehmen.

Die durchschlagende Idee – den Drogen sei Dank!

Während meiner Zeit als Geschäftsführer steckten wir eine Zeit lang in einem ziemlichen Problem. Unzählige Stunden hatte ich mich mit allen erdenklichen Kollegen und Beiräten darüber ausgetauscht. Eine befriedigende Lösung gab es trotz diverser Versuche nicht. In mir entstand der Drang, einmal gründlich darüber nachzudenken. Für ein paar Tage ging ich auf eine Berghütte. Das Winterwetter zeigte sich von seiner trüben Seite. Grau tauchten die tief hängenden Wolken die Gegend in eine triste Stimmung. Am Tag spurte ich einsam im Gleichtakt meines Schrittes die weiten Hänge hinauf und wedelte euphorisch wieder zu Tal. Das Feuer im Kamin schickte meine einsamen Gedanken über alle möglichen Wege in alle möglichen Richtungen. Langsam kroch die Dämmerung das Tal herauf und umhüllte die Hütte und mich in tiefen Schlaf. Es war der dritte windzerzauste, einsame Tag, der mir auf einem kahl gefegten Sattel eine neue Idee bescherte. Sie brachte das gewünschte Resultat.

Sehen wir uns also an, wie wir die Welt intensiv wahrnehmen, um die Ausschüttung der für Kreativität, Leistungsfähigkeit und Glück so wichtigen Hormone und Botenstoffe zu aktivieren. Wir konzentrieren uns dabei auf die wichtigsten mit den größten Effekten. Interessanterweise lassen sie sich allesamt mithilfe der Natur besonders gut stimulieren.

Dopamin (körpereigenes Kokain) macht uns besonders kreativ und fantasievoll, scharf denkend, differenziert meinungsbildend, leistungsfähig und konzentriert. Es wirkt stimmungsaufhellend bis antidepressiv oder glücklich bis euphorisch. Es aktiviert uns, macht uns lebhaft und verbessert unsere Sinneswahrnehmungen. In besonderem Maße verhilft es uns zu harmonischen Bewegungen. Angenehme Nebeneffekte: reduziert Körpergewicht und stimuliert die Abwehrkräfte sowie die sexuelle Lust.[3])

Dopamin ist zudem ein Lernbeschleuniger, der auf unser Lustzentrum (Nucleus accumbens[4])) wirkt, denn „Dopamin [...] wirkt [...] als ‚Türöffner' für die Verarbeitung von Informationen: Das heißt, die Wahrscheinlichkeit, dass Informationen oder bestimmte Erfahrungen abgespeichert werden, wird in diesem Zustand drastisch erhöht."[5])

So stimulieren wir die Ausschüttung:

- Aufenthalt – besonders wirksam allein – in Umgebungen mit starken Reizen: bizarre Berglandschaft vor dramatischer Gewitterstimmung, starker Wind im Wald usw. Aufenthalt – besonders wirksam allein – in Umgebungen mit besonderer Reizarmut: karge Hochebene, Wüste, einsame Küste, hohe See usw.
- Gefühlen und Gedanken hemmungslos freien Lauf lassen, Selbstkontrolle ausschalten
- ekstatisches Tanzen, Bewegen und Singen
- häufiger intensiver Wechsel der Umgebung
- aktives sich Vorstellen von Ereignissen und Zielen
- Tagträumen
- völlig in einer Tätigkeit aufgehen
- tief bewegende Musik hören oder spielen

Das bedeutet: unsere körperlichen Bewegungen beeinflussen direkt unsere Lern-, Denk- und Erinnerungsfähigkeit. Wir sind besser in der Lage, neue Informationen zu verarbeiten und uns an Bekanntes zu erinnern, wenn durch körperliche Bewegung biologische Veränderungen im Gehirn in Gang gesetzt werden. Ein so gefördertes Gehirn ist besser in der Lage zu denken, sich zu erinnern und zu lernen und schließlich zu leisten. Faszinierend wirkt sich die Erkenntnis über den Konzentrationsleistungswert (Konzentrationsfähigkeit in Abhängigkeit von Zeit und Bewegung) aus. Demnach kann sich bei optimaler Kombination aus Bewegung und Konzentration während einer Zeitdauer von fünf Stunden die Konzentrationsfähigkeit um bis zu 30 Prozent erhöhen.[6])

Achtung: die Dopaminausschüttung können wir betreiben, bis wir verrückte oder schizophrene Geisteszustände erreichen. Das ist spannend und löst uns für eine Weile von unserer üblichen Welt. Wie sehr wir die dabei entstandenen Erkenntnisse in brauchbare Ergebnisse überführen können, darf jeder selbst herausfinden. Oftmals waren es die zunächst verrückt erscheinenden Ideen, die die Welt veränderten.

Endorphine (körpereigenes Opium) hellen in besonderem Maße unsere Stimmung auf, machen uns glücklich bis euphorisch und wirken besonders antidepressiv. Sie machen uns fantasievoll und kreativ und verschärfen unsere Sinneswahrnehmungen. Sie dämpfen unser Schmerzempfinden bis zur Schmerzfreiheit und befreien uns von Angst. Angenehme Nebeneffekte: stimulieren die sexuelle Lust, nach Abklingen guter Appetit und wohlige Müdigkeit.[7])

So stimulieren wir die Ausschüttung:

- lang andauernde hohe körperliche Belastung
- Bewegen in gefährlicher Umgebung
- schmerzhafte Bewegungen
- durchwanderte oder durchwachte Nacht
- aktives sich Vorstellen von Ereignissen und Zielen
- Tagträumen
- aufmerksames Beobachten
- Sonnenbad

Körpereigene Psychedelika (körpereigenes LSD) machen uns besonders kreativ und fantasievoll und aktivieren uns allgemein. Sie wirken stimmungsaufhellend bis antidepressiv oder glücklich bis euphorisch. Die Sinneswahrnehmungen verschärfen sich. Angenehme Nebeneffekte: reduzieren Körpergewicht und stimulieren etwas die sexuelle Lust.[8])

So stimulieren wir die Ausschüttung:

- Aufenthalt – besonders wirksam allein – in Umgebungen mit starken Reizen: bizarre Berglandschaft vor dramatischer Gewitterstimmung, starker Wind im Wald usw. Aufenthalt – besonders wirksam allein – in Umgebungen mit besonderer Reizarmut: karge Hochebene, Wüste, einsame Küste, hohe See usw.
- Fasten
- Alleinsein
- wenig Schlaf
- ekstatisches Tanzen, Bewegen und Singen

Melatonin und Serotonin lassen uns ruhig und sanftfühlend werden. Sie regen unseren Körper zur Speicherung von Energie und damit zur Zunahme von Körpergewicht an. Außerdem dämpfen sie die sexuelle Lust. Der Melatoninspiegel bleibt erhöht, wenn wir zu wenig Sonnenlicht bekommen, was im Winter zu einer depressiven Grundstimmung führen kann. Andererseits verhelfen sie uns zu erholsamem Schlaf, was unserem Gedächtnis guttut.[9])

Sie helfen uns, in eine auf unsere inneren Signale besonders wachsame Stimmung zu gelangen. Ein Geisteszustand, der den Wirkungsweisen der oben genannten körpereigenen Drogen qualitativ in nichts nachsteht, sondern andere Betrachtungsperspektiven zulässt. Unser Gehirn taktet dann in den Frequenzen des Alpha- oder Theta-Zustandes. Dabei korrespondieren die Gehirnhälften optimal miteinander, wir bekommen einen besonders guten Zugang zu unserem Unbewussten und haben die besten Ideen. Vor allem in der

Zeit zwischen November und Anfang Februar fühlen wir uns zu diesem Zustand hingezogen. Das ist nicht verwunderlich, schließlich ist dies die Zeit mit dem wenigsten Licht, die uns damit für Rückschau und Neuausrichtung sensibel macht.

So stimulieren wir die Ausschüttung:
- besonders ruhige, stille Spaziergänge
- entspanntes Verweilen in beruhigend wirkender Landschaft
- gemütliche Stunden auf der Couch im Dämmerlicht ohne Medien, Alkohol und aufwühlende Gespräche

Unsere Umgebung entscheidet über die Qualität unserer Gedanken

Je nachdem, welchen Umgebungen wir uns aussetzen und welche Aktivitäten wir in diesen wählen, können wir sehr unterschiedliche und in jedem Falle sehr besondere Bewusstseinszustände und damit Kreativitäts- und Entscheidungsebenen einnehmen. Je intensiver wir uns auf sie einlassen, umso intensiver werden unsere Eindrücke und umso facettenreicher unsere Erkenntnisse. Ist Ihnen aufgefallen, wie häufig diese Zustände gerade im Alleinsein ihre intensivste Wirkung entfalten? Und wie häufig gerade natürliche Reize die Ausschüttung der körpereigenen Drogen fördern? Die Funktions- und Wirkungsweise unserer Hormone und Botenstoffe zeigt uns, wie stark wir mit unserer natürlichen Umgebung verbunden sind. Sie zeigt uns, wie stark natürliche Einflüsse unser Denken, Fühlen und Handeln geradezu steuern. Zudem zeigt sie uns, wie unabhängig wir tatsächlich von einer Vielzahl an Medikamenten, die zumeist gravierende Nebenwirkungen haben oder abhängig machen, sind. Ich glaube, es gibt für uns einen Bewusstseinszustand der irgendwo zwischen Realität und Traum anzusiedeln ist und den wir uns selbst durch unsere Hormone und Botenstoffe schaffen können – ganz besonders effizient in der Natur. Er ist die Quelle unserer tiefsten Intuition und Kreativität. Nur er ermöglicht uns auf besonders umfassende Weise, unsere aktuelle und zukünftige Rolle in der Realität zu erkennen. Ja, ich glaube, wir können hellsichtig werden und einen erstaunlich deutlichen Zugang zu unserer Intuition herstellen, der an die Fähigkeit erinnert, in die Zukunft zu blicken.

Albert Einstein meinte dazu: „Das eigentlich Wertvolle ist im Grunde die Intuition." Das klingt durchaus gewagt für das auf Ratio getrimmte Denken unserer Zeit. Interessant aber, dass betrieblich bedeutsame innovative Ideen vorzugsweise in freier Natur (28%) entstehen. Andere Umgebungen sind nicht annähernd so effizient, wie etwa Mitarbeiterforen (16%), zu Hause (14%), in den Ferien (13%), auf Geschäftsreisen (11%), in Sitzungen (10%), am Arbeitsplatz (4%), in Pausen (3%), durch Kreativitätstechniken (1%).[10])

Unsere körpereigenen Drogen, die Hormone und Botenstoffe, entscheiden, wie wir denken, fühlen und handeln. Und dieses richtet sich danach, wie intensiv wir unsere Umgebung wahrnehmen. Je umfassender und je intensiver wir sie wahrnehmen können, umso gehaltvoller werden unsere Denk-, Fühl- und Handlungsergebnisse sein. Wahrnehmen ist die Aufgabe unserer Sinnesorgane. Erkunden wir, wie wir diese Wunderwerke der Evolution schulen können, damit sie uns glasklar liefern, was Wertvolles da draußen für uns bereitsteht. Denn „Jede unserer Erkenntnisse beginnt mit den Sinnen", wusste bereits Leonardo da Vinci.

18. Sinn der Sinne

In unserem modernen Lebensalltag beanspruchen und fordern wir unsere Sinne vorwiegend auf Einzelereignisse konzentriert und zudem sehr eingeschränkt. Wir blicken permanent auf Bildschirme, Smartphones, Anzeigen, Uhren, Texte, Listen und das in Gebäuden, Transportmitteln und Häuserschluchten und erblinden so für Weitsichtiges. Wir müssen uns auf unser Gegenüber konzentrieren, um dieses in der Informationsflut überhaupt wahrzunehmen. Was wir erschnuppern, mit Händen und Gaumen ertasten, hat zuvor Dutzende Verarbeitungsschritte erfahren, besteht aus Kunststoffen, die uns mehr belastend reizen als uns schmeicheln. Echte Temperaturreize müssen wir suchen. Aus Sicht unserer Sinne ist unser heutiger Alltag künstlich, wenig facettenreich, durchwegs vorhersehbar und routiniert; also langweilig.

Alles, was auf unseren Körper trifft, prägt ihn und beeinflusst den Geist, der dahinter steckt. Die Routine des Alltags lässt uns vortrefflich konzentrieren, da sie uns vor unnötigen Ablenkungen schützt. Diese immense Reizabwehr kostet, wenn auch unbewusst, sehr viel Energie und verursacht auf Dauer eine Verarmung der Sinneseindrücke, die uns im Außen und Innen abstumpft. Wir werden so immer weniger fähig, Neues und Anzeichen von Veränderungen wahrzunehmen. Das lässt sich sogar physisch an den verkümmerten Zellrezeptoren nachweisen, wie wir im Kapitel „Körpereigene Drogen: seine Schlaumacher nutzen“ gesehen haben. Zudem schürt sich die Scheu vor Neuem, da wir unseren Sinnen nicht vertrauen, mehr zu leisten als das routiniert Geforderte.

Fordern wir unsere Sinne immer wieder auf eine nicht alltägliche Weise heraus, erfahren wir ihre umfassenden Fähigkeiten und bereichern unser körperliches und geistiges Empfinden. Der Ort mit den größtmöglichen Reizunterschieden zu unseren gewohnten Lebens- und Arbeitsorten ist die Natur mit ihren mannigfaltigen Ausprägungen. Sie fordert ganz automatisch unsere Sinne auf eine umfassende und gleichzeitig unaufgeregte, anstrengungslose Weise. Sämtliche Eindrücke nehmen wir in der Natur in für unsere Sinne optimaler Ausprägung und Maß auf. Die immens viel Energie verschlingende Abwehr der Reizüberflutung unserer Alltagswelt ist wohltuend ausgesetzt. Dadurch hat die Natur die Kraft, uns psychisch zu regenerieren und gleichzeitig unseren Sinnen zur Entfaltung zu verhelfen.[1]) Reizstark und doch wohltuend entspannend, fördert sie die vollständigere und facettenreichere Wahrnehmung unserer Umwelt. Schulen wir unsere Sinne, indem wir ihnen dann und wann einfach freie Bahn lassen, macht uns das auf vielerlei Weise fähiger. Nicht nur wir selbst erleben uns wahrnehmungskompetenter und empathischer, sondern auch andere.

Lassen wir die Natur tatsächlich an uns heran, berauscht sie uns. Mir wird leicht schwindlig, ich empfinde Geräusche so, als stünde ich in einem Konzertsaal und ein ganzes Sinfonieorchester spiele nur für mich. Ich rieche und schmecke, als befände ich mich in einer Gourmetküche und einer Gärtnerei zugleich. Ich fühle die Luft auf meiner Haut wie eine eigene Schicht Kleider. Ja, ich spüre die Natur durch meine Haut hindurch bis in mein Tiefstes. Sie füllt mich aus und ist einfach nur da.

Scharfe Sinne – scharfe Gedanken

Sich selbst als scharfsinnig zu empfinden und auch von anderen so bezeichnet zu werden. Wer wünscht sich das nicht? Doch was bedeutet es, scharfsinnig zu sein? Umgangssprachlich ist das jemand, der schnell die richtigen Schlüsse zieht. Womöglich sogar noch aus Informationen, die nicht jeder begreift. Im Endeffekt ist Scharfsinn also nur die exzellente Verarbeitung und Verknüpfung von vorhandenen Fakten. Allerdings können wir unser Gehirn nur verarbeiten lassen, was von den Empfangsorganen aufgenommen wird und zu ihm vordringt. Nehmen wir als Beispiel einen Computer: seine Leistung ist nur so gut wie die Daten, die er erhält. Oder eine Fotokamera: sie kann nur leidlich gute bis schlechte Bilder liefern, wenn das Objektiv Mist ist und der Fotograf nicht weiß, was er tut. Wir können viel Gehirntraining betreiben, um leistungsfähiger zu werden. Das ist ein Weg. Unsere Sinne zu schärfen und bessere, klarere Daten zu erhalten, ist der dazu notwendige andere Weg. Erst mit beiden Wegen bringen wir unser Sinnes-Denk-System vollständig auf ein weitaus höheres Leistungsniveau.

Die allermeisten von uns kommen mit vollständigen und hochleistungsfähigen Sinnen auf die Welt. Leider ändert sich das aufgrund unserer üblichen Nahbereich-fokussierten Lebensweise schnell: beispielsweise sind nach der Hochschule 53 Prozent kurzsichtig. In den asiatischen Industrienationen nimmt Kurzsichtigkeit sogar um 80 Prozent zu.[2]) So sollen in Südkorea bereits über 96 Prozent der 19-Jährigen kurzsichtig sein.[3]) Unsere Augen wurden dafür gebaut, in die Ferne zu sehen. Um uns in einer zumeist weiten Landschaft gut zurechtzufinden. Freilich auch, um im Nahbereich Werkzeuge und filigrane Dinge aller Art herzustellen, feinste Gemütsregungen in unserem Gegenüber wahrzunehmen und uns tief in die Augen zu blicken. Doch nicht permanent und ausschließlich.

Wieso machen wir es uns so vordergründig einfach und im Endeffekt so grausam schwer? Macht uns ständiges Kurzsehen wie bei ständigem Aufenthalt in Räumen und stundenlanges Schauen auf Bildschirme kurzsichtig, legen wir uns eine Brille zu. Kurzsichtig sind wir dennoch. Wollen wir ständig unsere kleinen und großen Unzulänglichkeiten mit allerlei Gerätschaften kompensieren? Wo führt das hin?

Sehr schnell empfinden wir uns ohne diese ganzen App(s)aratu ren nicht mehr lebensfähig und fühlen uns unzulänglich, klein und schwach. Unsere Sinne können wir ganz ohne Medikamente, Hilfsgeräte oder gar Operationen scharf halten und schärfen. Und wie immer, wenn wir in einer Sache besser werden wollen, zeigen sich die schnellsten Erfolge, wenn wir gewünschtes Verhalten anwenden und gleichzeitig hinderliches Verhalten vermeiden. Besonders wirkungsvoll schulen wir unsere Sinne, indem wir sie zunächst von Belastendem möglichst verschonen. Beginnen Sie also damit, die Sinne-Stumpfmacher zu eruieren und infolge zu reduzieren:

- Sehen
  - Ständige Berieselung durch Fernsehen. Besser: gezielt Interessantes auswählen und mit Genuss ansehen.
  - Alles lesen, was unter die Augen kommt. Besser: mit Aufmerksamkeit nur lesen, was wirklich interessant ist und Sie tatsächlich weiterbringt.
  - Ständig im Nahbereich sehen: Blick auf Smartphone, Bildschirm, viel in geschlossenen Räumen aufhalten. Besser: regelmäßig mehrere Stunden im Freien verbringen, dabei nichts lesen, spielen oder hantieren.
  - Bei Sonnenschein sofort die Sonnenbrille aufsetzen. Besser: immer wieder die Sonne bewusst genießen. Dabei die Augen zusammenkneifen. Das gibt als charmanten Nebeneffekt viele Lachfältchen.
  - Bei Dämmerung sofort alle Lampen anschalten. Besser: ein abendliches Gespräch auch mal im Dunkeln führen.
- Hören
  - Ständige Berieselung durch Radio oder Musik. Besser: lieber gezielt und mit Genuss hören.
  - Oberflächliche Gespräche und Themen, die lediglich zum Zeitfüllen dienen. Besser: einfach mal gar nichts sagen.

- Permanente Geräuschkulisse durch Verkehr und Menschen. Besser: zeitweise sehr stille Orte und zeitweise Musik, die Mark und Bein erbeben lässt.

■ Riechen
  - Verwenden von zu viel Parfüm, Deodorant, Rasierwasser usw. Besser: einfach mal ganz weglassen. Sollten Sie das Gefühl haben, unangenehm zu riechen, brauchen Sie mehr Bewegung, andere Lebensmittel und Getränke.
  - Parfümierte Waschmittel sparsam verwenden.
  - Speisen mit allerlei Soßen schmackhaft machen. Besser: Kräuter, Knoblauch, Zwiebeln usw. verwenden, sie befriedigen unseren Wunsch nach tatsächlich vielgestaltigen Speisen.
  - Durch den Mund atmen. Besser: aktiv durch die Nase atmen (auch bei Schnupfen) und den Mund geschlossen halten.

■ Schmecken
  - Viele Getränke mit Kohlensäure trinken. Besser: trinken Sie einfach nur pures Wasser.
  - Ständig etwas im Mund haben. Besser: das Bonbon, den Kaugummi als etwas Besonderes selten genießen.
  - Permanent starkes Würzen oder Salzen. Besser: ab und an Speisen nur mit einer Prise Salz und Kräutern verfeinern.
  - Immer sehr ähnliche Speisen und Getränke. Besser: ab und zu völlig Ungewohntes und Neues probieren oder Bekanntes ungewöhnlich kombinieren. Neulich aß ich zum ersten Mal Vanilleeis mit Kürbiskernöl – äußerst interessant, auch optisch.

■ Fühlen über Haut und Körperwahrnehmung
  - Klimaanlage möglichst wenig oder gar nicht einschalten.
  - Schwitzen vermeiden. Besser: regelmäßig aus eigener Bewegung heraus schwitzen.

- Frieren und Frösteln vermeiden. Besser: immer wieder frieren und versuchen, das eine Zeit lang auszuhalten.
- Immer satt sein und sobald ein kleiner Gusto aufkommt, sofort „nachzuckern“ oder „nachkoffeinieren“. Besser: jeden Tag einmal so richtigen Kohldampf verspüren.
- Tägliche Dosis Alkohol. Besser: trinken Sie Alkohol nur zum Feiern.
- Tägliche Dosis Nikotin. Besser: rauchen Sie, wenn es etwas zu feiern gibt.
- Tägliche Dosis Koffein und Tein. Besser: genießen Sie bewusst dann und wann ein Tässchen.

Haben wir die Sinne-Weichspüler reduziert, motivieren wir unsere Sinne automatisch, auf die Suche nach facettenreicheren und intensiveren Reizen zu gehen. Begeben wir uns nun in die Welt der sinnlichen Genüsse.

Sehen

Die Augen gelten als Fenster zur Seele. Alles, was wir sehen, gestaltet unser Innenleben besonders stark mit. Permanente Fokussierung ermüdet nicht nur, sondern lässt uns vieles nicht wahrnehmen, was uns nützlich sein könnte. Unser Alltag besteht aus Konzentration. Wir sind in unserem Tun beständig aufgefordert, uns zu konzentrieren. Wie wir unseren Blick nach außen richten, so richtet sich auch unser innerer Blick aus. Unsere Angst vor der Zukunft ist eine logische Folge unseres permanenten Kurzsehens. Wer nicht von Zeit zu Zeit seine Warte verändert und weit in die Ferne blickt, der kann nicht wissen, wohin die Reise geht. Und das macht Angst.[4])

Unsere Augen können sich draußen vom ständigen Nah-Fokussieren in Zimmern und auf Bildschirme erholen. Diese

Erfahrung macht meine Frau seit gut 15 Jahren. Sie ist kurzsichtig und stellte bei unseren mehrere Tage und Wochen dauernden Wanderungen in Gebirgen und Tundra immer eine deutliche Verbesserung ihrer Sehschärfe für entfernte Objekte fest. Ihre Augen hatten sich erholt. Heute trägt sie kaum noch ihre Brille. Weshalb glauben Sie, empfinden wir den Blick vom Berg und übers Meer als so erholsam? Unsere Augen entspannen dabei organisch und klassifizieren, was sie sehen, als erholsam. Der Blick durch die Scheibe über die Dächer der Stadt ist nicht dasselbe. Hier haben wir viel zu viele Nahobjekte, die unseren Blick vorher schon einfangen und ablenken – ganz unbewusst. Haben Sie gerade keinen Fernblick über weite Naturlandschaften zur Hand, öffnen Sie das Fenster oder treten Sie auf den Balkon, so lenkt Ihren Blick in Ihrer unmittelbaren Umgebung nichts ab.

Mit der folgenden Übung schulen Sie Ihren Blick für die Weite und für Weiterführendes. Ein wenig Übung und Sie können diese Technik sogar im Nahbereich anwenden. Zwar ist und bleibt der Nahbereich für Ihre Augen anstrengend, Sie erweitern damit jedoch Ihren optischen Wahrnehmungsbereich entscheidend. Auge und Geist vereinen sich in entspannter Aufmerksamkeit.

Übung 1: Der Blick des Jägers (unfixierter Blick)

Nutzen: Das große Ganze im Blick zu haben und trotzdem Details wahrzunehmen (Kinder beaufsichtigen, eine große Gruppe Personen beobachten usw.), Entspannungsübung für Augen und Geist, reduziert die Körperspannung, dennoch stabiles Sitzen oder Stehen

So geht's:

Sie lassen Ihren Blick – ohne ein Objekt mit den Pupillen zu verfolgen – über den gesamten

Blickbereich „hängen". Die Gesichtszüge erschlaffen, das Kinn sinkt ganz leicht Richtung Brust. Sie merken es, wenn Sie es richtig machen, sofort. Es überkommt Sie unmittelbar eine wohlige Entspannung. Um Ihren gesamten Blickbereich zu beschreiben, strecken Sie Ihre Arme waagrecht zur Seite, mit den Handflächen nach vorn. Nun führen Sie Ihre Hände bei ausgestreckten Armen gleichzeitig ganz langsam zusammen. Sie stoppen, wenn Sie Ihre Handflächen gleichzeitig sehen. Die eine auf der linken, die andere auf der rechten Seite Ihres Blickfeldes. Tarieren Sie die Positionen Ihrer Hände vorsichtig aus, bis Sie beide Handflächen gleichzeitig gerade noch erkennen können.

Behalten Sie Ihren Blick bei und beschreiben Sie nun Ihren Blickbereich oben und unten. Halten Sie dazu einen Arm ausgestreckt nach oben und die Handfläche wie einen Deckel nach unten. Den anderen Arm strecken Sie nach unten, diese Handfläche zeigt nach oben. Nun führen Sie wieder Ihre beiden Handflächen zusammen und tarieren langsam die Position aus, in welcher Sie Ihre Handflächen gleichzeitig gerade noch erkennen können.

So gewaltig ist Ihr gesamtes Blickfeld! Mit etwas Übung erfassen Sie rund 160° von links nach rechts und 110° von oben nach unten. Das ist doch erheblich mehr, als wir im Alltag gewohnt sind einzusetzen, nicht wahr? Mit diesem Blick nehmen Sie alles und nichts wahr. Das ist der Blick des Spähers, der unbestimmt einen weiten Horizont erfassen will und sofort jede Veränderung wahrnimmt. Dabei merken Sie, wie untergeordnet der Blick tatsächlich wird. Vielmehr erspüren Sie Ihr Blickfeld. Sobald sich etwas regt, erkennen Sie es, ohne das Blickfeld zu reduzieren und fixiert auf das Objekt zu blicken. Egal, wie Sie nun Ihren Kopf drehen und wenden, Ihr riesiges Blickfeld wandert mit. Blicken Sie über Ihre Schulter, sehen Sie gleichzeitig, was vor, neben und hinter Ihnen geschieht.

Nicht zu verwechseln ist der Blick des Jägers mit dem „Blick ins Narrenkästchen“, bei dem wir mit offenen Augen träumen und weder etwas wahrnehmen noch etwas sehen.

Übung 2: Für Experimentierfreudige: Blick des Jägers mit Zielpunkten

Hierbei kombinieren wir gleichzeitig den Blick des Jägers und den fixierten Blick. Während wir unablässig unser gesamtes Blickfeld betrachten, erkennen wir gleichzeitig Details. Dabei bleibt die Brennweite gleich. Wir sehen nähere Punkte schärfer und fernere weniger scharf.

Mit dem Blick des Jägers können wir gleichzeitig sehr viel wahrnehmen, ohne zu sehr auf Details zu achten und ohne das große Ganze aus den Augen zu verlieren. Dafür wurden unsere Augen entwickelt. Dafür wurde das Zusammenspiel unserer Sinne gemacht. Als Geübter können wir stundenlang so verharren, ohne zu ermüden.

Für ein paar Monate arbeitete ich als Cowboy in Chile; als Huaso. In einer der schönsten Gegenden mit azurblauen Seen und Weiden so weit das Auge reicht, zu Füßen verschneiter Vulkane. Dabei war eine meiner Aufgaben, die unterschiedlichsten Viehherden zu überwachen. Bei bis zu 200 Stück je Herde – in baum- und strauchdurchwachsenem Gelände nicht so ganz einfach. Die Huasos konnten das aber ziemlich gut. Fast auf einen Blick konnten sie erkennen, ob ein Tier fehlte. Sicher, sie kannten ihre Herden, doch es faszinierte mich, wie sie es machten. Ich übte mehrere Tage und bekam einen Blick für die typischen Fleckenmuster jeder Herde. Ohne die Tiere einzeln abzuzählen, wusste ich, ob alle da waren, dank dem Blick des Jägers.

„Wohin du blickst, dorthin wirst du gehen", besagt ein altes Sprichwort. Blicken wir beständig konzentriert auf Nahes, nützt uns das natürlich im Detail. Der „Blick fürs Wesentliche" kann uns dabei allerdings verloren gehen. Denn wer nur direkt vor seine Füße blickt, der verliert meist früher als später die Richtung, in die er will.

Hören

Ich sitze in einem Taxi, das mich von den trubelnden Küstenmetropolen Marokkos immer näher an das Herz der Sahara, der flirrenden Weiten, bringt. Die Übersättigung am Tun, an Terminen und zu Erfüllendem, am Reden und Zuhören, klebt schmierig an mir wie der alles bedeckende Staub. Er verbindet sich mit dem Schweiß zu einer Maske, die mein wahres Ich lückenlos zukleistert. Das Funktionieren hat sich vor das Wollen geschlichen. Und ich hatte es gar nicht bemerkt. Zu Fuß möchte ich mich auf den Weg machen, um einen Randbereich der weltgrößten Wüste zu durchqueren.

Entlang der Strahlen der untergehenden Sonne wirbeln Windteufel Sandfontänen zu Säulen. Der kleine Wasser- und Gepäckwagen folgt mir, kompakt an meine Hüfte gegürtet, auf Schritt und Tritt. Leicht, beinahe federnd, bewegen sich meine von der Reise steifen Beine über den harten Sand. Harsch fahren die Stöcke zwischen die Steine. Einem Vorhang gleich, senkt sich die Nacht über die noch sonnenheißen Hügel. Noch zu sehr aufgewühlt von der letzten Zeit und der Anreise selbst, genieße ich meinen Gang durch die schwarze Grenzenlosigkeit. Irgendwann blicke ich mich um und kann die Lichter des letzten Ortes nicht mehr erkennen. Millionenfach sprenkeln nur die Sterne die Unendlichkeit. Irgendwann bleibe ich stehen. Und als das letzte Geräusch meines Wagens an mir vorüberhuscht wie ein Windteufel, erwache ich in einem neuen Raum. Im Raum der Stille. Stille so tief, als würde sie mich wie ein Mantel umfangen. Ja ich glaube, sie auf meiner Haut zu spüren. Der einzige Laut ist mein Blut, das pochend meine Ohren durchströmt. Da wird es still in mir. Es wird leer. Und diese Leere erfüllt mich wohltuend. Sie schafft den nötigen Raum für Neues. So vollkommen wie in der Natur ist Stille nirgends.

Unsere Ohren sind gebaut, um sehr räumlich wahrzunehmen. Die monotonen Geräusche in Innenräumen und aus Geräten aller Art reduzieren unser Hörerleben auf ein Minimum. Draußen hören wir weiter, umfänglicher. Wir hören um uns herum und nicht nur das, was wir ohnehin sehen. Wir hören von dort, wohin unser Blick fällt, über unsere Seiten bis weit hinter uns. Wir hören gleichzeitig unseren Schritt, unseren Atem und die Blätter, die über uns rascheln.

Übung

Stellen Sie sich an Orte Ihres Alltags, die Sie regelmäßig aufsuchen, wie etwa Balkon, Terrasse, Garten, den Park, an dem Sie jeden Tag vorüberkommen, usw. Verweilen Sie dort und schließen Sie die Augen. Bleiben Sie zunächst so stehen und lassen Sie die Geräusche einfach so geschehen, noch ohne sie zu identifizieren oder zu lokalisieren. Beginnen Sie nach etwa zwei Minuten vollständig um sich herum zu hören.

Welche unterschiedlichen Geräusche nehmen Sie wahr?

Von woher kommen diese?

Welche Erinnerungen, Bilder und Gefühle entstehen in Ihnen bei bestimmten Geräuschen?

Wie nehmen Sie diese Orte nun wahr?

Empfinden Sie diese für sich nun vollständiger, umfassender, weiter, voller, facettenreicher, interessanter?

Hat sich Ihre Beziehung zu diesen Orten geändert?

Riechen

Unser Geruchssinn wird draußen in der Natur durch ein großes Spektrum verwöhnt. Dadurch wird er sensibler und kann auch drinnen mehr wahrnehmen. Speisen und Getränke schmecken uns besser. Mit Gerüchen verbinden wir Eindrücke und Erlebnisse. Selbst Ereignisse, die Jahrzehnte zurückliegen, werden durch eine Prise Duft als vollständige Szenerie präsent. Erschnuppern wir unsere Umgebung bewusst, nehmen wir nicht nur mehr wahr. Auch die Möglichkeit, an frühere Erfahrungen spontan anzuknüpfen, erhöhen wir deutlich. Wir erhöhen damit die Chance, spontan die entscheidende Idee zu entwickeln, den entscheidenden Gedanken zur Lösungsfindung beizutragen.

Heutzutage kennen wir etwa 150 verschiedene Duftrezeptoren außerhalb der Nase. Zellen der äußersten Hautschichten – sogenannte Keratinozyten – können riechen. Wir wittern also unbewusst unsere Umgebung. Es ist demnach für unser Wohlbefinden, damit für unsere

Stimmung und somit unsere Gedanken sehr wichtig, wo wir uns aufhalten und mit welchen Düften wir uns umgeben.[5])

Übung

Halten Sie immer wieder einmal kurz inne und erforschen Sie Ihre Umgebung schnuppernd. Steigt Ihnen ein besonders auffälliger Geruch in die Nase, ergründen Sie, aus welchen Geruchsfacetten er genau besteht.

Woran erinnert er Sie? Welche Bilder, Gedanken, Gefühle, Geräusche, Farben und anderen Gerüche ruft er in Ihnen hervor? Schnuppern Sie, woran Sie für gewöhnlich nicht schnuppern: Vielleicht am Moos? Riechen Sie auch Menthol, Pilze oder Erde?

Schmecken

Wir können nur schmecken, wenn wir riechen können. Je besser wir riechen, desto intensiver und nuancenreicher können wir schmecken. Speisen draußen eingenommen, schmecken besser, da intensiver. Je besser etwas schmeckt, desto befriedigender ist das Geschmackserleben für uns. Je vollständiger uns das Speisen befriedigt, desto eher ist unser Körper zufrieden und verlangt weniger Nahrung. Zudem entwickeln wir ein unbewusstes Gefühl, welche Lebensmittel die für uns passenden sind.

Übung

Halten Sie ein Picknick in der Natur. Gehen Sie unmittelbar vorher ausgiebig spazieren oder treiben Sie Sport. Nehmen Sie möglichst unbehandelte und unveränderte Lebensmittel mit. Speisen Sie so oft es geht an der frischen Luft.

Fühlen

Die Errungenschaften unserer Zeit verwehren uns leider viele Eindrücke. Zwar ist der Inbegriff von Zivilisation, Fortschritt und Wohlstand gerade über möglichst geringe körperliche Reize definiert. Doch lässt uns das offensichtlich zunehmend gerade diese Reize vermissen. Der andauernde Boom bei Extremsportarten und Wellness zeigt das deutlich. Vom wohlig warmen Bett schälen wir uns ins fußbodenbeheizte Bad und frühstücken in der häufig überheizten Küche. Anschließend bringt uns ein Lift in die beheizte Tiefgarage, von wo uns unser Auto mit Klimaanlage direkt in die firmeneigene Tiefgarage bringt. Wiederum ein Aufzug liefert uns schnurstracks ins heimelig klimatisierte Büro. Abends befördert uns diese Transportmittelkette aus Aufzügen, PKW, Bus und Bahn wieder wohlig behütet ins warme Heim. Ein Held, wer sich abends noch ins Fitnessstudio traut – natürlich mit dem Auto. Wer sich der Witterung aussetzt, wird entweder scheel oder mitleidig beäugt. Wer sich gar aus eigener Körperkraft die Bewältigung der Alltagswege antut, als Geldbeutel bedingt Genötigter.

Zwar rotzt, räuspert und schnäuzt sich die Nation von frühsommerlicher Grippe unmittelbar zur Sommerepidemie und schleppt sich ächzend von Herbstinfluenza nahtlos in die Wintererkältung. Aber das sind ja alles nur diese Viren. Dafür können wir ja nichts. Spritzen wir einfach wieder weg. Von nichts kommt nichts, weissagt der Volksmund. Wir bekämpfen mit unzähligen Mittelchen jedoch nur die Symptome. Es ist nicht nur einfach so, dass uns körperlich intensives Empfinden guttut. Nein, wir brauchen es schlichtweg, um gesund, leistungsfähig und kreativ zu bleiben. Ein Fünftel der Schulkinder wird von den Eltern per Auto in die Schule gebracht.[6]) Gleichzeitig wissen wir, der Schulweg durchs Grüne macht unsere Kinder schlauer.[7]) Letztlich kommen Sie nur an sich selbst richtig ran, wenn Sie sich selbst voll spüren. Und da meine ich wirklich, richtig spüren. Kein verkopftes In-sich-Hineindenken. Sondern spüren, wie Sie sich als Kind gespürt hatten. Denn damals waren Sie rein körperlich. Mit dem Älterwerden neigen wir dazu, uns zu verkopfen und das Spüren unserem Gehirn zu überlassen. Doch das ist nur der geringste Teil unserer gelebten Wirklichkeit.

Sind wir Hitze und Kälte gewöhnt, empfinden wir Temperaturschwankungen weitaus weniger schlimm. Wir sehen über sie ungerührt hinweg. Wir werden nicht gleich krank, bloß weil wir meinen, Zug bekommen zu haben. Die meisten Erkältungen sind eingebildet, weil wir schlicht verlernt haben, ein kühles Lüftchen von einer Unterkühlung des Körpers zu unterscheiden. Zudem empfinden wir schlechtes Wetter weit weniger unangenehm, wenn wir erst einmal draußen sind. Durch die (Windschutz-)Scheibe wirkt jeder Regen deutlich heftiger, als er tatsächlich ist.

Sind wir die Sonne gewöhnt, sticht sie uns bei Weitem nicht so schnell und wir halten sie weitaus länger aus. Dadurch erhalten wir mehr Lux und können mehr Vitamin D produzieren, beides Einflüsse, die für unser körperliches und mentales Wohlbefinden dringend nötig sind. Sind wir häufig draußen, bewegen wir uns ganz automatisch mehr. Selbstredend, was dann folgt: mehr Bewegung macht gesünder, fitter, damit generell belastbarer und hält außerdem schlank. Sie sorgt für einen Appetit, der instinktiv eher die richtigen Nahrungsmittel wählen lässt und beschert erholsamen, tiefen Schlaf. Dieser macht uns ebenfalls körperlich und geistig fitter und belastbarer. Wir haben dadurch das Bedürfnis, uns mehr zu bewegen. Wodurch wir häufiger draußen sind.

Ein sich selbst befruchtender Kreislauf beginnt sich zu entwickeln.

Je bewusster Sie fühlen und erleben, desto besser können Sie diese wahrnehmungserweiternden und entspannenden Impulse in Ihren Alltag mitnehmen. Aktive Eindrücke für aktives Erleben und ein aktives Leben.

Übung

Lieber ein Stündchen bei Wind und Wetter draußen, um dann das Drinnen besonders wohlig und intensiv zu genießen, als zwei Stunden vor der Glotze, um dann fade und lustlos nach draußen zu schielen. Sie werden feststellen, sind Sie regelmäßig draußen, unterscheiden Sie gar nicht mehr sonderlich zwischen draußen und drinnen. Sie werden dem Draußen selbstverständlicher begegnen. Das macht sehr viele Alltagssituationen leichter und entspannter.

Alle unsere Sinne von unnötigen Einflüssen weitgehend zu verschonen und sie durch reizvolle Eindrücke zu fördern, hebt uns auf ein höheres Wahrnehmungsniveau. Nicht nur unsere Umgebung nehmen wir differenzierter wahr, auch uns selbst und unsere Empfindungen können wir zutreffender deuten. Das Ergebnis ist eine aktivere und gleichzeitig assoziiertere Wahrnehmung unserer Umwelt. Wir erkennen Chancen, Möglichkeiten, Risiken und Bedrohungen treffender und können scharfsinniger unsere Schlüsse ziehen. Es ist ein neuer Zustand, den wir so einnehmen. Dieser ist eine wahre Königsdisziplin und mündet in der Wahrnehmung des Jägers.

Königsdisziplin: Die Wahrnehmung des Jägers

Unterwegs ist der Jäger auf das harmonische Zusammenspiel all seiner Sinne angewiesen. Aktiver Blick und bewusstes Hören treten in den Hintergrund. Die Wahrnehmung ist eher körperlicher Natur, da sich der Jäger als aktiver Teil seiner Umwelt begreift. In diesem Zustand spüren wir, wenn uns ein Tier ansieht, auch wenn wir das Tier nicht sehen. Wir spüren, wenn eine Quelle in der Nähe ist und ob sich das Wetter ändert. Wir fühlen, ob wir auf dem richtigen Weg sind und welche „Beute" heute zu uns passt. Egal, ob beim Unterwegssein draußen in der Natur oder in unserem Alltag in der Zivilisation.

Sinfonie der Sinne weckt Intuition

Das Zusammenspiel der Empfangsorgane Auge, Ohr, Nase, Mund und Haut zu einer großen Harmonie ist letztlich die Entwicklung eines universellen Gefühls auf höherer Ebene. Dieses geschulte und letztlich sensibilisierte Gefühl ist der bessere Scharfsinn. Denn Scharfsinn ist schließlich das „Fühlen" von Informationen und die folgerichtige Verknüpfung dieser. Es ist das Wittern von Gefahren und Möglichkeiten. Es ist das gänzliche Einlassen auf das Leben selbst. Die Intuition. Mit geschärften Sinnen machen wir uns nun auf den Weg, unsere Umgebung klarer, wacher und bewusster wahrzunehmen. Die Bausteine, aus denen sich eine für uns qualitativ hochwertige Umgebung zusammensetzt, waren dabei gleichzeitig die Basis zur Entwicklung unserer verbesserten Fähigkeiten.

Wir lernen am besten, je mehr Sinne während des Lernprozesses angesprochen werden. Dazu gesellt sich die

Fähigkeit, aus der geballten Kombination aller Sinne einen Instinkt – den sechsten Sinn – für das Kommende zu entwickeln. Eine Fähigkeit, deren Wichtigkeit unverändert hoch bleiben wird. Es kann in keinem unserer Lebensbereiche ein Schaden sein, „die Dinge kommen zu sehen.“ Dezimieren wir das physische Leistungsspektrum unserer Sinne durch eine reduzierte Nutzung, beschränken wir auch die Wahrnehmungsfähigkeit unseres Gehirns für wichtige Details. Details, die unsere Gesamtwahrnehmung erst vervollständigen und unsere psychische Leistungsfähigkeit im Endeffekt ausmachen.

Unsere Sinne so einzusetzen, wie es ihrem Sinn entspricht, befähigt uns, Gefahren weit eher wahrzunehmen. Der Gebrauch unserer Sinne kann eine Teufels- oder eine Himmelsspirale sein. Mit verkümmerten Sinnen sehen wir uns mit vielen Gefahren konfrontiert, die wir leicht hätten erkennen können. Dadurch werden wir misstrauisch gegenüber unseren Sinneswahrnehmungen und unserer Interpretation ihrer Informationen. Wir glauben einfach nicht mehr, was wir sehen, hören, riechen, schmecken oder fühlen. Wir wollen uns anhand von Hilfsmitteln vergewissern und werden in unserem Sinnesgebrauch immer unfähiger. Mit geschulten Sinnen hingegen erleben wir die Welt gefahrloser bzw. die Anzeichen für Gefahren als durchaus im Vorhinein erkennbar. Völlig unabhängig, ob wir uns in natürlicher, städtischer, privater oder beruflicher Umgebung bewegen. Wir erkennen die Leistungsfähigkeit unserer Sinne und unserer gedanklichen Interpretation. Mit jeder erkannten Sondersituation schulen wir unsere Leistungsfähigkeit weiter. Unser gesamtes Leistungsspektrum erschließt sich wie ein nie enden wollender, sich öffnender Trichter.

Es liegt an uns, in welche Richtung wir uns bewegen. Hin zur immer enger werdenden Stelle des Trichters oder hin zur sich weitenden. Mit wachen, eifrigen Sinnen zu leben bedeutet auch, sich mehr auf das Leben selbst einzulassen. Das

Leben nicht wie einen Kinofilm zu betrachten, der, ohne unsere Aufmerksamkeit packen zu können, auf einer Leinwand vorüberzieht. Sondern sich selbst als höchst aktiven Teil dieses Films zu empfinden. Die Selbstverständlichkeit zu entwickeln, zu jedem Zeitpunkt aktiver Lenker seines Lebens und Gestalter seiner Lebensumgebung zu sein. Mit dieser Herangehensweise einen Rückkopplungseffekt zu bewirken, der die aktive Lebensauffassung zu uns zurückwirft, durch wertvolle, liebe Menschen, interessante Aufgaben, stabile Gesundheit und so ein tief empfundenes Lebensglück.

Unsere Sinne sind die Kanäle zur Welt. Es ist gleichgültig, in welcher Epoche wir leben und welcher technischen Hilfsmittel wir uns bedienen. Reduzieren wir uns durch technische Hilfsmittel auf deren Fähigkeit, die Welt wahrzunehmen, so erhalten wir lediglich eine Vergangenheitsanalyse mit Gegenwartsbetrachtung. Wir Menschen können aber weitaus mehr. Wir können unsichtbare Strömungen wahrnehmen und – ja – hellsehen. Dazu später im Kapitel „Denktag: Hebamme unserer besten Gedanken“ mehr.

Mit geschärften Sinnen erleben wir Natur in ihrer elementarsten Form unmittelbar als Förderer unseres Wohlbefindens und unserer Gedanken.

19. Die Elemente: Bausteine für Wohlbefinden, Leistung und Ideen

Eine Hotel-Lobby. Nach einem intensiven Seminartag scharen sich die Teilnehmer um das heimelige Feuer des offenen Kamins. Über den Gesprächen liegt eine besänftigende Ruhe. Stringenz und Konfrontation des Tages sind verglommen wie die Funken des gemütlich flackernden Feuers. Die Blicke bleiben hängen im Auf und Ab des glühenden Lichts. Würde und Weisheit schälen sich aus den sonst so fahlen

Gesichtern der blassen Geschäftsleute. Die Gespräche werden tief wie die Sessel. Und so mancher findet trotz vorgerückter Stunde lange nicht aus diesen und den nährenden Gedanken heraus in sein einsames Zimmer.

So gut wie alle unsere Zigtausend Vorfahren haben mit den Elementen in engstem täglichen Kontakt gelebt. Heute tun dies nur die wenigsten. In Städten kommen wir mit den Elementen in ihrer Reinform gar nicht mehr in Berührung. Dabei gibt uns dieser Kontakt sehr großen emotionalen Halt. Die Elemente Feuer, Wasser, Erde und Luft symbolisieren für uns Fülle und damit Sicherheit: „Es ist alles für dich da, was du brauchst. Hier darfst du sein." Sie vermitteln ein Stück weit Zeitlosigkeit, denn sie berühren in ihrer Art unseren Geist. Sie regen unseren Geist an, auf unterschiedliche Weise zu denken, zu fühlen und letztlich zu handeln. Damit bereichern sie unsere Gedankenwelt und ermöglichen uns, in Wegen zu denken, die wir im Alltag kaum noch einschlagen. Eine Gedankenwelt, die uns mit unserem Unbewussten in regem Kontakt hält. Da für einen Großteil der Bevölkerung der echte Kontakt mit den Elementen aus dem Alltag gestrichen ist, wird er zum Nimbus für Exklusivität. Materieller Reichtum wird auffallend häufig auf dieselbe Weise dargestellt: Villa mit offenem Kamin im Grünen oder direkt am Meer, gleich auf einer eigenen Insel oder vor grandioser Bergkulisse. Na bitte, es vereinen sich in einem Bild alle vier Elemente Feuer, Wasser, Erde, Luft.

Attribut der Exklusivität: Elemente pur

Ein Henne-Ei-Phänomen par excellence. Was war zuerst da? Nun, die besten Plätze auf Erden hatten schon immer alle vier Elemente in unmittelbarer Umgebung zu bieten. Diese sicherten sich die Durchsetzungsstärksten oder Schlauesten. Das hat sich nicht geändert. Heute findet beispielsweise eine Flucht von reichen Chinesen in Staaten mit vorzugsweise guter Luft, reinem Trinkwasser und wenigen Lebensmittelskandalen statt.[1]) Interessant finde ich, dass dieses Phänomen der Exklusivität auch bei Personen gilt, die nicht in materiellem Wohlstand leben. So finden sich schnell sehnsuchtsvolle Neider beim Anblick von abgeschiedenen Bergdörfern und Fischerhütten am Meer. Gleichgültig, ob diese sich in nördlichen oder südlichen Gefilden befinden. Wir verbinden also allein die Lebensumstände unmittelbar mit (materiellem) Erfolg und Lebensglück, je mehr Elemente sie zu bieten haben. Sogar, wenn wir wissen, dass die Betroffenen ganz und gar nicht im Überfluss schwelgen. Die besten Plätze haben erstaunlich wenig mit den viel gepriesenen modernen Errungenschaften zu tun. Urbane Nähe war und ist demnach ein Zeichen für Abhängigkeit, Gewöhnlichkeit und Mittelmaß. Aufs Land ging schon immer, wer es sich leisten konnte. Sei es in Form eines Landsitzes, der Sommerfrische oder zur Kur. Und wer dort regelmäßig war, hatte Kontakt mit einer ganz besonderen Lebens- und Denkweise und natürlich auch zu seinesgleichen. Dies war die Grundlage für dauerhaften Erfolg, Gesundheit und damit höchstem Wohlbefinden. Diese Plätze sind rar und werden immer rarer. So erscheint mittlerweile jeder, der den Kontakt mit den Elementen regelmäßig genießt, in einer beneidenswerten Situation. Von den Elementen umgeben zu sein, ist heute mehr denn je ein Zeichen von Reichtum.

Wollen wir selbst den Hauch dieser elementaren Lebensweise spüren und uns diese besondere Denkweise zunutze machen, brauchen wir nicht zwingend immer einen Ortswechsel oder viel Geld. Die Elemente haben, im Gegensatz zu den Landschaften, einen ganz entscheidenden Vorteil: wir können sie relativ leicht, beinahe überall und jederzeit für uns nutzen. Lassen wir die Elemente ruhig hautnah an uns heran, denn sie beeinflussen, ja bestimmen unser

Leben und unser Wohlbefinden. Feuer, Wasser, Erde, Luft. Sämtliche Erholungs- und Wellnessangebote sind eine mehr oder weniger aufwendige Kombination und Inszenierung dieser. Setzen wir uns den Elementen aus und lassen wir sie mit ihrem höchst individuellen Einfluss an uns heran, geht es uns besser, schöpfen wir Energie und sind mit unseren Gedanken beweglicher.

Mit den Elementen in Kontakt zu stehen, bedeutet Exklusivität zu leben. Sonst würden die Wellnessangebote nicht so gut funktionieren. Auch ihnen wird bewusst ein möglichst hohes Niveau gegeben. Seien Sie deshalb gerne anspruchsvoll. Akzeptieren Sie nur einen möglichst hohen Standard, der die Elemente in Reinform bedeutet. Lassen Sie sich möglichst direkt von den Elementen berühren. Wellness bietet leider in nur sehr abgespeckter Form den Nutzen, welchen die Naturkräfte in Form der Elemente für uns haben können. Deshalb ist diese Wirkung auch immer nur auf die Erholung begrenzt. Sie kennen sicher die Lehre des Pfarrers Sebastian Kneipp (1821–1897). Er empfiehlt: kaltes Wasser, Barfußlaufen, ausgewogene Ernährung, Heilpflanzen und bewusstes Leben.

Welchen Alltag hatte der Mensch über Jahrhunderttausende bis ins 19. Jahrhundert? Kaltes Wasser war normaler als warmes. Wer sich um das Vieh kümmerte, Wäsche wusch, zwischen Weilern oder auf Jagd und Sammeltour unterwegs war, kam zwangsläufig jeden Tag mit kaltem Wasser in Berührung. Ob mit den Armen beim Wasserholen und Fischen oder mit den Beinen beim Durchwaten eines Baches. Regengüsse am Körper direkt zu erleben, war ebenso normal, wie sich die Sonne auf den Pelz brennen zu lassen. Die meisten gingen barfuß. Hatten sie „Schuhe", waren das hauptsächlich Gebilde, welche die Füße vor Verletzungen schützten und leidlich warm und trocken hielten.

Vielgestaltig und ballaststoffreich war die Ernährung und das in unseren heutigen Augen bewusste Leben war Alltag.

Die Wirksamkeit der Kneipp'schen Methode ist medizinisch bis heute nicht bewiesen. Doch das ist egal. Wer es tut, fühlt sich wohler in seiner Haut und gesünder. Das allein reicht. Verleihen Sie Ihrem Leben einen Hauch von Exklusivität und bringen Sie sich regelmäßig mit den Elementen in engen Kontakt. Sie wissen ja, der Körper folgt dem Geist. Wer weiß, wie sich Ihre gesamten Lebensumstände und Ihr empfundenes Lebensglück wandeln, wenn Sie elementarer leben.

Sehen wir uns nun die Elemente Feuer, Wasser, Erde und Luft genauer an und finden wir heraus, wie wir sie in unseren Alltag integrieren können.

Feuer

Feuer ist Veränderung und zugleich Geborgenheit. Es gibt uns Zuversicht, Hoffnung und Sicherheit.

- Wann hat Sie das letzte Mal ein offenes Feuer gewärmt? So ganz ohne Glasscheibe oder Funkenschutz.
- Haben Sie schon einmal selbst ein Feuer entfacht, geschürt und niedergehen lassen?
- Haben Sie ein Feuer schon einmal draußen erlebt? Vielleicht sogar irgendwo weit draußen in der Natur?
- Haben Sie ein Feuer vielleicht schon einmal allein genießen dürfen?
- Konnten Sie schon einmal ein Feuer in einer Winternacht erleben?

Feuer ist Leben, Feuer ist Geborgenheit, Feuer ist Zivilisation. Erst die Beherrschung des Feuers machte so gut wie alles für den Menschen möglich. Wir Menschen nutzen bereits seit 600.000 bis 800.000 Jahren systematisch das Feuer. Und bereits vorher muss Feuer in Form von Wald-, Buschbränden und Blitzen eine überwältigende Faszination auf alle unsere Vorfahren ausgeübt haben. Feuer in diesen Dimensionen ist noch heute ein alles bestimmendes Faktum. Ins Feuer blickend, sehen wir zugleich Vernichtung und Leben spendende Reinigung. Wir sehen unsere eigene Vergänglichkeit und unsere Fähigkeit, die Welt zu verändern. Das bannt unseren Blick und unsere Gedanken. Unweigerlich leitet Feuer unsere Gedanken in selten beleuchtete Regionen unseres Geistes und unserer Gefühlswelt. Feuer ist der Inbegriff frei gewordener Energie. Eine archaische Energie, die uns zugleich zu Herrschern und fest in eine Gemeinschaft eingeflochtenen Mitgliedern macht. In unserem Alltag heute sind wir so weit weg vom natürlichen Lebensverhalten der Spezies Mensch wie noch nie. Logisch, weshalb wir mehr und mehr Kamin und Grill wiederentdecken.

Feuer wirkt intensiv, ja massiv auf uns. Unweigerlich zieht es unsere Blicke an und hält sie fest. Sei es als Kerze oder als loderndes Sonnwendfeuer. Es zieht uns magisch zu sich. Unsere Finger recken sich ihm entgegen, auch wenn uns nicht kalt ist. Feuer macht mehr mit uns, als uns nur zu wärmen. Sein Schein dringt tief in unser Gehirn und berührt sofort unser Unbewusstes. Sein Rauch strömt fein und gar nicht bewusst wahrgenommen, tief in unseren Leib. Feuer lässt uns tief in uns schauen. Der Blick ins Feuer ist sofortige tiefe Entspannung.

Jedes Feuer ist ein kleiner Verwandter der Sonne. Physikalisch betrachtet, haben die Wärmestrahlen der Sonne die gleiche Wellenlänge wie die eines Holzfeuers. Ein gemauerter Kamin gibt ebenfalls Wärmestrahlen der gleichen Frequenz ab. Deshalb empfinden wir seine Wärme als so wohltuend. Keine andere künstliche Wärmequelle vermag uns dieses Wohlgefühl zu vermitteln. Ohne Sonne gäbe es kein Leben auf der Erde. Doch rein funktionales Leben dürfte einem fühlenden Lebewesen zu wenig sein. Die Sonne veranlasst uns zu Gefühlsregungen, die dem Leben erst die rechte Würze geben. Warum sonst zieht es uns so magisch in die Sonne? Unser Herz springt, wenn Sonnenlicht satt flutet. Alles mögliche Getier räkelt sich in der Sonne. Haben Sie schon einmal eine Katze dabei beobachtet? Da sind wir uns sicher, Sonne ist weit mehr als nur Licht und Wärme.

- Wann waren Sie das letzte Mal in der Sonne und haben sie einfach nur genossen?
- Haben sie, ganz ohne gleich an irgendwelche Folgen wie Sonnenbrand, Hautalterung oder rosige Wangen zu denken, einfach nur genossen?
- Wann haben Sie die Sonne ganz ohne Cremes, Stoff und Brille genossen?

Wir brauchen Sonnenlicht. So nötig wie Wasser. Sonnenlicht, das ungehindert auf unsere Haut trifft; wenigstens für einige Minuten. Sogar, um ein Weilchen in der Sonne zu sitzen, meinen wir, „etwas zu brauchen" (Sonnencreme, Kleidung, Kopfbedeckung, Sonnenbrille, Sonnenschirm). Stimmt das wirklich? Ist die Sonne so schädlich? Sicherlich nicht. Es ist auf Dauer sogar ungesund, immer nur voll geschützt in die Sonne zu gehen. Man beobachtet bei Sonnen-Verweigerern bisweilen einen Vitamin-D-Mangel, weil die Sonnenstrahlen zu umfassend abgeblockt werden. Was dann mit Pillen ausgeglichen wird – einfach absurd.

Die Sonne direkt auf der Haut zu spüren, ist für uns Menschen normal. Das ist gesund. Das brauchen wir. Körperlich und mental.

So befeuern Sie sich

- Zünden Sie morgens für den Frühstückstisch eine Kerze an oder stellen Sie die Tee- oder Kaffeekanne auf ein Stövchen. Genießen Sie die Momente des beginnenden Tages und befeuern Sie die Tiefe Ihres Geistes beim Blick in die Flamme.

- Bringen Sie ein Bild von einem Feuer in der Teeküche ihres Büros an. Oder lassen Sie ein Video auf einem Bildschirm laufen. In den Pausen sollen die Gedanken abschweifen und sich der Geist beruhigen können. Der Anblick des Feuers löst die Impulse dazu aus.
- Beim Grillen nehmen Sie möglichst hochwertige Kohle oder Holz. So können Sie durchaus die ein oder andere Nase des Rauches „kosten“. Kohle von Laubhölzern verursacht sehr viel weniger Funkenflug als jene von Nadelhölzern. So können Sie gefahrlos nahe an das Feuer herangehen.
- In einem Grill müssen Sie nicht immer großmächtig Glut schüren und Speisen auftragen. Zünden Sie einfach ein paar kleine Scheite darin an und setzen sich – anstatt zu fernsehen – mit Ihrem Abendgetränk davor. Tun Sie dies auch im Winter. Sie werden staunen, welchen warmen und wohligen Raum bereits ein kleines Feuer zu schaffen imstande ist. Setzen Sie sich an einem kühlen Abend nach draußen. Ohne Feuer. Lassen Sie die Kühle und Feuchte auf sich wirken, bis Sie zu frieren beginnen. Dann zünden Sie ein Feuer an. Sie werden staunen!

Feuer macht mehr mit uns und verhilft unseren Gedanken in neue Spähren. Genießen Sie es.

Wasser

Ich schreibe. Die allmählich sich senkende Sonne taucht die Atmosphäre am meerumspülten Felsen in ein gedankenberauschendes Glitzern. Munter tanzen die Finger Samba und formen Seite um Seite, Kapitel um Kapitel. Gleichförmig und akribisch zugleich schwappen Wasser und Gedanken. Scheinbar ohne Kraft und doch mit stoischem Gleichmut formen sich vage Gedankenbilder zu klaren Aussagen.

Wir machen uns im Alltag nicht viel Gedanken über

Wasser. Warum auch? Wir öffnen den Hahn und es sprudelt. Kalt oder warm, so wie wir es gerade wollen. Mindestens zwei Liter am Tag sollte man trinken. Mit wenig Kohlensäure, ohne Zucker und Alkohol. Gut und schön. Wassertrinken, wird uns suggeriert, sei immens wichtig, vor allem, wenn es bestimmte Marken sind. Ein regelrechter Hype kursiert gepaart mit allen möglichen Gesundheitstipps. Urlaub und Kuren an Meer, Seen und Heilquellen stehen seit dem Mittelalter bei Erholung- und Genesungsuchenden am höchsten im Kurs.

Fällt Ihnen etwas auf? Wir sind von der Reparierkunst des Wassers an Körper und Geist begeistert. Wieso nur warten wir mit seiner Anwendung, bis irgendetwas kaputt ist? Wenn Wasser so viel Gutes kann, wieso trauen wir ihm nicht noch viel mehr zu, wenn alles noch im grünen Bereich ist? Auch hier stelle ich die Frage: nutzen wir damit schon wirklich vollständig aus, was uns Wasser geben kann?

Wir sperren Wasser ein und verwenden es als Konserve. Heute kennen wir bei uns Wasser meist nur gebändigt in Leitungen und Flaschen. Wie richtiges Wasser ohne Kohlensäure schmeckt, wissen viele überhaupt nicht.

Unser Trinkwasser kommt aus tiefen Grundwasserschichten, hat seit Wochen, Monaten oder gar Jahren weder Luft noch Licht gesehen. Mit Luft und Licht kommt es erstmals wieder in Kontakt, wenn es aus dem Hahn fließt. Wann haben Sie das letzte Mal Wasser getrunken, ohne irgendetwas zwischen sich und dem lebendig sprudelnden Nass? Wie etwa aus einem Bach, einem Fluss, einem See? Wann haben Sie sich das letzte Mal tief hinuntergebeugt und direkt mit dem Mund dieses Lebenselement aufgesogen? Wann haben Sie das letzte Mal Wasser getrunken, das durch Licht und Luft gesprudelt ist?

Ich glaube nicht an irgendwelche magischen Kräfte. Ich bin jedoch fest davon überzeugt, dass uns frisches Wasser weit mehr gibt, als nur uns zu bewässern.

Warum zieht es uns ans Wasser, warum wollen wir Wasser sehen? Warum tut es einfach nur so verdammt gut, frisches Wasser aus einer Quelle zu trinken? Wieso schmeckt das so ganz anders? Weil weniger Kalk drin ist? Eine schöne rationelle Erklärung, die mir nicht reicht. Wie beim Geschmackssinn „umami“ bin ich davon überzeugt, es gibt Rezeptoren in uns, die uns mitteilen, ob etwas für uns im besonderen Maße „lebensbekömmlich“ ist oder nicht. Dieser, neben süß, sauer, salzig und bitter, fünfte Geschmackssinn „umami“, der den „vollmundigen“ Geschmack beschreibt – in Japan seit Langem bekannt, wenn auch ebenso wenig bewiesen – hatte bei uns ein Stigma. Wem Herzhaftes schmeckte, dem unterstellte man eben einen häufigen Genuss dessen, somit eine Gewöhnung und letztlich eben eine Vorliebe dafür. Wieso sollen nicht auch Wasser und Luft „umami“ sein? Wieso sollen wir nicht fähig sein, „instinktiv“ zu wissen, was in besonderem Maße für uns gut ist? Ob wir je solche Rezeptoren finden? Sollte das der Fall sein, sollten Krankenkassen für jeden von uns jährlich ein paar astreine Naturtage spendieren. Billiger kann Krankheitsvorsorge nicht sein.

Wasser vermittelt Sicherheit. Wo sauberes Wasser in unmittelbarer Nähe war, dort siedelten Menschen schon immer bevorzugt. Dieses Verhalten ist tief in uns verankert. Wo Wasser in gesunden und förderlichen Mengen und Formen vorhanden ist, fühlen wir uns wohl. Wir können dies nutzen, indem wir Lebens- und Arbeitsumgebungen mit Wasser bereichern. Wasser regt die Gedanken zum Fließen an.

Mir schaudert es vor Regentagen in der Stadt. Die kommen mir immer besonders hektisch vor. Als ob die Menschen in ihren Autos nass würden, beeilen sie sich ganz besonders. Preschen durch Pfützen und spritzen Passanten nass. Hasten vom Parkplatz in Kaufhaus oder Büro. Sind total außer Puste und freuen sich wie nach einer Irrfahrt durch den heftigsten Schneesturm, endlich im Trockenen zu sein. Es ist nur Regen, der gemütlich vor sich hin tröpfelt, rauscht oder prasselt. Es ist nur kaltes Wasser, das vom Himmel fällt.

Ich schreibe. Es regnet und ich fühle mich wohl. Gemütlich sitze ich in meinem Büro, die Regentropfen trommeln aufs Dach. Ich mag das unheimlich gerne. Es zieht mich nur wenig hinaus und die Arbeit am Schreibtisch macht den Tag perfekt. Die trommelnden Tropfen erinnern mich an die vielen Regentage und Regennächte, die ich bereits im Zelt verbracht habe. Gemütlich, trocken und warm verstreichen die Stunden in Sicherheit.

So halten Sie Ihren Tag flüssig

- Beginnen Sie den Tag mit dem Ausspülen Ihres Mundes mit kühlem Wasser. Trinken Sie dann ein Glas Wasser mit Zimmertemperatur. So nehmen Sie bereits wichtige Flüssigkeit in ihrer Optimalform zu sich. Dazu stellen Sie sich am besten immer einen Krug mit Leitungswasser parat. Lassen Sie diesen vor jedem Trunk zumindest ein paar Stunden oder noch besser über Nacht stehen. So bekommt Ihr Wasser Licht und Luft und kann sich angenehm temperieren. Zapfen Sie das Wasser immer so kalt wie möglich, sonst ist es bereits unnötig durch die Heizanlage angewärmt.
- Trinken Sie Ihre erste heiße Tasse morgens vor dem Frühstück auf Ihrer Terrasse, Ihrem Balkon oder dem weit geöffneten Fenster.
- Waschen Sie sich eine Zeit lang im Jahr ausschließlich mit Wasser. Sie werden sehen, Sie stinken kein bisschen mehr. Auch im Sommer. Je nachdem, wie intensiv und mit welcher Art von Seife Sie sich zuvor gewaschen haben, benötigt Ihre Haut eine Weile, um sich an die geringer not-

wendige Fettproduktion zu gewöhnen. Einen sich möglicherweise bildenden überschüssigen Fettfilm lösen Sie, indem Sie das Wasser kurzzeitig heißer aufdrehen als gewöhnlich.

- Zimmerbrunnen. Je nach Vorliebe mehr oder weniger sprudelnd.
- Aquarium mit oder ohne Fische. In jedem Fall mit vielen Wasserpflanzen.
- Hängen Sie Bilder mit Wasserlandschaften auf. Besonders in Räumen, in welchen Sie Gedankenfluss brauchen.
- Stellen Sie einen Glaskrug mit frisch gezapftem Leitungswasser an ihren Arbeitsplatz. Er animiert, immer wieder zu trinken. Damit nehmen Sie genug Wasser zu sich. Steht das Wasser eine Weile, schmeckt es besser. Probieren Sie es aus. Ein Wasserkrug kombiniert mit einem Paar schöner Gläser vermittelt einen Hauch von Noblesse und stilvollem Ambiente. Das wirkt sich auf den Qualitätsanspruch Ihrer Arbeit, Kommunikation und Tagesgestaltung aus.
- Lassen Sie vor einem Termin für eine Minute Wasser sanft über ihre Hände laufen. Warm oder kalt, wie immer es Ihnen gerade guttut. Sehen Sie dabei dem Wasser zu, wie es über Ihre Hände läuft. Lassen Sie das Wasser Ihre Gedanken bestimmen. Das kann Sie für das Kommende lockern und beruhigt gleichzeitig. Auch Ihr Körper erhält über die Hände ausgleichende Signale, welche die Beruhigung fördern: Sie werden kaltes Wasser wählen, wenn Sie sommerschwitzige Hände haben und warmes Wasser, wenn Ihnen in der kühlen Jahreszeit die Nervosität die Wärme aus den Händen saugt. Zudem vermitteln Sie sich ein Gefühl der Reinheit für die anstehende Aufgabe. Sie werden von Ihrem Gegenüber durch die Signale Ihrer Hände beim Händedruck als gepflegt und entspannt wahrgenommen. Die Gesprächsatmosphäre wird davon profitieren.

- Gehen Sie in der Pause barfuß durch nasses Gras. Zucken, Quietschen, Stöhnen, Ächzen und nur teilweises und zögerliches Auftreten lassen Sie einfach bleiben. Ersparen Sie sich diese affektierten Gebaren. Treten Sie satt auf, als würden Sie im Wohnzimmer herumlaufen. Nehmen Sie an, was Ihre Füße Ihnen melden. Lassen Sie es einfach geschehen und freuen Sie sich, was mit Ihren Gedanken und Gefühlen passiert.
- Regen. Nehmen Sie ihn hin wie milden Sonnenschein. Schützen Sie sich vor ihm auf gewohnte Weise, jedoch beeilen Sie sich nicht explizit. Lassen Sie ihn zu und genießen Sie ihn.
- Speziell für Leute, die mit dem Auto unterwegs sind; für den Weg zur oder von der Arbeit oder zwischen Terminen: Nehmen Sie Badehose und Handtuch mit. Machen Sie einen Abstecher an ein Gewässer. Von März bis Oktober lässt es sich in Deutschland überall gut kurz eintauchen und ein paar Züge schwimmen. Sie werden staunen, wie gut Ihnen das tut und wie sehr es Sie gedanklich erfrischt. Der Sprung ins Wasser ist wie eine Schleuse, durch die wir uns sehr gut vom soeben Gewesenen trennen und auf das Kommende einstellen können.

  Springen Sie speziell vor oder nach der Arbeit kurz in einen See oder Fluss. Das kostet Sie nur eine viertel Stunde und bringt Ihnen so viel.
- Plagen Sie Beschwerden mit den Atemwegen oder Stirn- und Nebenhöhlen, inhalieren Sie über einem Topf mit kochendem Wasser, in das Sie einen Teelöffel Salz gegeben haben. Übrigens eine gute Methode, um diesen Beschwerden auch vorzubeugen.
- Kalte Wechselbäder an Waden und Füßen sowie Unterarmen und Händen bringen nur in Quellen oder ähnlich kalten Wassern etwas. In Städten nutzen sie zumeist nur sehr wenig, da das Wasser auch im Winter viel zu warm ist, selbst wenn der Hahn ganz auf kalt gestellt

ist und bereits einige Zeit läuft. Sie können sich behelfen, indem Sie einen Eimer Wasser bei Außentemperaturen unter 10°C im Freien, wie etwa auf dem Balkon, stehen lassen.

- Trinken Sie ausschließlich reines Wasser ohne Kohlensäure. Meistens ist das Leitungswasser in unseren Breiten von hervorragender Qualität, an die abgefülltes Wasser oft nicht herankommt. Ein kurzer Blick auf die Internetseite Ihrer Wasserwerke informiert Sie aktuell darüber. So sparen Sie sich auch die Kistenschlepperei. Meiden Sie, wenigstens ein paar Wochen im Jahr, Getränke mit Zusätzen jeglicher Art. Trinken Sie überhaupt am besten nur Wasser, Tee, dann und wann ein Glas Wein oder Bier. Wir nehmen über eine ausgewogene Ernährung genug Vitamine und Spurenelemente auf und sind auf Säfte und Ähnliches nicht angewiesen.

Achtsamkeitsübung: Haben Sie schon einmal diese Entdeckung gemacht?

- Mithilfe von Sonne und Wasser können Sie für sich Feuer nachempfinden. Interessant, welche Gemeinsamkeiten Elemente haben: Blicken Sie bei Sonnenschein ohne Sonnenbrille über ein Gewässer und schließen Sie die Augen. Das von den Wellen reflektierte Licht flackert auf den Lidern wie Flammen.

Erde

Die Erde ist unsere Heimat. Aus ihr sind wir entstanden. Zu ihr werden wir werden. Erde gibt Halt und Zuversicht. Sie ist der Inbegriff von Heimat und Sicherheit.

Wann sind Sie das letzte Mal mit der Erde wirklich in Kontakt gekommen? Sind auf ihr gesessen, gelegen?

Haben Ihre Hände in Erde, Schlamm, Sand und Steine gewühlt oder sind barfuß darübergegangen? Mutter Erde. Erdung. Warum sehnen wir uns heute alle nach Erdung, aber setzen uns nicht einmal auf den Boden? Auf richtigen Boden, auf Wiese, Erde, Sand, Fels, ohne etwas zwischen uns und ihm.

Mancher berührt den Boden Jahr und Tag nicht. Die meiste Zeit unseres Tages verbringen wir über der Erde schwebend. In Häusern sind wir meist mehrere Meter über dem Boden. Zumindest eine Schuhsole und Socken trennen uns ansonsten von der Erde. Auch dieser nicht mehr notwendige Kontakt zum Boden ist Zeichen für Wohlstand und Entwicklung. Leider entfernt er uns von einer für uns wichtigen Informationszone. Unsere Füße sind hochsensible Sinnesorgane, die ein gigantisches Spektrum an Reizen und Informationen an unser Gehirn leiten. Sie stehen unseren Händen in nichts nach. Unsere Umgebung beeinflusst uns im Denken und Fühlen. Wie nehmen wir die Welt wahr, wenn wir unsere sensiblen Füße in enge, stickige Schuhe sperren, die ihnen jegliche Möglichkeit, flexibel auf unterschiedlichste Einflüsse zu reagieren, nehmen? Wir beschneiden uns damit selbst um interessante Aspekte und werden zudem noch „dünnhäutig“. Bei den kleinsten Unregelmäßigkeiten knicken wir um und verletzen uns sogar noch viel leichter und ernsthafter. Nicht nur faktisch, sondern auch im übertragenen Sinne. Erde vermittelt uns sofort ein Gefühl für Zeit. Ein Gefühl für Verweilen, für Stehenbleiben, für Ankommen, für Heimat, für Sicherheit. In Hast können wir Erdung nicht spüren.

Eine Kundin berichtete mir einmal von einer Bergwanderung mit einer Freundin im Alter von Mitte zwanzig. Es ging entlang einer groben Schotterstraße, auf der ein zweispuriges Fahrzeug fahren konnte, in wenig steilem Gelände. Ihre völlig gesunde Freundin konnte sich kaum auf den Beinen halten. Sie wackelte unbeholfen vor sich hin, knickte ständig gefährlich mit ihren Fußgelenken um und hatte Angst, von der Straße zu fallen. Sie war einfach seit Jahren über keinen unebenen Boden, geschweige denn eine Wiese gegangen. Sie bewegte sich seit Jahren nur über Zimmerböden und Asphalt. Sie musste quasi das Gehen auf naturnahem Untergrund erst wieder lernen.

Tun Sie das doch öfter. Gehen Sie über natürlichen Boden, am besten barfuß. Nicht nur im Urlaub am Strand. Legen Sie sich draußen auf den Boden. Auch wenn es kitzelt und Sie schmutzig werden. Was soll's. Das ist gut für Sie.

Nehmen Sie Ihre Umgebung spürend wahr. Lassen Sie alle logischen Beobachtungen und Erklärungen. Seien Sie einfach nur da.

So behalten Sie Bodenhaftung

- Gehen Sie am Morgen direkt nach dem Aufstehen eine Runde barfuß im Garten, über eine Wiese, ein Rasenstück, einen Schotter- oder Sandboden.
- Tun Sie dies auch in Ihren Arbeitspausen. Ihre Füße und Ihr Geist werden es Ihnen danken.
- Ziehen Sie am Schreibtisch die Schuhe wenigstens für eine halbe Stunde am Tag aus und arbeiten Sie in Strümpfen.
- Sind Sie viel mit dem Auto unterwegs, wechseln Sie zum Fahren längerer Strecken die Schuhe. Wählen Sie dazu besonders leichte und luftige Schuhe, vielleicht sogar Sandalen. Achten Sie auf einen guten Sitz, eine rutschfeste Sohle und Fersenriemen, damit Sie immer sicher bremsen und kuppeln können. So bekommen Ihre Füße Abwechslung im Fußbett und Ihre üblichen Schuhe können lüften und trocknen.
- Gehen Sie zu Hause in Ihrer Freizeit immer wieder barfuß, wo Sie sonst vielleicht Schlappen tragen würden.

Sie verletzen sich nicht, da sich Ihre Füße daran gewöhnen. Zu Anfang wird diese kostenlose Fußreflexzonen-Massage ungewohnt und anstrengender sein. Sie erkennen daran, Ihr Körper lernt dazu, erweitert seinen Wahrnehmungsbereich und damit seine Fähigkeiten – also Ihre Fähigkeiten.

- Setzen und legen Sie sich auf den Boden, ins Gras, in den Sand. Ohne Unterlage. Es ist doch einfach mal egal, ob Sie staubig werden oder ein Grashalm in Ihrem Haar hängt. Ist das nicht sogar charmant?
- Legen Sie sich mit dem Gesicht nach unten hin. Krallen Sie sich mit den Händen ins Gras oder den Boden. Stecken Sie Ihre Nase tief zwischen die Halme und atmen Sie den Duft des Bodens ein. (Zusätzlich holen Sie sich dabei ein Prise Mycobacterium vaccae. Im Boden lebende Bakterien, die auf unser Gehirn wirken und uns schlau machen. Die Wirkung hält ein paar Tage vor.[2]))
- Lassen Sie zu Hause die Hausschuhe wenigstens in ein paar Räumen vollständig weg.
- Massieren Sie unter der Dusche, nach dem Aufstehen oder vor dem Zubettgehen Ihre Füße und kneten Sie sie richtig durch.

Tipp zum Gewöhnen an das Barfußgehen: Lassen Sie sich Zeit. Bleiben Sie zunächst erst einmal stehen und geben Sie Ihren Füßen Zeit, sich auf den Untergrund einzustellen. Dann gehen Sie überlangsam los. Setzen Sie zuerst Ihren Ballen auf, dann den Rest vom Fuß. So entfaltet der Fuß seine abfedernde Fähigkeit. Knie- und Hüftgelenke werden entlastet. Übrigens der normale Reflex den Fuß aufzusetzen, wenn wir barfuß gehen.

Luft

Reine Luft tief in uns aufzunehmen ist ein Privileg. Reine Luft ist pure Vitalität. Wann haben Sie das letzte Mal ungefilterte, nicht klimatisierte, reine Luft bewusst geatmet?

In einer Stadt finden Sie an keinem Ort zu keiner Zeit wirklich reine Luft. Was machen wir mit der Luft? Wir lassen sie mit jedem Atemzug bis zu den untersten Rippenbögen in unseren Körper eindringen. Alles, was da also so stinkt und staubt, lassen wir in uns hinein. Wenn man uns auffordern würde, eine Handvoll Dreck zu essen, was würden wir empfinden? Abscheu, Ekel, wir würden uns fragen, ob das ernst gemeint ist. Kritiklos lassen wir jedoch jeden Tag genau so viel Schmutz durch uns hindurchströmen. Klar, das meiste davon strömt wieder aus uns heraus. Dennoch lassen wir all das in unsere Lungen.

Wieso gibt es Luftkurorte? Wie wichtig reine und frische Luft für uns ist, wissen wir schon lange. Wieso atmen wir tief durch, wenn wir hinaus in die warme Frühlingsluft treten? Wir saugen da mehr ein als nur ein Gasgemisch, das unsere Lebensprozesse am Laufen hält. Warum macht uns das augenblicklich „happy"?

Ist es tatsächlich nur ein übernommenes Verhalten von anderen Menschen? Kann es nicht sein, dass es ein tief in uns schlummerndes Bedürfnis ist? Ohne Luft können wir nur wenige Minuten am Leben bleiben. Das zeigt überdeutlich, wie wichtig Luft für uns ist. Folglich sollten wir sie, wenigstens dann und wann, bewusster wahrnehmen. „Frei zu atmen" beschreibt bekanntlich mehr als den zweckdienlichen Gasaustausch.

So beflügeln Sie Ihren Tag

- Treten Sie morgens am besten vollständig hinaus ins Freie und atmen Sie ein paar Mal tief und bewusst durch. Oder

Sie öffnen ein Fenster vollständig. Je weniger Sie dabei anhaben, desto besser. Lassen Sie so viel Luft wie möglich an und in sich. Versuchen Sie wahrzunehmen, welche Gerüche gerade heute durch die Gegend ziehen. Jede Jahreszeit und jedes Wetter hat einen eigenen Geruch. Gerüche sind Emotionsträger. Wir erinnern uns sofort an Ereignisse, Umgebungen, Speisen usw., auch wenn diese Jahrzehnte zurückliegen. Fotos oder Erzählungen schaffen dies in dieser Intensität nicht annähernd. Je bewusster Sie riechend atmen, desto mehr Gelegenheiten erschaffen Sie sich, Besonderes in Ihrem Gedächtnis zu verankern. Mit der Zeit werden Sie außerdem – völlig unbewusst – sofort wissen, welches Wetter Sie den gesamten Tag über und in den nächsten Tagen erwartet. Das riechen Sie. Das sehen Sie an den Wolken und der Farbe des Himmels.

- Gehen Sie wenigstens 100 Meter an der frischen Luft, bevor Sie Ihren Arbeitsplatz einnehmen. Idealerweise bewegen Sie sich eine viertel bis halbe Stunde morgens. Sei es, dass Sie zu Fuß oder mit dem Fahrrad in die Arbeit gelangen. Sei es, dass Sie Frühsport betreiben. Und wenn es nur ein Gang um den Block ist.
- In einer Pause gehen Sie wenigstens 500 Meter in einer möglichst grünen Umgebung. Nehmen Sie sich Ihr Notizbuch und Stifte unterschiedlicher Farbe mit. Wer weiß, welche Ideen Sie anspringen! Unternehmen Sie diese Spaziergänge mal allein, mal mit Kollegen.
- Stellen Sie sich immer wieder in Denkpausen auf den Balkon, die Dachterrasse oder den Garten Ihres Unternehmens. Nehmen Sie sich ein Glas Wasser, Tee oder Kaffee oder einen kleinen Snack mit. Vergessen Sie Ihr Notizbuch nicht. Von diesen Denkpausen empfehle ich Ihnen zwei am Vormittag und zwei am Nachmittag. Dauer: eine Zigarettenlänge, am besten ohne Zigarette. Verbringen Sie diese Pausen abwechselnd allein und mit Kollegen.

- Lüften Sie mindestens jede Stunde für einige Minuten gut durch. Auch wenn manche Damen allein beim Lesen dieser Zeilen Gänsehaut bekommen: diese bekommen Sie gerade weil Sie sich wohl zu wenig direkt der Luft aussetzen. Bei Klimaanlagenbetrieb ist das nicht zweckmäßig oder sogar nicht möglich. Abhilfe schaffen die Denkpausen.
- Verlegen Sie die ein oder andere Tätigkeit hinaus ins Freie. Natürlich vereinbaren Sie dies mit Ihrer Führungskraft. Wählen Sie dazu eine möglichst grüne Umgebung. Diese unterstützt nicht nur optimal Ihre Gedanken, sondern macht Ihrem Vorgesetzten die Einwilligung leichter. Ein Café ist nicht immer der ideale Arbeitsort.
- Die Astrologie weist drei der zwölf Sternzeichen dem Element Luft zu und unterstellt ihnen Leichtigkeit in Wesen und Gedanken. Machen wir uns diese allgemeine Prägung zunutze und bringen wir an Arbeitsorten Bilder von Elementen der Luft an: Vögel im Gleitflug, Windmühlen und -räder, Bäume und Blätter im Wind, Haare eines jungen Mädchens im Wind, Meereswellen und Segelboote (hier haben wir die Elemente Luft und Wasser vorteilhaft kombiniert; und ihre Wirkung auch), Wolken, Rauch, Fahnen, Drachen, Segelflieger/Hängegleiter usw.
- Stellen Sie sich an exponierte Stellen wie etwa Hügel, Berge, Küsten und Stege und lassen Sie sich – im wahrsten Sinne – bewegen.

Wir haben nun die vier uns unmittelbar begegnenden und beeinflussenden Elemente unter dem Gesichtspunkt der natürlichen Wirkungsweise auf uns Menschen kennengelernt. Da ich hier auf keinerlei Glaubenslehre Bezug oder Anlehnung nehme, sind mit diesen vier Elementen für mich alle natürlichen Elemente genannt. Nicht nur diese vier Elemente inspirieren uns und bringen hervor, was in uns ist, die Natur selbst tut dies noch viel umfassender, denn sie reflektiert uns selbst auf besonders intensive Weise.

20. Die Natur als Spiegel

Die Natur ist Spiegel. Was ich dort sehe und empfinde, kommt aus meinem tiefsten Innersten. Wir können nur einen Bruchteil dessen bewusst wahrnehmen, was ständig um uns herum geschieht. Was wir wahrnehmen, hängt von unserem lebenslangen Lernprozess ab. Wir selektieren, was wir für wichtig halten und was uns interessiert. Den Rest blenden wir aus. Unser Filter der selektiven Wahrnehmung bewahrt uns vor einem Informations-Overkill. Als Kleinkind nehmen wir quasi so gut wie alles ungefiltert auf. Deshalb sind auch kleine Kinder generell und besonders bei Neuem sehr schnell voll mit Eindrücken und Informationen. Sie brauchen dann ein Schläfchen, um das alles zu verarbeiten. Bekommen sie es nicht, schützen sie sich mit herzerweichendem Geschrei. Ihr Gehirn sortiert, strukturiert, bündelt Informationen und verknüpft sie mit bereits Bekanntem. Als Erwachsener lernen wir sehr ähnlich, nur hat unser Gehirn schon viele Informationen gespeichert und kann Neues an diese anknüpfen. Was zu bereits vorhandenem Wissen und gemachten Erfahrungen passt, lernen wir deshalb leichter als völlig Neues. Für gänzlich Neues muss erst die Speicherstruktur geschaffen werden. Je mehr und je facettenreicher wir lernen und je mehr Sinne dabei gefordert sind, desto mehr und schneller können wir Informationen behalten.[1]) Je mehr wir uns erlauben, unseren Wahrnehmungshorizont zu erweitern, umso vielfältiger ist das Spektrum, aus dem wir Passendes auswählen und in unser Bewusstsein holen können. Das ist vor allem hilfreich, wenn wir Probleme lösen und Herausforderungen meistern wollen.

Durch die selektive Wahrnehmung dringen die allermeisten Informationen überhaupt nicht zu unserem Bewusstsein vor. Sie existieren für uns tatsächlich nicht, obwohl wir sie eigentlich sehen. Deshalb fallen Ihrer Partnerin die steilen Pumps im Schaufenster der Boutique sofort auf, wobei Sie nicht einmal die Boutique wahrgenommen haben. Ihr Partner erspäht sofort den brandneuen Roadster auf der anderen Straßenseite, während Sie nicht einmal die Straße richtig registriert haben. Nicht einmal ein Prozent aller auf uns einprasselnden Informationen können wir bewusst wahrnehmen. Zudem handeln wir zu über 90 Prozent unbewusst.[2]) Das heißt, die meiste Zeit des Tages tun wir unreflektiert, was wir eben so tun. Wir spulen unseren Alltag in weiten Teilen einfach nur ab. Halten wir uns in immer gleichen Umgebungen auf, bewegen uns in immer gleichen Kreisen und leben einen immer gleichen Alltag, nehmen wir immer weniger Neues wahr. Es wird alles immer noch einförmiger. Unser Gehirn gewöhnt sich an diese Eintönigkeit und rafft in der Rückschau manchmal ganze Jahre oder sogar Jahrzehnte auf wenige Ereignisse zusammen. Deshalb fragen sich auch viele, wo nur all die Jahre geblieben sind. Sie sind tatsächlich verschwunden, es war ja auch kaum Erinnerungswürdiges dabei.

George Kelly, einer der ersten Psychologen, die implizite Persönlichkeitstheorien untersucht haben, fasste zusammen: „Der Mensch betrachtet seine Welt durch transparente Muster oder Schablonen, die er sich schafft und die er dann auf die Realitäten der Welt zu übertragen versucht." Das hält uns im sogenannten „Wahrnehmungstunnel" gefangen. Wir merken das gar nicht. Bisweilen ist das fatal, denn wir sind einfach nicht in der Lage, das zu erkennen. Wie können wir diese Muster ändern oder vermeiden? Ein gutes Mittel ist, Feedback von anderen einzuholen. Machen Sie sich hierbei bitte bewusst, wenn wir Feedback geben:

- vereinfachen wir
- kategorisieren wir

- stülpen wir unsere eigene Persönlichkeitstheorie über
- bringen wir unsere Erfahrungen ein
- gleichen wir mit den Normen und Erwartungen unserer Kultur und Lebensauffassung ab

Feedback ist also niemals „richtig“ oder „falsch“. Auch wenn es aus der Sicht des Feedback-Gebers mit aller Aufrichtigkeit, Wertschätzung und mit bestem Willen gegeben wird. Das macht nichts. Es hilft uns, unsere Sichtweise von uns selbst mit der Sicht von anderen und der Wirkung auf andere zu vergleichen. Nehmen Sie vom Feedback an, was Ihnen davon sinnvoll erscheint. Wo Sie spüren – nicht nur denken –, dass es für Sie stimmig ist. Begründen oder rechtfertigen Sie sich nicht gegenüber dem Feedbackgeber, sondern reflektieren Sie still für sich. Der Kreis von Personen, die wir um Feedback bitten wollen oder können, ist meist recht klein und verändert sich oft nur langsam über die Jahre. Wollen wir uns nicht gänzlich von der Meinung und Anwesenheit anderer abhängig machen, können wir auch die Natur als Resonanzkulisse und Reflexionsraum nutzen.

Formgeber der Gedankenwelt

Direkt nach meinem Ingenieurstudium arbeitete ich als Sachbearbeiter – vorübergehend. Nicht wirklich vorübergehend, denn ich arbeitete Vollzeit in einem unbefristeten Vertrag. Nur für mich war es vorübergehend. Ich wusste, ich wollte anderes. Nur was, das wusste ich nicht. Wir Vollzeitkräfte konnten damals den freien Freitagnachmittag auch beliebig auf andere Wochentage legen. Mir behagte der Mittwoch am meisten, und so fuhr ich so gut wie jeden Mittwochnachmittag mit dem Fahrrad von der Arbeit 40 km an einen Berg, den ich dann hinaufrannte. Oben saß ich dann zumeist eine ausgiebige Weile. Auf dem

Rückweg durchschwamm ich einen See. Das wurde mir zur Gewohnheit, ich befand mich jedes Mal wie in einer Trance.

Sobald ich startete, begannen meine Gedanken in die unterschiedlichsten Richtungen Spiralen zu drehen. Mal war ich ärgerlich über Kollegen oder Kunden und brütete bis zum Kopfweh. Mal war ich voller Lebenslust und spann die tollsten Ideen. Aus diesem ritualisierten Unterwegssein in der Natur formte sich so nach und nach, wohin ich meine weiteren Schritte lenken wollte. Damit hatte ich mich regelrecht programmiert. Denn sobald ich in die Natur starte, sprudelt zuverlässig meine Ideenquelle. Die Diktierfunktion meines Smartphones ist dann immer im Dauerbetrieb. Außerdem entwickelte sich auf diese Weise eine bedingungslose Konfrontation mit mir selbst. Draußen unterwegs spann ich mir zurecht, was ich in der nächsten Zeit anpacken wollte. Ich wusste, irgendwann kommt unausweichlich der Zeitpunkt, an welchem ich wieder mit mir allein in der Natur sein würde. Dort konnte ich mich vor der Wahrheit nicht verstecken. Dort musste ich es mit mir selbst aushalten. Und es so auch aushalten, wenn ich nachlässig im Hinblick auf meine Ziele war. Hingegen konnte ich eine kleine, emotional sehr intensive und wertvolle Feier mit mir halten, wenn ich meinen Zielen näher gekommen war. Damit verschaffte ich mir doppelte Freude. Einerseits die Erreichung des Ziels, andererseits die Freude darüber, erreichen zu können, was mir wirklich wichtig war. Einen wichtigen Aspekt füge ich diesen Gedanken noch an. Auch wenn er auf den ersten Blick vielleicht nicht so passend erscheint. Auf den zweiten Blick werden Sie feststellen, gerade dieser Aspekt macht die Zielfindung, Zielerreichung und die Freude darüber erst ganz rund: Wenn ich in der Natur bin und mit mir über meine Vorhaben und die möglichen Schritte dorthin in den Disput gehe, versetzt mich dies in eine eigentümliche Stimmung. Eine Stimmung, die sich mit magisch am treffendsten beschreiben lässt. Sie geht weit über die faktische Betrachtung von Werden und Sein der Umstände und Dinge hinaus. Sie hebt mich aus den Fängen der Welt und zeigt mir zugleich klar, wo ich mir diese Fänge selbst zu meinem Gestalten geschaffen habe. Damit bestimmte Zustände überhaupt erst eintreten können. Dies führt mir meine freie Wahl der meisten meiner Umstände vor Augen. Und immer wieder wähle ich dieselben Fänge aus freien Stücken neu. Ja, ich erkenne, sie binden mich. Doch zugleich ermöglichen sie mir, für mich wichtigere Umstände zu erreichen, als dies die Freiheit mir geben könnte.

Nicht jeder hat den persönlichen Wert Freiheit weit oben auf seiner Werteskala stehen. Das ist von Mensch zu Mensch unterschiedlich. Auch Harmonie und Beziehungen und was sie stört lassen sich herausgelöst aus den Verstrickungen des Alltags leichter betrachten. Diese dann nach Rückkehr mit geschärftem Blick und gebündelter Energie hin zu einer neuen Qualität zu entwickeln, gibt tiefe Befriedigung. Besonders, wenn wir uns vor Augen halten, was wir bereits geschaffen haben werden, wenn wir das nächste Mal zum Disput mit uns aufbrechen. Es sind diese besonderen Ereignisse und Momente im Leben, die das Leben wohlgestalten und es ausmachen. Aktiv solche Momente zu schaffen bedeutet, dem Leben selbst mehr Gewicht und mehr Würde zu verleihen. Lassen Sie getrost die Magie der Natur in Ihr Leben einziehen und lernen Sie daraus.

Mit der bewussten Umgebungsänderung beim Aufenthalt in der Natur geben wir den auf uns einströmenden Informationen aus dem Alltag eine neue Wirklichkeit. Diese neue Wirklichkeit entsteht, weil wir mit der neuen, ungewohnten Umgebung mehr Wahrnehmungsschleusen öffnen. Durch den Effekt der mental ermüdenden Zivilisationsumgebung (Attention Restoration Theory) sind wir nicht in der Lage, eine erfrischende Sichtweise zu den uns mehr oder weniger bewusst beeinflussenden Sachverhalten unserer

Alltagswelt einzunehmen. Mithilfe der Natur, die „anstrengungslose Aufmerksamkeit“[3]) in uns hervorruft, tauchen Alltagsgeschehnisse vor einem anderen Hintergrund auf. Ja, zum Teil erkennen wir sie überhaupt erst, wenn wir uns in den Einfluss der Natur begeben. Die Natur wirkt als Spiegel, da sie uns zurückwirft, was wir ohne sie nicht imstande sind zu sehen und wahrzunehmen. In jedem von uns schlummern sehr große Potenziale. Diese können wir vielfach erst durch eine aktive Gestaltung von Kontrasten wahrnehmen.

Vieles lässt sich überhaupt nur aus der Distanz betrachten. Das ist das Grundprinzip von Coaching. Wobei der Coach uns durch Fragen den Blick auf uns selbst und unser Tun anbietet und erleichtert. Den Veränderungsprozess initiieren und bewerkstelligen wir dann selbst, indem wir erkennen, wo wir uns selbst im Weg stehen und wo unsere Chancen liegen. Dabei kann der Coach, bei aller Kompetenz und äußerster Zurücknahme seiner Person, nur das spiegeln und verstärken, was ihm individuell möglich ist. Je offener und selbstkritischer wir uns selbst unter die Lupe nehmen und uns unseren eigenen peinlichen Fragen stellen, desto wirkungsvoller können wir uns selbst coachen.

Wie in jedem guten Coaching achtet der Coach auf eine förderliche Umgebung. Die Natur ist da das optimale Setting, denn sie schafft es auf faszinierende Weise und gerade durch ihren Facettenreichtum, ganz spezielle Gefühlsäußerungen und Gedankengänge in uns anzustoßen. Wollen wir unsere Alltagswelt von möglichst entfernter und zugleich stimulierender Warte betrachten, ist die Natur prädestiniert dazu. Sie ist der fernste, der bipolarste Ort zu unserer von Künstlichkeit geprägten Alltagswelt. Im Prinzip also ein hervorragender Coach!

Mit der folgenden Gegenüberstellung von „Alltagswelt“ und dem besonderen Zustand „Allein in der Natur“ biete ich Ihnen Kontraste an, die Ihrer Bewusstseinserweiterung dienen sollen. Vielleicht fallen Ihnen noch weitere Parameter ein?

Alltagswelt	Allein in der Natur
Bekämpfung von Mangel	Erleben von Fülle
Bewältigung von zahlreichen verschiedenen Aufgaben	Bewältigung von Herausforderungen, sonst nichts
Druck	Großzügigkeit
Zeitmangel	Zeit im Überfluss, Zeitbegriff verschwindet
viele Aufgaben	einige Aufgaben mit direkter Wichtigkeit
Angriffe, Konfrontation, Konkurrenz	nur innere Konflikte
ständiger Leistungsbeweis	kein Leistungsbeweis
Daseinszweck: Erfüllen von Aufgaben	kein Daseinszweck
Leben im Außen	Leben im Innen
Energieverbrauch, Energiegewinn bei Leistungsbeweis	Energiegewinn ohne Auflagen
eingeschränktes Sichtfeld	erweitertes Sichtfeld
eingeschränktes Körperempfinden	erweitertes Körperempfinden
allgegenwärtiger Konsum	kein Konsum, nur Sein
Bequemlichkeit, Komfort	„spartanische" Daseinsform
konsumtechnischer Luxus	Luxus Natur
allgegenwärtige Geräusche	Stille

Nicht nur Differenzen erweitern unser Wahrnehmungsspektrum. Gerade auch Parallelen, welche dieselben Fähigkeiten in einem anderen Kontext von uns fordern, ermöglichen uns klarer und wacher zu sehen und wichtige Details zu erkennen. Sie bleiben nur allzu gerne durch unsere Alltagswahrnehmung in gewohnter Umgebung verborgen.

So ist in der Alltagswelt wie auch allein in der Natur jeder souverän, der:

- leistungswillig und leistungsfähig ist
- mit seinen Ängsten umzugehen weiß
- sich auf das für ihn Wesentliche beschränken kann
- konsequent in Ziel, Richtung und Tun ist
- schnell einen „6. Sinn" entwickelt

Haben wir einmal erlebt und verstanden, wie die Natur als Resonanzkulisse und Reflexionsraum – als Spiegel – funktioniert, können wir sie völlig kostenfrei jederzeit nutzen. Wir brauchen dafür nichts und niemanden, wir müssen dazu nichts besonderes können oder glauben. Wir sind unabhängig von den Meinungen anderer und können uns von ihren Einflüssen ein Stück weit befreien. Natur funktioniert bei uns. Einfach weil wir Menschen sind und alle diese Erfahrungen ja schon in uns tragen. Wie gut, das entscheiden wir allein. Indem wir geschehen lassen, welche Gedanken und Gefühle während unseres Aufenthalts in der Natur in uns aufsteigen und sie als echt und wertvoll gelten lassen.

Die Natur funktioniert als Spiegel unserer Einstellungen und Sichtweisen. Mit ihrer Hilfe sind wir in der Lage, unsere festgezurrten Denk- und Handlungsschablonen zu verändern. Die Natur hat noch ein weiteres besonderes Geschenk für uns. Sie zeigt sich in einer schier unendlichen Vielzahl von Gesichtern. Und jedes dieser Gesichter ist Ausdruck eines ganz bestimmten Charakters, der ganz bestimmte Seiten in uns ans Tageslicht zu fördern imstande ist.

21. Welche Landschaft wann und für wen?

Die Pflanzen beeinflussen den Charakter der Menschen, das wussten bereits die Kelten[1]). Sie sind unsere unmittelbaren Vorfahren, deren Hochkultur unser Leben im Heute noch sehr stark beeinflusst. Die Vegetation einer Region ist die Grundlage der dort herrschenden Kultur. Gemeinsam mit den Pflanzen bilden die Menschen eine Einheit. Folglich sind wir bloß Teilwesen, wenn wir ohne engen Bezug zu Pflanzen leben. Nur fehlt uns vordergründig nichts, weil wir es Zeit unseres Lebens nicht anders kennen. Wir können also gar nicht mehr wissen, wozu wir tatsächlich imstande wären. Wieder ein Indiz, wie sehr das Wunder Natur in Vergessenheit geraten ist. In Abhängigkeit der Pflanzenfülle und -arten und der Gesamtausprägung einer bestimmten Landschaft wirkt diese auf uns. Und zwar äußerst speziell. Diese Phänomene können wir als Wirkrichtungen gezielt einsetzen, um Bedürfnisse zu befriedigen, Verstärkungen zu provozieren oder Extreme abzumildern. Was bedeutet das konkret?

Bedürfnisse befriedigen

Empfinden wir unseren Alltag als beengt, strampeln wir uns im täglichen Tun ab, ohne recht zu wissen, wohin das Ganze führen wird oder soll. So tun uns weite Horizonte in Wiesenfluren oder Heiden, am Meer, großen Seen, im hügeligen Land oder Gebirge gut. Wir suchen uns also bewusst eine Landschaft, die uns das gibt, was uns unser Alltag verwehrt.

Sehr oft nutzen wir die Wirkung der Natur erst, wenn es uns nicht mehr gut geht, um uns zu kurieren. Nach einer kurzen Phase des Durchschnaufens verfallen wir in unsere alten Verhaltensmuster und machen wieder so weiter wie bisher. Auf diese Weise werden wir niemals erfahren, wie uns die Natur helfen kann, für uns passendere Verhaltens- und Lebensweisen herauszufinden. Wir dürfen nicht länger den fatalen Fehler machen, erst in die Natur zu gehen, wenn wir nicht mehr weiterwissen. Sondern wir müssen uns regelmäßig in der Natur aufhalten, um, dem Fluss des Lebens entsprechend, ständig kleine, feine Kurskorrekturen vorzunehmen, die unsere Lebensgeschwindigkeit geschickt optimiert. Wir fahren ja auch nicht mit dem Auto stur geradeaus, bis wir uns in einer Sackgasse festgefahren haben und überlegen dann erst, wie wir aus der Misere herauskommen.

Das Leben selbst ist richtungsflexibler und hat keinen fix vorgegebenen Straßenverlauf. Da dürfen wir zu allermeist selbst entscheiden, wo und wann wir abbiegen. Tun wir das nicht, bauen uns unweigerlich andere unsere Route. Dann dürfen wir uns aber auch nicht beschweren, wenn uns die Streckenführung oder der Zielort nicht gefällt.

Extreme abmildern

Wir akzeptieren oder wählen sogar teilweise bewusst einen beengten, hektischen Alltag, der uns Zweck und Ziel nicht wirklich zeigt. Regelmäßig holen wir uns dann in den passenden Landschaften weit blickende, befreiende Horizonte, die unser Bedürfnis nach Ausgleich stillen. So halten wir uns geistig und körperlich fit, kreativ und belastbar. Wenn wir dies konsequent durchziehen, kommen wir gar nicht in die Verlegenheit, uns kurieren zu müssen.

Verstärkungen provozieren

In einer Phase, in welcher wir uns gerade bewusst schonen, auf uns besinnen oder für uns sein wollen, verspüren wir instinktiv Verlangen nach der heimeligen Geborgenheit des Waldes, eines engen Tales, einer Schlucht oder einer Höhle. Wir wollen in diesen Momenten keine weiten Horizonte, da es für uns dort gerade nichts zu entdecken gibt. Blicken wir mit unserem geistigen Auge gerade intensiv nach innen, verstört uns diese Weite, die dann kein herausfordernder Impuls ist, sondern eher bedrohlich auf uns wirkt.

Diese Geborgenheit, diese Innenschau, kann uns helfen, eine Phase intensiver und vielleicht sogar auch schneller zu durchschreiten oder deutlichere Impulse aus ihr zu gewinnen. Wir wissen ja bereits, je kontrastreicher wir unsere

Umgebung gestalten, desto mehr bestimmte Hormone und Botenstoffe schüttet unser Gehirn aus und desto schneller und nachhaltiger lernen wir.

Wir kennen jetzt die drei Wirkrichtungen der Naturlandschaften: Bedürfnisse befriedigen, Extreme abmildern und Verstärkungen provozieren. Wie finden wir nun heraus, welche Landschaft in welchem Moment für uns gerade die richtige ist?

Landschaft entlockt Verborgenes – na, hoffentlich!

Je nachdem, wie wir uns im Moment fühlen, verlangt es uns nach einer bestimmten Landschaft. Wir müssen dieses Verlangen nicht erklären können. Zieht es uns beständig in ein und dieselbe Landschaft, stillen wir damit ein ganz spezielles Bedürfnis, das in uns Ausgleich schafft. Oder es verlangt uns nach einer Verstärkung von Impulsen, die uns in unserem Tun fördern. Haben wir jedoch eine Abneigung gegen eine bestimmte Landschaft, so kann dies wiederum bedeuten, wir wollen einzelne Aspekte unserer Persönlichkeit nicht näher betrachten oder aber, wir haben dort einfach keinen Bedarf zu decken. Was zutreffend ist, erkennen wir selbst, wenn wir uns die notwendige Zeit geben und ehrlich gegenüber uns selbst sind. Verkopfen Sie sich nicht und konstruieren Sie keine Bedürfnisse, wo keine sind. Bleiben Sie entspannt forschend. Sie werden instinktiv wissen, welche Landschaft Sie momentan am besten unterstützt.

Es kann hier keine Bewertung einer Landschaft in gut oder schlecht, förderlich oder hinderlich oder sonst eine einschränkende und polarisierende Klassifizierung geben. Sondern lediglich ein „heute passend und fördernd“ oder ein „heute unpassend und behindernd“. Wo diese Landschaften auf der Erde zu finden sind, spielt keine Rolle. Wir schneiden uns sowieso tief ins eigene Fleisch, wenn wir uns nach fernen Orten verzehren und vor lauter Fernblick nicht wahrnehmen, was direkt vor unserer Haustür an Schätzen zu finden ist. Sie brauchen keine exotischen Plätze, um die Wirkung der Natur auf sich zu erleben und zu nutzen. Denn nicht die Extravaganz eines Platzes ist entscheidend, sondern seine Charakteristik. Vergeuden Sie nicht zu viel Zeit, Energie und Geld mit weiten und aufwendigen Anreisen und umständlicher Logistik. Das ist gar nicht nötig. Das sagt über die Qualität des Platzes rein gar nichts aus.

Mich hat es eine ganze Zeit lang in meinem Leben wie verrückt in weite, leere Landschaften gezogen. Die Wüste, die Tundra, kahle, weitläufige Bergplateaus. Allein beim Gedanken an sie klopfte mein Herz. Es war wohl nötig. Denn ich fühlte unbewusst, dass mein Leben nicht so verlief, wie ich es tief in mir spürte. Ich suchte neue Horizonte und eine ungehinderte Weite, die ich in meinem Alltag nicht finden konnte. Nach wie vor liebe ich diese Landschaften. Mittlerweile ist eine andere Lebenszeit für mich angebrochen und ich stille im Alltag meine Sehnsucht nach grenzenloser Weite. Mich zieht es nun in andere Gefilde. Gerade als ich diese Zeilen schreibe, ist es Herbst. Ich spüre sehr deutlich, wie ein lautes, extrovertiertes Halbjahr sich neigt und die befruchtende Zeit des Jahresausklangs ihren Anfang nimmt. Mir hilft es momentan sehr, durch hochstämmige Wälder zu streifen. In ihrem Schutz behalte ich den Durchblick und kann mich dennoch sehr frei bewegen.

Es gibt nur eines, das bei Ihrer Auswahl der passenden Landschaft entscheidend ist: Ihr Gefühl. Beantworten Sie deshalb die folgende Frage aus dem Bauch heraus und möglichst schnell:

- In welcher Landschaft würden Sie jetzt gerne sein?

Sollte Ihnen auf Anhieb nichts einfallen, können Sie sich diese Frage beantworten:

- Zu welcher Landschaft fühlen Sie sich seit geraumer Zeit hingezogen?

Jede Begründung, warum das so ist, können Sie sich einfach sparen. Versuchen Sie das jetzt und hier während der Lektüre gar nicht erst herauszufinden. Sie würden dann nur mit Ihrer höchst geringen Kapazität des bewussten Denkens Überlegungen zu einer unbewussten Äußerung anstellen. Das können Sie logisch gar nicht begründen. Sobald Sie in Ihrer passenden Landschaft angekommen sind, werden Sie erleben und plötzlich ganz genau wissen, weshalb diese Landschaft die aktuell exakt passende ist. Oder aber Sie werden dort angekommen und nach einer relativ kurzen Zeit der Befriedigung eine gewisse Ernüchterung feststellen. Das kann dann passieren, wenn Sie den Meinungen anderer Menschen oder der Werbung aufgesessen sind.

Können Sie gerade nicht mit Bestimmtheit sagen, wohin es Sie zieht? Es kann durchaus sein, dass Sie im Moment kein Bedürfnis nach einer bestimmten Landschaft haben. Oder Sie haben sich noch nicht damit auseinandergesetzt, inwiefern Ihr Suchen in einer Landschaftsform sein Ziel finden könnte. Wie auch immer. Es kann in keinem Fall schaden, einen Überblick zu bekommen, wie die einzelnen Landschaftsformen überhaupt wirken.

- Ebene
  - frei, ungebunden, grenzenlos, großzügig, offen, klar, leicht
  - repräsentiert Möglichkeiten, Chancen, Flexibilität, Hoffnung, Mut, Träume, Ziele
  - Befreit und öffnet Blick und Herz. Wir erkennen neue Wege. Sie regt uns zum Träumen an.
- karge Ebene
  - wie Ebene, zusätzlich: rein

- Frei von Hindernissen. Bereitschaft zur Schutzlosigkeit; dafür größere Freiheit. Räumt in besonderem Maße unseren Geist auf. Bewegt uns tief.

- Berg
  - frei, weit, groß, ewig, mächtig, kraftvoll, souverän, klar
  - Überblick, Abstand, Größe, Träume, Zusammenhänge, Weisheit, Ziele
  - Erspähen neuer Horizonte. Herausforderungen erkennen, abwägen und annehmen. Rückschau mit konstruktivem Abstand. Überblick und Größe bei gleichzeitiger Demut. Kräfte tanken.
- Meer und See
  - ewig, rhythmisch, tiefgründig, mächtig, kraftvoll, ausgleichend, lösend
  - Chancen, Kraft, Weisheit, Dominanz, Vertrauen, Hoffnung, Mut, Träume, Ziele
  - Regt die Gedanken an und erfrischt sie. Durch die Bewegungen des Wassers erkennen wir Parallelen zu den Herausforderungen unseres Lebens. Bewältigungsstrategien entstehen. Unendlichkeit, Ewigkeit und unsere Zugehörigkeit zu dieser. Kräfte tanken.
- Fluss und Bach
  - bewegend, spielerisch, stetig, nährend, facettenreich, üppig, lösend, meisternd
  - Prägung, Quell, Grenze, Bewältigung, Alternativen, Parallelen, Vertrauen

Das Wesen des Wassers, das uns im Moment am meisten zusagt, sagt sehr viel über unseren aktuellen Gemütszustand aus. Fühlen wir uns an einem reißenden, strudelnden Bach oder Fluss wohl, so erleben wir unsere aktuelle Welt ebenso aufwühlend, bewegt, sich ändernd. Oder aber wir wünschen uns Veränderung. Genießen wir das sanft schwappende Wasser ans Ufer, sind wir innerlich ausgeglichen und ruhig oder aber wir sehnen uns nach mehr Ruhe und Ausgeglichenheit. Hier hilft uns die längere Betrachtung des Wassers und dadurch das Loslassen von Gedanken, Sorgen und Ängsten.

- Wald, enges Tal, Schlucht und Höhle
  - nährend, fruchtbar, konstant, dominierend
  - bietet Geborgenheit, Schutz, Konzentration, Nähe, Fülle, Besinnung, Kraft, Führung
  - Üppigkeit und immerwährende Fülle. Rückzug auf sich selbst. Beschränkter Blick fördert die Besinnung. Konzentration auf Wesentliches. Kräfte sammeln.
- Besondere Landschaftsformen:
  - vielgestaltige Landschaft

    Mit Baum- und Gehölzgruppen durchsetzte offene Landschaft mit einem Bach oder kleinem See. Seit Urzeiten ist sie die optimale Landschaft für uns Menschen, weshalb sie sich der größten Beliebtheit erfreut. Sie bietet Jagd- und Sammelmöglichkeiten zusammen mit Wasseranschluss, und Feinde können sich nicht so leicht anschleichen.[2])

    Sie beinhaltet einige Elemente der Landschaftsformen und stillt gleichzeitig mehrere Bedürfnisse.
  - Insel

    Sie ist eine Landschaftsform, die sehr viele Elemente und damit Wirkungsweisen der anderen Landschaftsformen in sich vereint.

    Schutz, Rettung, Flucht, Isolation, Freiheit, Unabhängigkeit, Überblick, Begrenzung

    Haben Sie das Bedürfnis nach dem „Gefühl Insel", müssen Sie nicht erst in die Karibik. Für die Insel zwischendurch, am Abend oder am Wochenende gibt es zumeist ums Eck inspirierende Fleckchen, wie etwa:
  - Die Waldlichtung: sie ist der Lichtpol inmitten des brandenden dunklen Waldes

- Der Flurbaum: er steht unbeeindruckt inmitten weiter Felder und Wiesen
- Die Gehölzgruppe: ein wahres Geheimnis allein auf weiter Flur
- Die Flussinsel: wie klein sie auch sein mag, weitgehend naturbelassene Flüsse und Bäche haben Inseln
- Die Flussschleife: wenn auch nicht vollständig, so vermittelt sie doch gut das Inselgefühl
- Der Findling: liegt schweigend und unbewegt und bietet häufig einen ganz eigenen Blickwinkel

Auf welche ganz eigene, spezifische Art jede Naturlandschaft unsere Stimmungslage beeinflusst, wie sie unsere Sichtweise auf die Dinge lenken und zum gedanklichen Durchbruch verhelfen kann, haben wir soeben erfahren. Diese Unterstützung entfaltet sich allerdings nur vollständig, wenn wir uns allein in der Natur aufhalten. Sie dürfen gespannt sein, hier verbirgt sich ein Erfahrungsschatz, der allein schon ein vergessenes Wunder ist.

22. Der Schlüssel zur Natur: Alleinsein

„Zur Selbsterkenntnis und rechten Weltauffassung ist es heilsam, wenn man einmal außerhalb seines gewohnten Lebenskreises steht und in der Studierstube der Natureinsamkeit einmal nachdenkt."[1]) Auch Peter Rosegger war sich des Potenzials, das die Natur bei der Selbstreflexion und beim Begreifen großer Zusammenhänge haben kann, bewusst.

Der Schlüssel zur Natur ist zugleich der Schlüssel zur tiefsten Dimension unseres Selbst. Im Alleinsein da draußen nehmen wir zum einen die Natur selbst umfassender, intensiver und weitaus eindrücklicher wahr und zum anderen schließt dieses Schauen, Erleben und Staunen eine im Alltag unsichtbare Kammer unseres Selbst auf. Wir erschließen uns zwei Wunder mit einem Schritt: die Natur und unser tiefstes Inneres.

„Allein?“, werde ich oft gefragt. Warum gerade allein? Es ist doch so schön und regt auch die Kommunikation an, wenn wir die Natur mit unserem Partner oder einem guten Freund erleben. Beschwingt durch den gemeinsamen Gang und beflügelt durch die kleinen und grandiosen Entdeckungen am Wegesrand, gleitet es sich hervorragend durch viele Themen. Besonders leicht fließen die Gedanken rund um die eigenen und gemeinsamen Ziele, Wünsche, Träume, Hoffnungen. Wir erleben uns selbst im anderen und dieser in uns. Mutter Natur entlockt Verborgenes. Umweht und beseelt unaufdringlich mit unsichtbaren Fäden, doch unaufhaltsam mit ihrer strotzenden Kraft.

Eine unbestreitbar schöne und wertvolle Erfahrung, die wir so oft als möglich machen sollten. Sie verbindet uns auf eine ganz besonders wertvolle Weise mit unseren wichtigsten Lebensbegleitern. Sie verleiht uns Energie für schwere Zeiten und die ständigen Herausforderungen des Alltags. Oft schenkt sie uns jenes letzte Quäntchen an Kraft, das uns durchhalten lässt und uns zum Durchbruch verhilft. Wohl auch, weil wir wissen, da gibt es jemanden, der in Gedanken mit uns ist, der sich mit uns freut und den wir nicht enttäuschen möchten. Dieses sich gegenseitige Befeuern allein durch konstruktiven Austausch bringt uns jedoch nur zu einem ganz bestimmten Punkt in unseren Entscheidungen und unserer Entwicklung. Gewisse Fragen uns selbst betreffend stellen wir uns nur, wenn wir allein sind. Wir können sie auch nur im Alleinsein beantworten. Gewisse Sichtweisen und Erkenntnisse haben wir nur im Alleinsein und verstehen sie nur im Alleinsein. Der Schlüssel zur Natur ist gleichzeitig der Schlüssel zur tiefsten Ebene unseres Selbst.

Jeder Begleiter, ob Mensch oder Tier, bindet viel zu viel Aufmerksamkeit, als dass sich die Wirkung der Natur auf unsere Empfindungen und Gedanken voll entfalten könnte. Meiner Erfahrung nach schätze ich, dass lediglich zehn Prozent der Erlebensintensität möglich ist, wenn wir die Natur in Begleitung besuchen. Eine Vielzahl von Eindrücken mit besonders hoher Intensität ereilen uns nur, wenn wir allein sind.

Wie wenig ich von der Natur mitbekomme, sobald ich mit jemand anderem unterwegs bin, wird mir regelmäßig auf meinen Einzelgängen bewusst. Egal wie still und aufmerksam meine Begleitung auch sein mag. Allein nehme ich viel mehr und intensiver von der Natur wahr. Allein nehme ich viel mehr von mir selbst wahr. So ist es uns einfacher, umfassender und tiefgreifender möglich, auf uns selbst lenkend einzuwirken. Durch das Alleinsein werden erst die Mechanismen der Natur in Gang gesetzt, die den umfassenden Disput mit uns selbst auslösen. Durch diese beständige Konfrontation reiben wir uns an uns selbst und zwingen uns selbst immer wieder zu einem ehrlichen Blick in die eigenen Augen. Es ist unmöglich, eine klare Trennung zwischen dem betrachtenden Erleben der Natur und der eigenen Innenschau zu ziehen. Denn alles, was wir dort draußen erleben und so, wie wir es auf uns wirken lassen, ist eine Projektion unseres Inneren. Sehr flach und nüchtern, die offensichtlichen Fakten darstellend oder eben voll Weisheit und tiefem Glück.

Alleinsein – eine Medizin, die die Welt verändert

Weshalb ist das gerade im Alleinsein so? Weshalb ist menschenleere Natur gerade dafür so hilfreich? Der Mensch ist doch ein höchst soziales Wesen, das ohne den intensiven Austausch mit anderen nicht lebensfähig ist. Das haben wir bereits im Kapitel „Hospitalismus: Ist Krankheit mittlerweile normal?“ erfahren. Weshalb soll dann gerade das Für-sich-Sein fernab jeglicher Menschen so wichtig sein? Wie kommt Peter Rosegger auf Aussagen wie diese: „Alles Große, das Menschen je geleistet, geht aus der Einsamkeit, aus der Vertiefung des geistigen Schauens hervor.“? Wieso schreibt man Leonardo da Vinci im Codex Ashburnham zu: „Wenn du allein bist, wirst du dir ganz gehören.“ Weswegen wurden alle Weltreligionen der Überlieferung nach von Menschen gegründet, die davor eine gewisse Zeit allein in der Natur verbracht hatten, um dort zu meditieren? Egal, ob der Prophet Elija, Siddhartha Gautama, Jesus oder der Prophet Mohammed, sie alle zogen sich in die Einsamkeit zurück, um danach ihre Visionen unter ihren Mitmenschen zu verbreiten. Dieses Allein-in-die-Natur-Gehen ist eine Medizin, die seit Urzeiten von den Menschen angewendet wird. Erstaunlich passgenau fügt sich die weltweite Verbreitung, auch heute noch bei den sogenannten Naturvölkern oder First Nations. Es scheint etwas sehr Gewaltiges darin zu liegen, in der Einsamkeit der Natur zu verharren und daraus einen Gewinn für sich und für andere zu erzielen. Etwas ganz besonders Kostbares für sich zu tun, was in dieser besonders privilegierten Form bei Weitem nicht jedem gestattet und möglich ist. Das Alleinsein weder als Strafe noch als Prüfung zu betrachten, sondern als Privileg. Das Vorrecht, einen kleinen Teil der Welt ganz für sich zu haben und dabei ganz mit sich allein zu sein. Die Möglichkeit nutzen zu dürfen, in sich zu schauen und das Beste freizusetzen.

Die Gründer der großen Religionen haben bewiesen, dass in der Einsamkeit in einem Naturraum ein mächtiges Instrument verborgen liegt. Ein wahres Wunderwerkzeug, das wir vergessen zu haben scheinen. Auch wenn wir nicht gleich eine Religion begründen wollen, können wir den offensichtlich besonders hohen Wert der Konfrontation mit uns selbst in der Natur erkennen. Die Religionsbegründer haben das nicht erfunden. Sie haben getan, was zu ihrer Zeit üblich war, wenn man besondere Erkenntnisse erlangen wollte. Die Druiden, die spirituellen Lehrer unserer keltischen Vorfahren, verbrachten gut 20 Jahre eremitisch und unter ihresgleichen in den Wäldern. Fernab von jeglicher Gesellschaft bereiteten sie sich auf ihr Wirken für die Menschen vor. Erst danach wurden sie und mit ihnen ihre speziellen erworbenen Fähigkeiten wieder in die Gemeinschaft integriert. Das wird wohl seinen Grund gehabt haben. Viele Heilmethoden aus jener Zeit werden heute wiederentdeckt. Sie erweisen sich als weitaus umfassend-wirkungsvoller als schulmedizinische Methoden.

Die Wirksamkeit dieser Medizin muss heute noch größer sein als zu jeder Zeit zuvor. Denn ein Teil ihrer Wirkungsweise ist schlicht auf den Tapetenwechsel zurückzuführen. Unser Alltag ist heute so weit von der Natur und der gefühlten Verbindung mit ihr entfernt wie noch nie. Unsere abendländische Gesellschaft hat keine kollektive tiefe Spiritualität, die festen positiven Halt gibt. Die allgemeine Lebensgeschwindigkeit war noch nie so hoch, das Leben noch nie so komplex und sich verändernd und deshalb noch nie so krass anders als jene der gemächlich pulsierenden Natur. Die Komplexität der modernen Welt bedarf nach Einfachheit und Reduktion, um klare Gedanken fassen zu können und die eigene Stimme deutlich zu vernehmen. Die eigene Positionierung zu Themen, Sachverhalten und Personen finden zu können. Unsere heutige Zeit verlangt mehr denn je nach Sammlung und Kraftschöpfen in Einsamkeit und Natur. Nur so ist es möglich, seine Schritte konsequent, zielgerichtet und vor allem stimmig für sich selbst zu setzen. Mit einer vergleichsweise kurzen Zeit des Alleinseins in der Natur prägen wir die Folgezeit und können diese umso effektiver und effizienter in unserem Sinne gestalten.

Es ist leicht, unsere Schritte hinaus in die Natur zu lenken. Was dann folgt, ist jedoch häufig alles andere als leicht. Wir müssen es schon wirklich wollen, uns mit unseren echten, tiefen Bedürfnissen zu konfrontieren. Dabei sicher auch das ein und andere Unbequeme zu erfahren, über das es in Gesellschaft und Trubel so leicht ist, hinwegzusehen. Verbunden zwar mit der Chance, seine begrenzten Kräfte auf das wirklich Wichtige zu lenken, doch eben auch erkauft mit Abstrichen ans Gewohnte. Das schmerzt. In archaischen Gesellschaften der Naturvölker war und ist es für jeden selbstverständlich, mehrmals im Leben ein paar Tage völlig allein zu verbringen. Und zwar immer dann, wenn Veränderungen bevorstehen oder stattgefunden haben. Wie zum Beispiel Pubertät, Berufswahl, Partnerschaft, Krankheit, Nachwuchs, Trauer, Neuorientierung. Immer dann, wenn der Mensch spürt, nicht mehr in seiner Mitte zu sein. Also dann, wenn ihn etwas aus dem Gleichgewicht bringt. Ihn etwas so kognitiv, emotional oder auch körperlich beschäftigt, dass er sich eine gewisse Zeit intensiv damit auseinandersetzen muss.

In unserer modernen Gesellschaft ist es leider nicht mehr üblich, so etwas bewusst zu tun, solange noch alles im grünen Bereich ist. Ja, es ist geradezu verpönt. So schick ist es, keine Zeit zu haben. Doch berühren gerade diese Zeiten des ungestörten Alleinseins unser tiefstes Inneres. Die Natur ist absolute Reduktion, sie ist der Urzustand. In ihr sind wir an unserer Basis. Wie selbstverständlich fahren wir zur Erholung ans Meer, an einen See oder in die Berge. Hinter dieser gewöhnlichen Vorgehensweise zur Erholung verbirgt sich eine weitere, viel gewaltigere Dimension, die wir mit der Zeit offensichtlich schlicht verdrängt haben. Obwohl sie von den größten Einflussgebern aller Zeiten bewusst und systematisch angewendet wurde, haben wir es bis jetzt nicht für nötig empfunden, uns der Mächtigkeit dieses Instrumentes „Alleinsein in der Natur“ konsequent zu bedienen. Und zwar nicht erst dann, wenn es schon beinahe zu spät ist und wir nach Erholung und Ruhe lechzen, sondern regelmäßig in den Alltag eingebunden, um die kräftigende und inspirierende Wirkung noch besser zu nutzen und uns aktiv im Lebensfluss zu halten. Womöglich liegt es daran, dass Fortschritt bisher immer in der weitestgehenden Unabhängigkeit von der Natur definiert wurde. Wir haben also einfach verlernt, die Natur zur Unterstützung von Denk- und Fühlprozessen überhaupt in Erwägung zu ziehen. Mittlerweile wird uns sehr langsam unsere einseitige Blickrichtung bewusst. Wir beginnen, zur Lösungsfindung zögerlich Richtung Natur zu blicken.

Das Beste ist gerade gut genug

Weshalb muss es denn gerade das Alleinsein in der Natur sein? Genügt es nicht, sich zu Hause zurückzuziehen? Jeder Ort beeinflusst uns. Zu Hause allein in unserer gemütlichen Stube sind wir anders, verhalten wir uns anders und fühlen wir uns anders als allein im Büro, allein im Kloster. Jede Umgebung beeinflusst uns. Eine Wüste lässt uns anders auf uns selber blicken als ein üppiger Tropenwald. Am Meer erkennen wir andere Seiten in uns als auf einem Berg. Und doch sind all diese Orte die Reinstform der Umgebung, die überhaupt für uns möglich ist. Einfach, weil sie nicht vom Menschen gemacht sind. Um sich selbst, Ihre innere Stimme, zu hören, können Sie hingehen, wo immer Sie meinen, es wäre das Beste für Sie. Gerne wird zu solchem Zwecke ein Kloster besucht. Doch bedenken Sie, ein Kloster wird Sie in Ihrer Gedanken- und Gefühlsführung beeinflussen, Sie werden dort nie Ihre absolute Reinkultur erleben.

Ob ein einsamer Leuchtturm, die Türmerstube eines Doms, ein altes Gefängnis, eine Berghütte, eine Fischerhütte, ein Boot vor Anker … Sie alle beeinflussen uns, ob wir das wahrhaben wollen oder nicht. Sie beeinflussen uns mit Menschenaura. Denn an diesen Plätzen haben Menschen gearbeitet und gewohnt. Sie haben durch ihre Anwesenheit dem Ort etwas verliehen, das dem Ort auf immer innewohnt. Auch wenn man daran nicht glauben mag, so beeinflusst uns ein Leuchtturm, weil ein Leuchtturm mit seiner ganz eigenen Schwingung in jedem von uns andere Stimmungen hervorruft. Gehen wir in diesen Leuchtturm, sind wir für die Zeit dort bereits vorgeprägt. Das kann förderlich oder abträglich sein. In der Natur ist das genauso, nur eben ohne menschliche Attribute. Nur mit solchen, die wir selbst mitbringen. Die Natur in Reinkultur existiert nur da, wo nichts Menschengemachtes ist.

Unterschätzen Sie Ihre Umgebung niemals! Sie beeinflusst Sie. Immer. Seien Sie anspruchsvoll und lassen Sie nur das Beste an sich heran. Wir sind alle besondere Rohdiamanten und sehnen uns nach unserer fertigen Endform. Nur wissen wir nicht, dass sie nie fertig sein wird. Am liebsten hätten wir sie, ohne je einen Finger dafür krumm machen zu müssen. Wir lieben es, nichts an dieser Form zu verändern und sind gleichzeitig äußerst unglücklich, wenn sie sich nicht zu ihrer Idealform hin verändert. Das macht uns krank. Legen wir Hand an sie, tut es weh. Wir hassen das. Empfinden jedoch eine tiefe Befriedigung dabei, wenn wir wieder ein hinderliches Stück abgeschlagen haben. Dann fühlen wir uns ausgesprochen stark und vital. Mit welchen Werkzeugen wir an uns arbeiten, entscheiden wir selbst. Je zielgerichteter wir sie einsetzen, desto schöner, da markanter werden unsere Ecken und Kanten. Wir sollten immer bedenken: an unseren Ecken und Kanten stoßen sich nur die Menschen, die für uns irrelevant sind. An unseren Ecken und Kanten bleiben aber die für uns wichtigen Menschen hängen. Je besser wir unsere Ecken und Kanten ausprägen, desto leichter finden die richtigen Menschen an ihnen Halt und bleiben hängen. Wählen Sie für diese wichtige Arbeit nur die edelsten

Werkzeuge und Techniken. Geben Sie sich nicht mit einfach zu erlangenden und angeblich leicht und schnell wirkenden Werkzeugen zufrieden. Solche gibt es nicht und nützen nur dem, der sie verkauft. Die elementarsten Werkzeuge haben eines gemeinsam: sie kommen aus uns selbst. Sie zeigen sich in zwei Zuständen. Geben und Erhalten. Wir geben Liebe, Freude, Aufmerksamkeit und Anerkennung. Wir erhalten im Gegenzug das Alleinsein. Im Alleinsein finden wir zunächst uns selbst und dann das, was wir der Welt geben können. Auch wenn wir uns winzig und schwach fühlen und mit bloßen Händen dastehen und nicht wissen, wie wir das bewerkstelligen sollen. Wir erlangen die Kraft, indem wir sie geben. Wir sollen nicht fragen, woher die Kraft kommen wird. Die Kraft ist da, sobald wir sie geben.

Es ist in etwa so, wie bei den eigenen Kindern. Für sie haben wir häufig keine Kraft und dennoch haben wir sie. Dennoch geben wir für sie und wissen häufig gar nicht, wie wir das geschafft haben. Und trotzdem ermüden uns unsere Kinder nicht. Sie allein können uns nicht ausbrennen. Sind sie auch nur einen Tag weg, haben wir Sehnsucht nach ihnen, egal wie viel Energie sie uns zuvor gekostet hatten. Im Gegenteil, sie machen uns stark, unglaublich stark. Wenn wir erkennen, was wir durch sie bekommen, erhalten wir mehr, als wir ihnen je geben können.

Das Beste entfesseln

Tief in uns drin wissen wir, wie besonders wir sind. Dieses Besondere wird nur allzu leicht und angenehm von Tausenden Dingen, dem Geschwätz, dem Neid, dem Streit, der Ruhmsucht verschüttet. Einmal fragte mich ein lieber Kollege, weshalb ich denn meinen guten Job an den Nagel hinge. „Du hast doch ein schönes Leben hier." Ich sagte: „Ich will kein schönes Leben. Ich will mein Leben." Wir nehmen allzu gerne ausschließlich die äußeren Umstände als Gradmesser für Erfüllung und Glück. Sie sind lediglich Ausdruck dessen, was in uns zuvor gereift ist. Die Umstände können uns per se auf Dauer keine Befriedigung geben. Das können wir nur selbst. Die Umstände können uns allerdings in unserem Fortschreiten behindern. Dann ändern wir sie eben, bis sie wieder zu unserem inneren Ausdruck passen und ihn unterstützen.

Aus der Natur kommt niemand, wie er in sie gegangen ist. Dabei geschieht nichts mit uns, was wir nicht selbst wollen, was nicht ohnehin schon tief in uns schlummert. Die Natur hilft uns, uns entsprechend unserer Natur zu entwickeln. Sie ist ein ausgesprochen scharfes und wirksames Werkzeug. Persönlichkeitsentwicklung geht in ihr schneller und klarer. Das kann einem Angst machen. Nicht jeder hat das offensive Bedürfnis, sich selbst ungeschminkt tief in die Augen zu blicken. Womöglich Gefürchtetes zu erkennen und die Konsequenzen der Veränderung zu tragen. Betrachten Sie es als Geschenk, sich Ihrer Natur, Ihres tatsächlichen Wesens entsprechend entwickeln zu dürfen. Denn Natur ist pure Reinheit. Hier können wir ungestraft und risikolos alles ablegen, was nicht tatsächlich zu uns gehört. Völlig unbeobachtet.

Vielleicht gruselt Sie es allein bei dem Gedanken daran, draußen im Wald allein zu sein. Das ist normal, weil es neu ist. Vor allem Neuen haben wir auch Angst, da wir nicht wissen, was es mit uns tun wird. Wir wissen nur, unsere Sicht auf die Welt ist hinterher irreversibel anders. Selbst gewähltes Alleinsein für einen ebenso selbst gewählten Zeitraum ist an sich schon sehr exklusiv. Alleinsein in der Natur ist eines der luxuriösesten Güter der Welt. Das will nicht jeder, das versteht nicht jeder. Diese höchst wirksame und einst kollektiv genutzte Medizin ist über die Jahrhunderte zu einem Geheimrezept avanciert. Wir meinen so oft, tun wir Gutes für unseren Körper, dann tun wir Gutes für unser

Wohlbefinden. Effektiver ist es umgekehrt: Tun wir etwas für unser seelisch-geistiges Wohlbefinden, fühlt sich unser Körper automatisch gesund und kraftvoll.

Vielleicht macht Ihnen meine folgende Erfahrung noch mehr Lust, auf Entdeckungsreise in die Natur zu gehen. Alleinsein in der Natur ist beileibe keine rein harte und selbstgeißlerische Angelegenheit im schattigen Tal der Melancholie. Nach unterschiedlicher Zeitdauer da draußen habe ich meine Alltagswelt völlig hinter mir gelassen. Es ist, als wäre ich durch eine Schleuse getreten. Dann fühle ich mich völlig losgelöst von der Welt und gleichzeitig auf das Innigste mit ihr verbunden. Und dann taucht regelmäßig ein unsagbar schelmischer Typ auf, der über alles und am tüchtigsten über sich selbst lacht. Es ist ein Heidenspaß, mit mir selbst dort draußen zu sein. Die verrücktesten Ideen kommen und gehen. Mitunter singe ich lauthals für gefühlte Stunden und denke mir im Stegreif aberwitzige Texte aus. Nüchtern betrachtet, beschert mir mein Gehirn eine Extradosis Dopamin. Natur und Alleinsein wirkt so einzigartig wie nichts anderes. In Gesellschaft bin ich auch kein Kind von Traurigkeit, nur diese Heiterkeit da draußen ist eine ganz andere, eine besondere.

Ja, ich empfinde diese Medizin als so wirkungsvoll, ich würde jedem jährlich ein paar Tage da draußen verordnen – natürlich allein. Und umso mehr, je mehr Verantwortung jemand für andere trägt. Sei es in der Politik oder der Wirtschaft. Ich bin überzeugt, erst was wir im Alleinsein in echter Einsamkeit vollbringen, ist wirklicher Ausdruck unserer eigenen Fähigkeiten und Möglichkeiten. Es ist an sich so unglaublich einfach. Wir können uns sehr viele aufwendig zu erlernende Mentaltechniken und Entspannungsübungen ersparen, wenn wir es zulassen, die Natur auf uns wirken zu lassen. Wir können es. Nur hingehen müssen wir.

Aus der Natur kommt niemand, wie er in sie gegangen ist. Seien Sie gespannt, es lohnt sich.

Gönnen Sie sich diesen Genuss – Sie können das

Auch wenn Sie jetzt immer noch Vorbehalte vor dem Alleinsein in der Natur haben. Einfach weil Sie es sich – noch – nicht vorstellen können. Seien Sie davon überzeugt, Sie können das. Wagen Sie sich diesen neuen Schritt vor und Sie werden Erstaunliches feststellen. Nach einigen Momenten der Unruhe, des Unwohlseins, ja der Angst, vielleicht sogar des Ärgers werden Sie ganz sachte beginnen, Ihr Alleinsein in der Natur zu genießen.

Nehmen Sie konzentriert wahr, was um Sie geschieht. Hören Sie auf den Ruf eines einzelnen Vogels. Hören Sie genau hin, wie der Wind durch Äste streicht. Sehen Sie sich das Spiel des Lichts in den Blättern an. Riechen Sie ganz fein, was durch die Luft strömt. Nehmen Sie bewusst Ihre Atmung, vielleicht sogar Ihren Herzschlag wahr. Und bleiben Sie einfach eine Zeit lang in diesem wohligen, achtsamen Zustand. Achtsam gegenüber dem, was um Sie herum geschieht und achtsam gegenüber sich selbst.

Verharren Sie dazu an einem Ort, bis zu dem Sie sich mit nur geringer Angst vorwagen können. So sind Sie sicher, jederzeit zurückzukönnen. Tasten Sie sich so Schritt für Schritt vor und gewinnen Sie Sicherheit. Damit erweitern Sie nach und nach Ihren Aktionsbereich und fühlen sich zunehmend wohl.

Beginnen Sie mit einfachen, ungefährlichen Landschaften, für die Sie keine besonderen Fähigkeiten brauchen. Ihre Fähigkeiten werden sich entwickeln, je häufiger Sie draußen sind. Wenn ich mit Betonung schreibe, wir Menschen sind befähigt, in der Natur zu sein, einfach weil wir Menschen sind, so ist dies eine globale Aussage für die Gesamtheit der Spezies Mensch. Die Fähigkeiten jedes Einzelnen kann diese Aussage nicht beschreiben. Schon gar nicht unumschränkt für jede Landschaft zu jeder Tages- und Nacht- oder Jahreszeit. Sobald physikalische Bedingungen auftreten, die einen Organismus schädigen können, sind wir davon ausnahmslos betroffen. Ich kann deshalb keinerlei Haftung für jegliches Tun übernehmen. Jeder, der sich in die Natur begibt, ist für sein Tun vollumfänglich selbst verantwortlich. Die in diesem Buch beschriebenen Vorgehensweisen sind Möglichkeiten, die jeder nach eigenem Ermessen ausführen muss.

Lassen Sie sich von einer Person Ihres Vertrauens begleiten. Diese Person geht mit Ihnen bis zu Ihrem ausgewählten Platz und holt Sie von dort zur vereinbarten Zeit wieder ab. So verschaffen Sie für sich ein großes Maß an gefühlter und tatsächlicher Sicherheit, was die fördernde Wirkung der Natur durchaus unterstützen kann.

Ist es nicht höchst interessant? Der Schlüssel zu sich selbst ist das Alleinsein. Genauso wie der Schlüssel zur Natur. Es gibt für unser Glück, für unser Selbstverständnis entscheidende und sehr wichtige Bereiche in uns und der Welt, die wir nur mit uns selbst entdecken können. Es existiert außerhalb der Welt des zwischenmenschlichen Seins und Kommunizierens noch eine viel größere und weitere Welt.

23. Natur intensiv: neu erlebt, neu genutzt

Wollen wir die Natur mit ihrer gesamten Wirkung erleben, müssen wir sie auch ganz an uns heranlassen. Ein Spaziergang durch Park und Wald ist die gängigste Methode, sich aktiv in die Natur zu begeben und sie bewusst auf sich wirken zu lassen. Für gewöhnlich tun wir dies mit unserem Partner, Freunden und Vereinskameraden. Wir übernehmen diese Praxis von unseren Eltern und anderen Vorbildern. So erleben wir Natur auf übliche Weise mit folglich üblicher Wirkung. So weit, so gut. Wer dies regelmäßig tut, ist vielen Landsleuten, was Erholung, Bewegung und Gesundheitsförderung betrifft, weit voraus.

Wir wollen jedoch mehr Nutzen aus der Natur ziehen als üblich und gängig. Auf die eben beschriebene Weise praktiziert, dient die Natur als Kulisse. Ihre volle Wirkung kann sich nicht entfalten. So, als säßen wir im Kino und behaupteten nach dem Film, wir seien tatsächlich am Drehort gewesen. Wir empfinden Erholung und kreative Bereicherung eben genau in der Tiefe, wie uns ein Kinobesuch für wenige Stunden in eine andere Welt entführt. Und wir danach für mehr oder weniger lang tatsächlich beseelt von den Eindrücken sind. Ein wenig erstaunt bin ich schon von der allgemeinen Genügsamkeit, was echte Natur anbelangt. Hier vermisse ich das ständige Streben nach immer besser, immer toller, immer exklusiver usw. ... Hier reichen uns offensichtlich die ärmlichsten Verhältnisse, Masse statt Klasse, Stangenware, Low Budget.

Größere Tiefe und einen dadurch resultierenden nachhaltigeren Nutzen trauen wir dem Aufenthalt in der Natur gar nicht zu. Das ist sehr schade, denn der wirkliche, große Naturnutzen erschließt sich uns erst dann, wenn wir allein in echter Natur sind. Und zwar für geraume Zeit.

Lassen Sie sich nicht aufhalten

Halten Sie sich nicht lange mit zeitlich und finanziell aufwendiger Anreise und Reiselogistik auf. Und verschwenden Sie nicht Ihre ohnehin knappen Zeit- und Energieressourcen bereits, bevor es überhaupt losgegangen ist. Sie brauchen keine exotischen Orte auf der anderen Seite der Erde, um die Natur für sich zu erleben. Sie brauchen keine extravaganten oder waghalsigen Unternehmungen, um in der Natur unterwegs zu sein. Wenn Sie das für sich brauchen, bitte gerne. Doch um die Natur zu erleben und für sich Schlüsse zu ziehen, brauchen Sie das nicht. Es besteht bei intensiven körperlichen Belastungen sogar die Gefahr, im Rausch der körpereigenen Drogen die Welt mit verklärt-euphorischem Blick zu sehen, um dann nach Rückkehr Ernüchterung zu erleben. Verausgaben Sie sich, wie Sie wollen. Das hilft sehr, herunterzukommen, sich vom Alltag abzureagieren, emotionale Distanz zu ihm herzustellen und sich auf Neues einlassen zu können. Nur nehmen Sie sich auch Zeit und Muße, in aller Stille anzukommen und zu spüren. In der Ruhe liegt auch hier die Kraft. Es erwarten Sie Schätze, die Sie nur in der Ruhe finden können. Schätze, die Ihre Sinne schärfen und Ihre Wahrnehmung bereichern.

Der Killer Nr. 1 echten und tiefen Naturerlebens ist unsere erworbene Fähigkeit, nicht mehr nichts tun zu können. Die Ursache ist schnell erklärt: gefangen in der Hamsterradhektik des Alltags ist es mittlerweile für viele gar nicht mehr möglich, das Gefühl aushalten zu können, untätig zu sein. Permanentes Tun ist zum Normalzustand geworden. Dieser Zustand ist für den Menschen in Krisenzeiten normal und sehr hilfreich. Dauert er über einen längeren Zeitraum an, wird der Mensch krank. Ohne Hilfsmittel nicht mehr „runterkommen" zu können, müsste als eigenständige Krankheit diagnostiziert werden. Denn dieser Zustand ist die unweigerliche Vorbereitung des später zutage tretenden Burn-outs, von Depression etc. Als Hilfsmittel werden fatalerweise zumeist Stoffe genutzt, die ein schleichendes Suchtpotenzial in sich tragen: Alkohol, Nikotin, Canabis usw.

Es gibt ein Hilfsmittel, das uns in optimaler Weise „runterkommen" lässt, weil sein Charakter, seine Grundgeschwindigkeit unserem eigenen Charakter, unserer uns eigenen Grundgeschwindigkeit entspricht. Begeben wir uns in die Natur, wirkt sie auf uns, wie jede Umgebung direkt auf uns wirkt. Ob wir das bewusst wahrnehmen oder nicht. Die Wirkung ist da und beeinflusst uns sofort. Bis wir das bewusst wahrnehmen, dauert es meist einige Zeit. Je geübter wir sind, diesen Einfluss an uns heranzulassen, desto schneller geht es. Diese „Schwingung" der

Natur überträgt sich auf uns. Es ist in der Natur wesentlich einfacher abzuschalten als etwa in einem Gebäude. Viele Entspannungstechniken machen leider wenig Sinn, weil sie in derselben Umgebung angewandt werden, in der wir auch unter High-Speed arbeiten. So – Fingerschnipp –, wirke! Das geht grundsätzlich nicht. Wer die Wirkung der Natur noch nie bewusst erlebt hat, wird enttäuscht sein, wie lange es unter Umständen dauert.

Wir gelangen in völlig andere Bewusstseinszustände, wenn wir uns der Natur anvertrauen und uns ihr ganz hingeben. Ohne etwas Bestimmtes zu tun. Einfach nur sein. Dann nimmt eine besondere Form der Produktivität ihren Gang – die Produktivität der Gedanken. Sie brauchen dafür nur ein bisschen Wald, ein bisschen Heide, ein bisschen See, ein bisschen Meer, einen kleinen Berg. Natur ist sehr einfach und kostengünstig zu bekommen, und wir brauchen für ein echtes sattes Naturerlebnis nicht mehr Zeit als für einen Einkaufsbummel.

Da Sie ohnehin allein unterwegs sind, müssen Sie lediglich auf zwei Dinge achten, um die Natur auf intensivste Weise neu erleben und nutzen zu können:

- Möglichst nichts Menschliches im Umkreis
  Keine Straße und kein Straßenlärm, kein Zug, keine Überlandleitung, kein Windrad usw. Fluglärm lässt sich selten planvoll ausschließen, er sollte jedoch nur sporadisch auftreten. In Summe heißt das: Sie werden das letzte Stück zu Fuß an diesen Ort gehen müssen.
- Für eine gewisse Zeit
  Mit schnell, schnell läuft hier gar nichts. Ein paar Stunden sollten es wenigstens sein. Zum Einstieg sind zwei Stunden meist schon sehr beeindruckend. 12 Stunden non stop in der Natur sind bereits eine neue Dimension. 24 Stunden sind sehr, sehr gut. Richtig interessant wird es ab 48 Stunden. Nehmen Sie sich die Freiheit, sich ganz nach Gusto heranzutasten.

Ich habe mich lange gefragt, ob ich in diesem Buch konkrete Zeitempfehlungen abgeben soll. Da ich ständig danach gefragt werde, scheinen Zeiträume für eine Orientierung für die meisten Menschen wichtig. Wobei sie lediglich Hilfen sind. Jede Zeitangabe ist an sich falsch, denn jeder braucht seine eigene individuelle Zeit, um in besondere Erlebnisebenen zu gelangen. Fühlen Sie in sich hinein und geben Sie sich nicht mit schnell aufkommenden inneren Stimmen à la „Gehen wir, was soll das jetzt noch bringen" zufrieden. Die kommen gerade dann, wenn es spannend zu werden beginnt. Sie sind die Schutzmechanismen von dem Teil unseres Unbewussten, der nach Gleichförmigkeit und Konformität strebt.

Weniger ist nicht nur mehr, es ist alles

Von dem Gedanken, irgendwelche Voraussetzungen erfüllen zu müssen, haben wir uns ja bereits wohltuend gelöst.

Wenn Sie irgendwelche Hilfsmittel verwenden, dann tun Sie das bitte gerne aus freien Stücken. Seien Sie sich im Klaren: diese Dinge tun nichts zur Sache.

Tun Sie das, was zu Ihnen passt. Laden Sie Ihre Naturzeit spirituell auf, wie immer Sie das wollen. Wie Sie vor sich selbst bestehen. Sie können wie für einen Achttausender ausgerüstet in den nächstbesten Wald gehen. Mit Hightech um sich werfen. Sie können nackt, bunt bemalt und trommelnd durch den Wald springen. Wie Sie wollen! So, wie Sie sich gut fühlen. Es ist egal. Sie verstärken mit Ihrem Äußeren lediglich, was Sie innerlich brauchen.

Sie brauchen nicht nur keine Infrastruktur, sondern was Sie brauchen ist „keine Infrastruktur". Was Sie unbedingt brauchen ist „Nichts". Je mehr „Nichts", desto besser. Denn was bleibt übrig, wenn Sie sich im „Nichts" befinden? Richtig: Sie selbst.

Mit dem Vorteil, dass dieses „Nichts" die Natur ist. Nach dem Gesetz der Resonanz beeinflusst sie Ihre Umgebung. Befinden Sie sich in der Natur, beeinflusst Sie diese nicht zu übertreffende Reinheit, Fülle und Ehrlichkeit. Seien Sie deshalb sehr anspruchsvoll im Bezug auf Ihren Platz in der Natur. Danach werden Sie einfach manche Dinge in Ihrem Alltag, sei es im Beruf oder privat, anders machen. Die Prioritäten verschieben sich automatisch in Richtung der wirklich wichtigen Dinge. Das ist die wichtige visionäre Wirkung des vergessenen Wunders Natur.

Wie erkennen Sie den für Sie optimalen Platz dort draußen, und was tun Sie dort die ganze Zeit? Für den optimalen Platz selbst gibt es an sich keine Empfehlung, sofern er die oben genannten Kriterien erfüllt. Vorteilhaft ist es freilich, wenn Sie dort sicher, trocken und windgeschützt Ihre gesamte geplante Zeit ungestört verbringen können. Sie werden instinktiv wissen, welcher Ihr Platz ist. Es wird ein Fleckchen sein, das Sie aus irgendeinem Grund besonders anspricht. Hinterfragen Sie nicht lange. Gehen Sie hin und begrüßen Sie den Platz. Bedanken Sie sich, hier sein zu dürfen und machen Sie es sich gemütlich. Wenn Sie gehen, verabschieden Sie sich von Ihrem Platz. Das ist keine versteckte Beschwörungsformel irgendeiner Religion. Ich biete Ihnen dieses kleine Ritual an, weil ich es selbst ausübe und es mir viel gibt. Es verbindet mich mit dem Platz. Ich fühle mich dort dann heimisch. Es tut mir gut.

Jetzt bleibt noch die Frage: Was tun Sie denn dort die ganze Zeit über? Ganz einfach: Sie tun nichts.

Sie geben sich aufmerksam und ausgesprochen entspannt dem hin, was Sie wahrnehmen und was das mit Ihren Gedanken und Gefühlen macht. Sie warten, bis irgendetwas passiert. Was und wann das sein wird, kann ich Ihnen nicht sagen. Was ich Ihnen allerdings versprechen kann, es wird etwas passieren. Bis dahin müssen Sie das Nichts einfach aushalten. Je freudiger und unvoreingenommener Sie sich dem anvertrauen, desto schneller und leichter werden Sie Ihren Nutzen daraus erkennen. Machen Sie nicht den häufig begangenen Fehler, Ihre Zeit zu verplempern, indem Sie ständig an Ihrer Ausrüstung oder Ihrem Lagerplatz herumhantieren. Oder indem Sie Ihre Gedanken um Banalitäten kreisen lassen und sich über andere und deren Verhalten ärgern. Sie fragen sich dann ziemlich schnell, was diese Hockerei unterm Baum nun bringen mag und gehen entnervt nach Hause. Und dann schreiben Sie mir erbost eine E-Mail, dass der ganze Hokuspokus nicht funktioniert. Da ich solche Mails von Ihnen nicht haben will, bleiben Sie einfach hocken und warten. Schreiben Sie mir lieber ein wenig später Nachrichten, in welchen Sie tief beeindruckt Ihre Erlebnisse schildern. Über solche E-Mails freue ich mich immer ganz besonders. Es kann sein, dass Sie, wenn Sie nach ein paar Stunden den Ort verlassen, das Gefühl haben, es hat sich bei Ihnen nichts getan. Gut, dann gehen Sie eben wieder hinaus und wieder und wieder. Und dann auch ruhig einmal länger. Es wird sich etwas tun. Sie werden Interessantes für sich entdecken, sofern Sie es aufrichtig zulassen. Es ist gut möglich, dass Sie Aha-Effekte ein paar Tage später in einer Situation erleben, in welcher Sie niemals damit gerechnet hätten. Anregungen, was Sie da mit Ihren Gedanken anstellen können, erhalten Sie später noch im Kapitel „Denktag: Hebamme unserer besten Gedanken“.

Für die Einstimmung und zum Runterkommen

Raus aus dem Alltag und rein in die Natur. Da kommt man sich in den ersten Momenten bis Stunden manchmal total fehl am Platz vor. Unser High-Speed-Alltag funktioniert eben ganz anders als die Natur. Ja, wir sind dort in einer völlig anderen Welt. Je bewusster Sie sich über diesen Tempowechsel sind, desto schneller, wirkungsvoller und bereichernder ist das Ankommen. Am besten besinnen Sie sich bereits in den Wochen und Tagen vorher immer wieder auf Ihre bevorstehende Naturzeit.

Am Tag Ihrer Naturzeit bauen Sie dann Elemente der Temporeduktion ein. Diese können sein:

- Sie gehen ein Stück weit in die Natur und bleiben dort für 20 bis 30 Minuten reglos stehen. Sie atmen bewusst, lassen in Gedanken vom Alltag los. Erst dann gehen Sie zu Ihrem Platz.
- Sie gehen ein Stück weit in die Natur, setzen sich hin und schreiben alle Ihre Gedanken auf. Erst dann gehen Sie langsam zu Ihrem Platz.
- Sie gehen über einen verlängerten Weg zu Ihrem Platz und tun dies betont langsam.
- Sie gehen in Zeitlupe zu Ihrem Platz: einen Schritt gehen, langsam einatmen, langsam ausatmen, einen Schritt gehen usw.
- Wenn Sie es gerne sportlich mögen, dann absolvieren Sie vorab eine Ihrer üblichen Trainingseinheiten.
- Schwimmen Sie eine Runde in einem See, waten Sie ausgiebig durch einen Bach, gehen Sie über verschiedene Untergründe barfuß, balancieren Sie über Baumstämme oder Steine.

Im „Selbstlernkurs UrKraft“ (Als E-Book unter www.joerg-romstoetter.com/publikationen) finden Sie 38 Übungen, die Ihnen helfen „runterzukommen“ und tiefen Kontakt mit der Natur aufzunehmen.

Unerwünscht in der Natur? Wir nicht, denn wir verhalten uns mustergültig

Es kann gut sein, dass Ihr Vorhaben, draußen in der Natur einfach einmal ein paar Stunden für sich zu sein, auf

Unverständnis und sogar Ablehnung stößt. Allein die hier stehenden Zeilen mögen vielleicht in dem ein oder anderen Unmut hervorrufen. „So etwas kann man doch nicht tun. Der Wald gehört den Tieren, die darf man nicht stören. Und abseits von Wegen herumtrampeln geht schon gleich gar nicht." Richtig. Doch ein Naturfreund, der sich einen halben Tag still unter einen Baum setzt, wird kein einziges Tier stören. Es wird eher so sein, dass sich ein Tier freut, einmal einen wirklich harmlosen Menschen auf Du und Du kennenzulernen. Wie sich so etwas anfühlt, lässt sich eben nur herausfinden, wenn man die Natur tatsächlich an sich heranlässt. Im Geländewagen durch den Wald preschend, funktioniert es leider nicht. Sollte Ihnen ein Förster, Jäger oder Waldbesitzer begegnen, erklären Sie ausgesucht höflich und bereitwillig, was Sie da so tun und fragen Sie um Erlaubnis, weiterhin bleiben zu dürfen. Werden Sie dennoch des Platzes verwiesen, fragen Sie doch freundlich nach, wo Sie in Ihrem stillen Verweilen nicht stören und wo Sie das denn tun dürfen, und dann gehen Sie einfach, ohne zu grollen. Machen Sie den Grundbesitzer ausfindig und fragen Sie offiziell um Erlaubnis, sein Grundstück zu betreten. Dann sind Sie geschützt.

Es versteht sich von selbst, dass Sie Folgendes niemals tun, es sei denn, Sie befinden sich an Plätzen, wo dies ausdrücklich erlaubt ist:

- Feuer machen.
- Zelt aufstellen. Maximal eine Plane gegen Regen und Wind schräg abspannen.
- Zweige und Äste brechen, Nägel in Bäume schlagen oder Markierungen einritzen.
- Musik abspielen.
- Müll zurücklassen. Auch Taschentücher nehmen Sie wieder mit. Für Ihre Notdurft heben Sie ein Loch aus und graben alles gründlich zu.

Goldene Regel: Jeden Platz verlassen Sie so, wie Sie ihn vorgefunden haben. Auch platt gedrücktes Gras kämmen Sie wieder aufrecht, so gut es geht. Entfernte Steine legen Sie zurück.

Ob Sie Schwierigkeiten bekommen, liegt in gehörigem Maße an Ihnen selbst. Verhalten Sie sich so, als gäbe es Sie gar nicht. So nehmen Sie sich auch selbst viel eher und intensiver als Teil der Natur und sicher nicht als Störenfried wahr. Es ist einfach so: werden Sie nicht als störend wahrgenommen, werden Sie auch nicht verscheucht. Was niemand weiß, macht niemanden heiß. Obwohl ich schon sehr viele Tage und Nächte in allen möglichen Gegenden draußen verbracht habe, wurde ich noch niemals auch nur darauf angesprochen, was ich denn da so täte.

Ich will Sie an keiner Stelle des Buches dazu auffordern, Verwaltungs- oder Strafdelikte zu begehen, weil Sie sich auf fremdem Grund und Boden aufhalten. Die Entscheidung, wo Sie die Natur genießen möchten, überlasse ich ganz Ihnen. Am besten ist, Sie informieren sich vorher bei Forstämtern oder den Eigentümern. Wenn Sie das Naturerlebnis auf widerrechtliche Art genießen, um zusätzlich Ihr Adrenalin zu pushen, übernehme ich dafür also keine Verantwortung. Selbst ein Hinweis auf dieses Buch entbindet Sie nicht davon, also reden Sie sich bitte nicht auf mich aus, wenn Sie in verbotener Natur ertappt werden.

Mein Geschenk an Sie

Je weiter Sie sich in die Natur vorwagen und je mehr Sie dort unternehmen wollen, desto mehr werden Sie an Fertigkeiten erlernen und Ihre Ausrüstung erweitern wollen. Ich selbst orientiere mich seit Jahren an drei einfachen Listen. Es sind die Ausrüstungsliste, das Sicherheitspaket und das Notfallpaket. Als Käufer dieses Buches erhalten Sie diese zum Gratis-Download unter www.joerg-romstoetter.com/downloads.

Passwort: wundernatur

Es ist so leicht, einfach nur dieses Buch in der gemütlichen Stube zu lesen und sich in diese verheißungsvolle Welt der Natur hineinzudenken. Hier werden Sie keinen Knopf finden, den Sie nur zu drücken brauchen und schon funktioniert Natur. Hier finden Sie kein Angebot, das Ihnen einen Ausrüstungsgegenstand, eine Tour oder einen Singsang schmackhaft macht. Mit dem Sie angeblich spielend erreichen können, was immer Sie sich wünschen. Das ist die Crux, die Ihnen als Hürde, besser gesagt als Treppenstufe, im Wege steht und auf die Sie klettern können. Von der aus Sie eine völlig andere Warte einnehmen werden und nie wieder hinabsteigen wollen. Oder aber, vor der Sie umkehren, weil Sie keine Zeit haben, das Wetter zu schlecht, der Wald um die Ecke nicht exotisch genug, die abgewarteten Stunden da draußen zu langweilig sind. Ich wünsche Ihnen, dass Sie nach der Lektüre dieses Buch an seinen Platz im Regal stellen, Ihr Bündel und Ihre Schuhe schnüren und tatsächlich hinausgehen. Sie tun es für sich. Für niemanden sonst.

Und nicht nur das Hinausgehen in die Natur dürfen Sie für sich tun. Sie dürfen sich auch eine ganz besondere Form der Freiheit erfüllen.

24. Die Freiheit, wenig zu brauchen

Sie kennen das sicher: da verausgaben wir uns zeitlich, energetisch und finanziell, um die notwendigen Voraussetzungen zu schaffen, um etwas tun, etwas erleben zu können. Wir brauchen das richtige Outfit für alle erdenklichen Situationen, vorzeigbares Equipment, sämtliche verfügbaren Informationen und selbstredend letztlich ein adäquates Transportmittel. Das Erlebnis an sich ist dann, im Verhältnis mit dem zuvor betriebenen Aufwand, häufig – na ja, sagen wir mal – flach. Um diese Flachheit des Tuns oder des Erlebnisses aufzupeppen, wird es umso gewaltiger in Szene gesetzt. Der Aufwand darf nicht umsonst gewesen sein und verlangt nach Rechtfertigung vor sich selbst und natürlich vor anderen. Ein Teufelskreis entsteht, denn das nächste Ereignis muss das vorherige toppen.

Es wird uns wichtiger, womit und unter welchen Umständen wir etwas erleben, als was und wie wir es erleben. Wir beginnen, Dinge zu tun, weil es sich nun mal so gehört und das andere von uns erwarten. In einer Welt, in der Ansehen, Status und Symbole viel bedeuten, ist es bisweilen schwierig, sich dem zu entziehen. Mir erging es genauso. Plötzlich wurde es mir sehr wichtig, welches Auto ich fuhr, welches Smartphone ich hatte. Es wurde mir wichtiger, mit welchen Dingen ich etwas erlebte, als das, was ich fühlte und was ich dabei für mich mitnahm. Ich erlebte weniger von dem, was ich wirklich erleben wollte, von dem, was mir wirklich wichtig war, zugunsten vergänglicher Dinge. Und hatte es lange gar nicht bemerkt.

Im Alleinsein in der Natur wurde mir die Absurdität und Schädlichkeit meines Tuns bewusst. Hier gab es niemanden, von dem ich neidische oder anerkennende Blicke beim Schielen auf meine Sächelchen erhoffen konnte. Doch es gab hier plötzlich jemanden, der gründlich Rechenschaft forderte und dem ich guten Gewissens nicht mehr in die Augen blicken konnte: Mich selbst.

Seither frage ich mich immer: Würde ich dieses Ding auch anschaffen, wenn ich es nur ganz allein für mich verwenden könnte, ohne je damit gesehen zu werden? Selbstredend kann ich nicht bei allen Dingen, die ich besitze, dies frei heraus mit ja beantworten. Manche Dinge sind eben Attribute, die eine Rolle unterstreichen. Setze ich sie ein, halte ich Widerstand von anderen, der sich auf reine Äußerlichkeiten begründet, möglichst klein. Ich vermeide Hürden, die mir nichts bringen, nur Mehraufwand. Und es bricht mir dabei kein Zacken aus der Krone. Nur weil ich am liebsten in durchaus müffeligen Funktionsshirts und fleckigen Berghosen herumrenne, muss ich das meinen Mitmenschen nicht ständig antun. Die glauben mir auch so, dass ich ein Naturfreak bin. Ich brauche das nicht, um ich selbst zu sein und mich wirklich wohl zu fühlen. Ich fühle mich auch in Hemd und Anzug wohl, denn mein Innerstes ändert sich durch unterschiedlichen Behang nicht. Durch ein angenehmes Äußeres bringe ich anderen meine Wertschätzung entgegen.

Wenn ich mir Dinge anschaffe, frage ich mich immer:

- Unterstreiche ich mit diesem Ding meine Persönlichkeit tatsächlich oder will ich einfach nur auffallen?
- Kann ich die Impulse und Erwartungen, die ich bei anderen damit hervorrufe, auch durch meine Persönlichkeit – durch das, was ich sage und tue – festigen?

Die Dinge werden es niemals sein, die uns zu etwas machen oder befähigen. Die Dinge werden uns auch niemals erfüllen. Es verhält sich gerade anders herum, als wir häufig glauben. Wir sind jemand – hoffentlich! – und benützen Dinge, um unsere Qualitäten besser wirken zu lassen. Gelingt uns dies, brauchen wir tatsächlich weniger und das Gefühl des „Brauchens“ bekommt eine andere Bedeutung. Es ist durchaus eine besondere Form der Freiheit, es sich zu gönnen, so manches einfach nicht zu brauchen. Auch gänzlich ohne diese Dinge sind wir dieselben. Die Dinge zu unserem Gebrauch und Vorteil zu verwenden, liegt in unserem Ermessen. Damit haben wir die Macht über die Dinge, und die Dinge gewinnen nicht unnötig viel Macht über uns und beginnen uns zu steuern. Denn im Grunde steuern uns nicht die Dinge, sondern die Menschen, die diese Dinge schaffen oder voraussetzen, damit wir danach lechzen, sie endlich gebrauchen zu dürfen. Damit, uns den Vorgaben anderer anzupassen und unsere wertvolle Zeit, Energie und Geld in Unwesentlichem zu vergeuden.

Das ist genau unser Dilemma. Wir meinen immer erst einmal, etwas zu brauchen, um etwas tun zu können.

Das erstreckt sich sogar bis in den Bereich der Entspannung, der Ruhe. Wir glauben, einen Wellnesstempel zu brauchen, damit wir uns richtig entspannen und erholen können. Zumindest aber muss es ein „Latte“ sein. Ihnen klingt sicher der Satz von Kollegen, Freunden oder Familienangehörigen in den Ohren: „Ich brauche jetzt einen Kaffee!“ Bewirkt die gleiche Botschaft in Ihnen nicht etwas weit Wertvolleres, wenn Sie hören: „Ich habe jetzt Lust auf einen Kaffee!“ Da bekommen wir gleich ebenfalls Lust, einen zu trinken. Diese Aussage suggeriert Freiwilligkeit und Freude. Die Dinge zu meinem Nutzen zu gestalten und zu verwenden. Nicht Sklave des Koffeins zu sein, ohne das der Tag kein lebensmöglicher ist.

Ich bin so frei

In der Natur ist es mein höchstes Glück, so frei wie möglich umherziehen zu können. Am liebsten ohne Weg irgendwo im Nirgendwo. Gerade die Dinge, die ich mit mir führe, bekommen dabei ein ganz besonderes Augenmerk. Sie ermöglichen mir erst, diese sagenhafte Freiheit sicher und in gewisser Weise auch komfortabel auskosten zu können. Sie sind meine guten Helferlein, kein notwendiges Übel und schon gar kein Klimbim. Mit möglichst wenig auszukommen und doch für jegliche Situation optimal gerüstet zu sein, ist mir eine wahre Freude. So spare ich sehr gerne am Gewicht meines Gepäcks, um möglichst wenig belastet umherziehen zu können. Gleichzeitig nehme ich genauso gerne das höhere Gewicht warmer und wetterfester Sachen und einem Mehr an Proviant in Kauf. Dadurch gestalte ich meine Handlungsfreiheit so groß als möglich. Diese tiefe Freude an der empfundenen Freiheit will ich so oft es geht in meinem gesamten Leben erleben. Nicht faktisch, indem ich pausenlos auf Achse bin. Sondern reell, indem ich lebe, wie ich eben leben will, ohne belastenden Tand anzusammeln. Wie und wo ich wohne, wie und wo ich was wann arbeite, wie ich meine Finanzen organisiere, welches Auto ich fahre, wie ich meinen Alltag organisiere usw. Nicht jeder wird mir in meinem Tun voll und ganz zustimmen. Das macht nichts. Wir dürfen jeder für uns selbst herausfinden, wie uns die Dinge den größtmöglichen Nutzen bieten. Dahinter verbirgt sich sogar ein Automatismus, den die Natur in uns auslöst. Umgeben wir uns mit Natur, werden uns unser eigenes Bewusstsein und die Beziehungen mit anderen Menschen wichtiger, und Geld, Habseligkeiten und Ansehen rücken in den Hintergrund. Umgekehrt verhält es sich, wenn wir uns wenig in natürlichen Umgebungen aufhalten.[1]) Wir wissen es ja ohnehin, materielle Güter und Status machen nur bis zu einem gewissen Grad glücklich.[2]) Haben wir das erreicht, sehnen wir uns augenblicklich nach innerer Fülle, die wir durch Sinn im Tun und Geben erlangen.

Es macht ungemein frei und tut richtig gut, wenn wir erkennen, wie die Dinge Werkzeuge unserer Gestaltungsmöglichkeiten werden. Sie werden feststellen, Sie werden die Dinge nicht nur weniger brauchen, Sie werden auch weniger Dinge brauchen. Das tut Ihrem Zeit-, Energie- und Girokonto ausgesprochen gut und schafft Platz für wirklich Wichtiges. Je weniger wir tatsächlich brauchen, desto freier sind wir. Draußen in der Natur erleben wir hautnah, mit wie wenig wir auskommen, ohne – und das ist die Kernerfahrung – einen Mangel zu verspüren. Weniger und gezielter zu (ge)brauchen ist ein Blickwinkel, den wir sehr gut mit uns selbst ausmachen können. Doch dann treffen wir auf die Wirklichkeit des Alltags, sind in Sog und Strom unserer Epoche und sehen uns mit einer neuen Aufgabe konfrontiert.

25. Eine Herausforderung: das Wenige aushalten

„Ach, wie einfach die dort leben können! Wie unkompliziert deren Leben ist." Solche und ähnliche Kommentare habe ich schon sehr oft auf meine Reiseberichte hin gehört. Die Almhütte, das Häuschen an See oder Meer. Wer eine Seufzergarantie will, der muss nur Sehnsuchtsbilder dieser Objekte zeigen. Doch halten wir diese Idyllen überhaupt noch aus? Sind wir überhaupt in der Lage, uns wirklich auf das Wenige einzulassen, nach dem wir uns sehnen? Idyllen und das Wesentliche müssen wir tatsächlich aushalten können.

Das Idyll ist nur ein Synonym für das, wonach wir uns im Inneren sehnen. Nach Beschaulichkeit, nach Verweilen, nach Ruhe. Tatsächlich brauchen wir gar keine äußeren Idyllen, in die wir vor unserer rasenden Welt für eine Zeit lang fliehen können. Auf was es ankommt, ist unser Innenleben. Es ist schlicht schwer, im Alltag zu bestehen und uns aus dem quirligen Strom herauszunehmen und es zuzulassen, da draußen in der hastenden Welt einfach einmal nicht dabeizusein. Nur ist das die einzige Möglichkeit, seinen eigenen gesunden, kreativen und kraftvollen Tritt zu finden. Ja, das müssen wir ertragen wollen, immer wieder einmal nicht mitreden zu können. Wir haben alle in Wahrheit genug Zeit, um Ruhe genießen zu können. Wir füllen nur jeden Augenblick mit Tätigkeit und Information. Wie sinnig diese auch immer sein mögen. Haben wir endlich einmal ein paar Minuten, sei es in der Pause oder am Feierabend, schon greifen wir nach Smartphone, Zeitung oder Fernbedienung. Ja, wir müssen es tatsächlich aushalten wollen, wenn einfach einmal ein paar Minuten lang „Nichts“ ist.

Sich für sich zu entscheiden, das Notwendige, seien es geistige oder materielle Güter, bewusst zu wählen und einzusetzen und diese Haltung gegenüber anderen aufrecht zu halten, verlangt oft unsere ganze Persönlichkeit. Nur zu leicht ist es, dem Auch-haben-wollen-Impuls nachzugeben. Und wenn wir sie dann haben, sind wir für den Moment glücklich, und dann …? Geht die Jagd weiter nach dem nächsten Ding.

Begegnen wir uns hingegen selbst intensiv und erkennen dadurch, wo unser Selbst gegenüber anderen und der Welt endet, ist es leicht, sich von den Dingen als Notwendigkeiten zu trennen. Sie treten dann hinter das Tun, das Erleben, den Inhalt. Dagegen ist es schier unmöglich, sich gegenüber den Wünschen der Welt abzugrenzen, wenn wir uns nicht selbst erfahren haben. Wir wissen dann schlicht nicht, wo wir selbst beginnen. Genau dieses Erkennen der Grenze passiert so erfolgreich und deshalb auch so heftig in der Natur, wo außer uns niemand ist. In unserer Alltagswelt ist es in dieser Deutlichkeit und Qualität unmöglich. In der Natur laufen wir uns zwangsläufig selbst über den Weg. Dort trinke ich einen Kaffee mit mir selbst. Dort draußen in der Natur schlägt mit unvorstellbar gewaltiger Macht etwas zu, das wir aus unserem üblichen Alltag in dieser Reinform gar nicht mehr kennen: da draußen ist nichts los.

Dort bin nur ich los. Und wenn mit mir nichts los ist, habe ich dort eine ziemlich trübe Zeit vor mir – zunächst. Genau deshalb müssen wir da hinausgehen. Den gleichen starken Effekt können wir sonst nirgendwo erzielen. Sie werden sehen: sperren Sie sich für einen ruhigen Tag allein in Ihrem Zuhause ein, genügt ein Blick aus dem Fenster, das Geräusch eines vorbeifahrenden Autos, das Klingeln des Telefons, das Ticken der Uhr usw. Und Sie erleben, die Welt dreht sich weiter. Es ist immer etwas los. Nur Sie entscheiden sich, gerade nicht mit dabeizusein. Sie sagen sich kämpferisch: „Das halte ich aus. Das tut mir gut. Ha, ich kann das!“ Sie mögen mit sich ringen, doch den Fernseher anzumachen, doch nur einmal kurz auf Ihr Smartphone zu schielen, sich doch in leichter Lektüre zu verlieren, doch den ein oder anderen Haushaltskram zu erledigen. Dieses Ringen ist vergleichsweise leicht, weil Sie sich aktiv gegen Einflüsse stemmen können. Sie können sich auch wunderbar gedanklich dem Kampf mit diesen Dingen hingeben. So geht die Zeit auch rum. Auch wenn Sie sich gerade fühlen, als ob Sie wertvolle Zeit sinnlos verplempern und Gelegenheiten sausen lassen. Sie haben einen Feind, den Sie ins Auge fassen und bei den Hörnern packen können. Das haben Sie draußen in der Natur nicht. Da sind Sie allein mit Ihren Gedanken.

Dieses ungewohnt „Wenige“ tief genießen zu können, braucht seine Zeit. Wir Menschen haben das Bedürfnis nach Gewohnheit. Was wir kennen, das wollen wir beibehalten. Sogar, wenn uns das schädigt. Wir verspüren einen inneren Drang, eine einmal eingenommene Lebensgeschwindigkeit nicht mehr zu reduzieren. Jegliches Tun, das dieser Schnelligkeit nicht entspricht, lehnen wir zunächst ab. Wir können uns dann beim besten Willen nicht vorstellen, dass es anders auch geht. Sogar besser geht. Wir auf andere Weise zu Erkenntnissen gelangen, die in unserem momentanen Zustand einfach nicht möglich sind, weil wir an unseren guten Gedanken vorbeihasten.

Neue Denkdimensionen fühlen sich zunächst nicht gut an

Im Grunde halten wir in der Natur nur eines nicht aus: den nicht mehr vorhandenen Strom gewohnter Außeneinflüsse. Wir haben dann plötzlich nur noch den gemächlich fließenden Informationsfluss der Natur. Dieser verlangt schlichtweg nichts von uns. Nach einer Zeit des Staunens, Erholens und intensiv empfundenen Glücks, sitzen wir plötzlich da und wissen nichts Rechtes mit uns und unseren Gedanken anzufangen. Das ist normal, da unser auf Hochleistung getrimmtes Informationszentrum Gehirn mit den beschaulichen Naturreizen spielend schnell zurechtkommt. Genau diesen Zustand wollen wir erreichen. Nur fühlt er sich nach der ersten Gewöhnung häufig sehr bedrückend an. Am schnellsten kommen wir damit zurecht und gelangen in einen sehr fruchtbaren und als äußerst angenehm empfundenen Denkzustand, wenn wir uns diesem als Langeweile empfundenen Zustand hingeben. Je mehr wir versuchen, uns abzulenken, je mehr wir versuchen, dieser Öde zwischen den Ohren zu entkommen, desto langwieriger ist der Prozess, den wir benötigen, um uns auf das neue Reizniveau zu justieren.

Je seltener wir diesen Zustand bereits erlebt haben, desto länger kann es dauern. Mitunter sogar mehrere Tage. Doch bereits vorher erleben wir Denk- und Bewusstseinszustände, die neu sind und uns neue Sichtweisen ermöglichen, sofern wir sie zulassen. Mir geht es regelmäßig so: zu Hause in der Alltagswelt bin ich erfüllt vom permanenten, effektiven und effizienten Tun. Und es fühlt sich dann draußen in der Natur bisweilen einen ganzen Tag lang nicht gut an, diesem anderen Tritt zu folgen.

Wollen wir wirklich in neue Denkdimensionen eintauchen, müssen wir unweigerlich durch diesen trüben Zustand. Der Weg führt nun einmal genau da durch. Wenn Sie diesen Zustand vermeiden wollen, laufen Sie davon und werden nie erleben, was auf Sie wartet. Das passiert regelmäßig: ein Bekannter, der Blockhütten in Kanada vermittelt, berichtete mir von einem Kunden, der sich nach wenigen Tagen genervt und reichlich vorzeitig abholen ließ. Obwohl in einer einsamen Hütte allein zu sein seit Jahren sein großer Traum war. Ihnen passiert das hoffentlich nie.

Wir sind immer bestrebt, Verluste zu vermeiden. Zugunsten kürzestfristiger Vorteile sehen wir dieses

Phänomen häufig bei waghalsigen Überholmanövern auf den Straßen. Würden den Überholern die langfristigen Folgen oder der tatsächliche Zeitgewinn von wenigen Sekunden klar, kein einziger würde je solch ein Manöver fahren. Wir bewerten nur allzu leicht kurzfristige Ziele. Deswegen ist auch der Drang, zu Hause zu bleiben und etwas zu schaffen, größer als hinauszugehen und sich grundlegend Gedanken zu machen.[1])

Oder probieren Sie das mal: Leben Sie eine Zeit lang ohne Zeitung, Radio, Fernsehen und Nachrichten aus dem Internet. Sie werden sehen, mit wie wenig Zeitaufwand Sie dennoch ausreichend informiert sind und genauso mitreden können. Sie werden sogar Wohlwollen ernten, denn Sie fragen Ihre Mitmenschen verstärkt nach deren Meinung. Beginnen Sie mit zwei Wochen. Die erste Woche brauchen Sie, um sich an die neue Informationsaufnahmeart zu gewöhnen. In der zweiten können Sie dann souverän damit umgehen und sich darauf wirklich einlassen.

Sie schnappen nur die Schlagzeile einer der großen Tageszeitungen auf, während Sie an einem Kiosk vorbeigehen oder einem Zeitungsleser kurz über die Schulter schauen. Dann fragen Sie einen Arbeitskollegen, einen Freund etc., was er denn von XY halte, das heute in der Zeitung steht. Ihr Gegenüber wird sich darüber wahrscheinlich ausbreiten und Sie hören einfach nur zu. Sie lassen sich ganz darauf ein, was der andere Ihnen schildert. Sie werden merken, wie schnell und einfach Sie informiert sind. Zugleich erfährt Ihr Gegenüber Anerkennung, denn es kann seinen Wissensvorsprung produzieren.

Dabei lernen Sie spielerisch, wie Sie mit beiläufig aufgeschnappten Informationen wuchern können, ohne viel Zeit und Gedanken an die ausführliche Lektüre zu verschwenden.

Stille macht schlau

Es sind die stillen Momente, die zur Ewigkeit werden. Sie sind es, die die Zeit stehen bleiben lassen. In ihnen sehen wir auf unser Tun und unser Leben und nehmen es äußerst intensiv wahr. Für diese Momente brauchen wir sehr wenig äußere Kulisse. Zweifelsohne fördert sie. Was wir brauchen, ist einfach nur ein Zulassen. Ein Zulassen der Muße. Unser Gehirn braucht Zeiten, um zu ordnen, zu strukturieren, zu lernen, was um uns geschieht, was wir erleben, wie wir darauf reagieren wollen, wie wir dazu stehen wollen. Geben wir uns im Wachzustand nicht ausreichend Zeit dafür, machen wir das im Schlaf. Sind die Informationen zu viel oder schlafen wir immer wieder zu wenig, schlafen wir schlecht. Schlafen wir schlecht, machen wir uns überhaupt viel zu viele Gedanken. Nehmen wir uns keine Zeit zu reflektieren, rast unsere Zeit und unser Leben verrinnt wie Sand. „Wo sind nur all die Jahre geblieben?“, sagen die Leute.

Wenig zu brauchen und das Wenige auszuhalten befreit uns von dem Overkill aus Informationen und Tun und bringt uns zu uns selbst. Ein Phänomen unterstützt und beschleunigt diesen Prozess.

Leerer Bauch macht das Hirn frei

Es ist schon viele Jahre her, da habe ich dieses Phänomen für mich entdeckt. Ich experimentierte mit Nahrungsmitteln unterwegs auf Wildnisfahrten. Nahrung beansprucht immer den mit Abstand größten Gewichtsanteil. Und je weniger davon herumgeschleppt werden muss, desto besser. Als Alternative jagen, fischen oder sammeln zu gehen, ist, je nach Gegend, nur selten sinnig oder gar möglich. Zudem bleibt dann kaum noch Zeit für anderes. Das war mir zu wenig. Mich faszinierte schon immer eine gewisse Autarkie draußen in der Natur. Einfach herumzustrolchen, welche Richtung sich auch gerade anbieten mag ...

Weniger ist mehr, dachte ich mir und baute bewusst Fasttage in meine Naturaufenthalte ein. Ohne mich im Vorfeld mit Fasten allgemein oder Fasten speziell in der Natur zu beschäftigen, bemerkte ich eine nie da gewesene geistige Klarheit. Noch zusätzlich gesteigert durch den Aufenthalt in der Natur, denn die Wiederholung in der Zivilisation brachte für mich immer ein vergleichsweise schales Ergebnis. Dabei hielt ich mich an keine einzige Fastenregel. Ich aß einfach nichts. Das hat einen großen Vorteil unterwegs. Denn manchmal gibt es eben nichts mehr zu essen. Die Vorräte sind zu Ende. Mich beeindruckt dieser Nahrungsmangel überhaupt nicht. Unser Körper ist der eines steinzeitlichen Laufspezialisten. Für den muss es normal sein, ohne Vorbereitung zu fasten und dann wieder zu essen. Natürlich fühle ich mich da zunächst schwach und mir wird sogar schwindlig und übel. Das ist normal. Das sind keine Krankheitssymptome. Unser Organismus stellt sich schnell auf Mangelbetrieb um und gibt die entsprechenden Signale. Das ist sogar ein gutes Zeichen, dass wir noch funktionieren, wie wir sollen! In der Natur gehörige Zeit allein zu verbringen, machten uns die Religionsbegründer vor. Sie zeigten uns noch etwas: sie fasteten. Im Jahr der großen Religionen gehört das Fasten, in welcher Form auch immer, zum festen Programm. Mit triftigem Grund. Probieren Sie es einfach für sich aus. Sie können nur gewinnen.

Je freier Sie sich fühlen, desto freier sind Sie tatsächlich. Und desto freier sind Ihre Gedanken, die sich an den Chancen der Zukunft orientieren. Das ist durchaus sehr lukrativ. Sehen Sie selbst.

26. Natur druckt Geld

Zeit meines Lebens sprang ich zwischen den Welten: Natur und Alltag. Waren es Fluchten vor dem jeweils anderen? Mit Sicherheit. Zunächst. Ich tat, woran ich am meisten Freude hatte, sah mir die Welt an und versuchte mich. Gleichzeitig wurde mir klar, je bewusster und aktiver ich meine Schritte in meinen alltäglichen Aspekten wie Schule, Ausbildung, Beruf und berufliche Entwicklung, Beziehung und Freunde setzte, desto freier konnte ich nicht nur reisen, sondern überhaupt tun, worin ich meinen Sinn sah. Ich begann dort draußen, meine Daheim-Welt in Etappen zu unterteilen, die ich erreichen wollte, bis die nächste Tour anstand. Dabei sah ich immer deutlicher, worin meine persönlichen Stärken lagen und worauf ich besser verzichten sollte. Vor meinem geistigen Auge begann meine eigene Welt Gestalt anzunehmen, die ich mit Realität füllen wollte. In den letzten Jahren ist aus dem Springen ein permanentes Gleiten geworden. Ein wohliges Nutzen des jeweiligen Poles zur Befruchtung des anderen. Ich sehnte mich lange nach der Vereinigung der beiden Herzen in meiner Brust. Heute erlebe ich, dass gerade die beständige Dynamik der gelebten Bipolarität eine besonders süße Heimat ist.

Ahnungslos nutzte ich ein mittlerweile sogar wissenschaftlich bestätigtes Phänomen: in der Natur und in natürlicher Umgebung sind unsere Entscheidungen nachhaltiger und lukrativer. Das fanden jüngst niederländische Forscher heraus, deren Probanden in den Studien sich in Finanzfragen in natürlicher Umgebung oder von Naturszenerien beeinflusst um 15 Prozent häufiger für Langfristigkeit und dafür höheren Gewinn entschieden.[1]) Das deckt sich mit Forschungsergebnissen der Universität Rochester, New York, wonach allein Naturbilder den Probanden Beziehungen und Gemeinsinn in den Vordergrund rückten, was langfristig immer von Vorteil ist. Hingegen zeigte eine wenig natürliche

Umgebung den Fokus auf Status und Geld, was kurzfristiges Handeln fördert.[2]) Wir haben bereits erfahren, wie sehr uns städtische Szenerien mental erschöpfen. Sind wir geistig und emotional am Ende, wollen wir diesen Zustand so schnell als möglich beseitigen. Das Einfachste ist es, sich durch noch mehr Arbeit und Beschäftigungen aller Art abzulenken oder durch Alltagsdrogen abzuhelfen. Wir entscheiden uns für das momentan Verfügbare. Wir gehen in eine konkurrenzorientierte Haltung, die sofort Abhilfe schafft. Dadurch lernen wir auch in wirtschaftlicher und somit finanzieller Sicht, allein die kurzfristige Problembeseitigung gelten zu lassen, ohne eine mögliche langfristige Perspektive zu berücksichtigen, die rentabler wäre.

Reich und glücklich funktioniert

Diesen bestätigten Phänomenen füge ich noch eigene Beobachtungen hinzu. Ich habe mich lange gefragt, weshalb ausgerechnet Nationen wie sämtliche skandinavische Staaten, die Schweiz, Österreich, die Niederlande, Kanada oder Australien dauerhaft zu den zehn glücklichsten Nationen gehören.[3]) Gleichzeitig führen sie wirtschaftlich und sozial permanent die Weltspitze an, bezogen auf die Größe der Volkswirtschaft. Diese beiden Aspekte bedingen sich, wie wir mittlerweile wissen, bis zu einem gewissen Grad unmittelbar.[4]) Ein Aspekt taucht in keinem Ländervergleich auf: die Häufigkeit des Naturkontakts.

Lassen Sie uns das einmal kurz ansehen: für Isländer, Norweger, Schweden oder Finnen ist es schlicht normal, viel Zeit in der Natur zu verbringen. Egal ob beim Sport oder mit Freunden und der Familie. Sie haben dafür sogar einen eigenen Begriff: Friluftsliv. Für viele ist es üblich, den Sommer und auch beinahe jedes Wochenende in einer Hütte am See, Meer oder in den Bergen zu verbringen. Die Dänen haben – sagenhaft! – über 1.000 offizielle Naturlagerplätze. Sicher nicht wegen all der Deutschen, die dorthin zum Campen fahren. Die Niederländer touren permanent, vorzugsweise in Naturräume Europas, und die Schweizer und Österreicher sprechen mit ihren Bergen ohnehin für sich. Genauso wie die Kanadier und Australier mit ihren unendlichen Naturweiten.

Unglücklich und weit abgeschlagen die Deutschen: sie landen genauso regelmäßig unter ferner liefen auf Rang 26. Prof. Dr. Eric Lambin hat also recht, wenn er resümiert, dass „menschliches Glück unmittelbar von der Interaktion mit der natürlichen Umwelt abhängig“ ist.[5])

Ein gewaltiges Potenzial, das wir da so mir nichts, dir nichts jeden Tag verbummeln. Obwohl, ebenfalls empirisch belegt, Geschäftsviertel mit deutlich grünem Charakter den Wohlfühl- und Komfortgrad um 80 Prozent steigern. In grüner Umgebung unterstellen wir Produkten eine um satte 30 Prozent und Dienstleistungen eine um stolze 15 Prozent höhere Qualität. Wohlgemerkt, bevor wir überhaupt Kontakt mit irgendeinem Verkäufer hatten. Der dürfte dann ebenfalls angenehmer sein, denn schließlich ist der Verkäufer auch nur ein Mensch. Er fühlt sich in grüner Umgebung wohler und schätzt so auch die Qualität der von ihm feilgebotenen Produkte höher ein. Er nimmt sich zudem kompetenter wahr, was Kunden nicht unbeeindruckt lassen wird. Wir akzeptieren sogar höhere Preise, halten uns in grünen Geschäftsräumen länger auf und kommen häufiger wieder. Ungeachtet möglicher längerer Anreisestrecken und höherer Parkgebühren.[6])

Wir sind deutlich weniger krank und bleiben unserem Arbeitgeber treuer, wenn er für eine möglichst grüne Arbeitsumgebung sorgt. Allein die berühmte Büropflanze, kombiniert mit einem Blick hinaus ins Grüne, fördert Arbeitsfreude und Effektivität und reduziert Langeweile und Stress.[7])

Erkennen Sie auch die sich nach oben drehende Spirale der sich positiv beeinflussenden Aspekte? Wie können wir nun diese Funktionsweise in unseren Alltag installieren, der häufig so ganz und gar nicht naturnah ist? Sich unmittelbar in der Natur aufzuhalten, ist nun mal nicht immer und jederzeit möglich.

Das können Sie tun, um mehr Natur in Ihren Tag zu bringen:

- Viele großflächige Naturbilder
  Besonders wirkungsvoll sind Bilder, die den Blick von einer Anhöhe suggerieren und auf eine klare, von einzelnen Baumgruppen durchsetzte Landschaft schauen lassen. Optimal, wenn auch noch ein Bach oder ein See abgebildet ist.
  Oder aufgeräumte, strukturierte Landschaften mit Fokuspunkten für den Blick, wie etwa ein einzelner Baum.
  Für Räume, in welchen kreativ gedacht wird: fließendes Wasser, weite, offene Landschaften, Blick von Bergen auf weitere Berge oder weite Landschaft und Seen, Küsten- oder Insellandschaft.
  Für Räume, die gezielt der Erholung dienen: Waldlichtung, Oase, Gärten, Hütte in Naturlandschaft, Bucht mit Fischerhütte oder Segelboot, Großaufnahmen von Pflanzen, Feuer.
  Für Räume, in welchen viel kommuniziert werden soll: Rottöne wie etwa in Fels- und Sandformationen, in Blüten oder glühendem Herbstlaub.
  Statt Bildern können Sie auch auf Wandbildschirmen und Bildschirmschonern Filme von unterschiedlichen Naturszenen laufen lassen.
- Tiere und Tierbilder in Wohn- und Arbeitsräumen
  Tiere implizieren eine höhere soziale Attraktivität des Besitzers. Das können Sie gezielt einsetzen. Besonders, wenn Sie Ihre Seriosität unterstreichen wollen. Der mitge-

brachte Hund am Arbeitsplatz ist dafür nicht immer optimal. Insbesondere, da nicht alle Kunden die Anwesenheit oder gar ein, wenn auch wohlgemeintes, Beschnuppern schätzen. Die gewünschten positiven Effekte können sich da schnell ins Gegenteil wandeln.

Es bieten sich prinzipiell Aquarien, Terrarien oder Vogelkäfige an. Besonders Aquarien sind unproblematisch. Den Fischen kann eine weitgehend natürliche Umgebung offeriert werden. Ihr Anblick vermittelt Ruhe und Entspannung. Das Wasser verstärkt diese Empfindungen noch und verbessert das meist zu trockene Raumklima. Bitte halten Sie nur Arten, die weder gefährdet noch bedroht sind. Und nehmen Sie auch nur Arten, die sich für eine Aquarienhaltung besonders gut eignen.

Terrarien sind insoweit problematisch, da die darin gehaltenen Tiere entweder meist gefährdeten oder bedrohten Arten angehören, oder bei vielen Grusel oder gar Ekel hervorrufen. Wählen Sie diese Variante, vergewissern Sie sich ganz besonders, die Voraussetzungen des Tierschutzes zu erfüllen.

Vögel suggerieren die vergleichsweise größte Lebhaftigkeit und Interaktion mit dem Betrachter. Gesang oder Gezwitscher können im ganz besonderen Maße für eine Wohlfühlatmosphäre sorgen, jedoch bei übermäßiger Permanenz und Lautstärke Nerven blank legen und von einer produktiven Arbeitsweise ablenken. Auch hier bedenken Sie bitte ganz besonders den Tierschutz.

- Pflanzen ums Gebäude und vor allem im Gebäude

Mit wenig Aufwand lassen sich pflegeleichte Pflanzen nahezu überall setzen. Genügsame Pflanzen mit nicht zu hohen Lichtansprüchen erfüllen Räume mit Lebendigkeit. Befreien Sie die Pflanzen regelmäßig vom Staub durch Abduschen. So sehen die Pflanzen nicht nur frischer aus, die meisten Pflanzen lieben das auch. Allein ihre Anwesenheit inspiriert uns und macht uns kreativer. Bereits im alten

China wussten die Eliten dies zu schätzen: sie stellten sich Miniaturen von Berglandschaften mit Flüssen und Bäumen auf die Tische.

- Blick ins Grüne
  Werfen Sie immer wieder einen Blick hinaus ins Grüne. Damit lassen Sie nicht nur die Natur auf sich wirken, sondern geben Ihren Augen wichtige Weitblicke.
- Bewegung draußen
  Täglich zwei Spaziergänge von je mindestens 500 m Länge durch eine möglichst grüne Landschaft, wie Parks und Grünflächen. Allein und in Gruppen. Immer mit dabei: ein Notizbuch.
  Darin halten Sie alle Ideen und Gedanken fest. Nehmen Sie dazu ein hochwertiges Büchlein wie etwa ein Moleskinebuch der Größe A6 oder A5. Diese Formate passen gut in die allermeisten Taschen. Dazu noch ein bis drei Lesezeichen und einen guten Stift. Optimal sind zwei Stifte in unterschiedlichen Farben. So können Sie Besonderes und Details augenfällig kennzeichnen.
- Kurzpausen draußen
  Gehen Sie immer wieder für einen kurzen Natur-Input hinaus. Und wenn es nur ein paar Minuten sind. Das lüftet Gehirn und Lungen, gibt Ihren Augen und Ihrer Haut Licht und Temperaturimpulse und Ihrem Bewusstsein Erweiterung.
- Regelmäßige Naturzeiten
  Unternehmen Sie Ausflüge ins Grüne. Allein, mit Freunden und der Familie. Kurz nach Feierabend oder sogar morgens, um den Tag zu begrüßen. Verbringen Sie lange Wochenenden und Urlaube in großen Naturräumen. Das erdet Sie wie sonst nichts, und Sie bewahren sich eine klare Betrachtungsposition auf das Leben.
- Wege durchs Grün
  Wählen Sie für Ihre täglichen Wege möglichst grüne Strecken. Wenn das nicht geht, machen Sie immer wie-

der Abstecher durch Gegenden, die Sie besonders ansprechen.

- Häufig draußen essen
  Wo auch immer Sie das gerne tun: auf Ihrer Terrasse, Ihrem Balkon, im Park oder irgendwo auf einer Wiese oder an einem Waldrand. Gerade die Mittagspause bietet sich dazu gut an, so bekommen wir zwischendurch eine Extraportion Licht und Luft und ventilieren gleichzeitig unsere Gedanken.
- Freuen Sie sich
  Ja, freuen Sie sich, wenn Sie Grün sehen, wenn Sie Tiere sehen. Zeigen Sie sich selbst, wie sehr Sie die Natur mögen und öffnen Sie sich aktiv für sie. Ihr Nutzen wird ungleich größer.

Trauen Sie sich ruhig zu, noch mehr Kontaktpunkte mit der Natur in Ihrem Alltag zu entdecken. Sie werden feststellen, je mehr Sie sich nach der Natur umschauen, desto mehr Natur werden Sie auch entdecken. Sie dann bewusst auf sich wirken zu lassen, ist nur ein kleiner Schritt.

Wenn uns das Wunder Natur so lukrativ beflügelt, sollten wir uns nicht nur passiv ihren Einflüssen hingeben. Es wäre doch schlau, aktiv aus uns herauszukitzeln, was Gutes in uns schlummert. Jetzt erfahren Sie, wie Sie dabei am besten vorgehen.

27. Denktag: Hebamme unserer besten Gedanken

Mein Auftrag, ein Unternehmen zu gründen, fiel just in den Beginn der letzten Finanz- und Wirtschaftskrise. Es fehlte himmelweit an allen Ecken, vor allem an Aufträgen. Mit Ach und Krach hangelten wir uns von Woche zu Woche. Eine unwahrscheinlich spannende und äußerst fordernde Zeit. Eine Führungsaufgabe ist ohnehin ein „Sitzen zwischen den Stühlen“. Chancen und Risiken zu erkennen, Personen und Ereignisse treffend einzuschätzen, Prioritäten richtig zu setzen und obendrein beständig richtig gute Ideen zu haben. In dem ganzen Tumult und Ringen auch noch auf sich selbst zu achten, ist eine Herausforderung. Insbesondere, wenn man seine Ehe gerne führt, eine Familie hat und möchte, dass dieser Zustand nicht nur noch lange so bleibt, sondern auch erfüllt.

Eines frühsommerlichen Tages hatte ich ein Schlüsselerlebnis. Ich saß in einer Sitzung und mir schwirrte der Kopf. Wir ballerten die Themen durch, in zig Details wurde heftig diskutiert. Meine To-Do-Liste füllte sich unaufhörlich. Der Blick in meinen Terminkalender ließ mich ganz schwach werden. Zum Glück saß ich. „So geht's nicht mehr weiter“, schoss es mir mit einem Male durch den Kopf. Noch in der Sitzung notierte ich mir kaltblütig in den beiden nächsten Monaten je einen Tag „Denktag“ in meinen Kalender. Mitten unter der Woche. Komme, was da wolle. Diese Tage wollte ich mir freilassen, ganz für mich allein. Draußen am Berg. Das tat ich dann auch.

An diesen Tagen in der Natur hatte ich eine Art Déjà-vu. Für mich schloss sich ein Kreis. Die Tage draußen mit all den Arbeitsthemen waren quasi normale Arbeitstage mit dem Effekt einer sehr hohen Ausbeute.

Ich erkannte eine ganz besondere Qualität der Antworten:

- Sie berühren mich in meiner Tiefe. Sie entspringen meinem Unbewussten.
- Sie berücksichtigen viel mehr die Gefühlswelt derer, die mit den Auswirkungen konfrontiert werden.
- Sie haben länger Bestand, da sie globaler sind.
- Die Ergebnisse sind nachhaltiger.
- Es kommt zu viel weniger Unberücksichtigtem.
- Zusätzlich habe ich eine Vielzahl von richtig frischen Ideen.

Mir wurde klar, dies hatte ich in den eineinhalb Jahrzehnten vorher ebenfalls getan. Allerdings unbewusst. Schon immer war ich sehr gerne und sehr viel in der Natur und speziell in den Bergen unterwegs. Unwillkürlich nutzte ich die Zeiten dort, um über meinen Arbeitsalltag zu reflektieren. Es wurde mir zur Gewohnheit, noch ehe ich bemerkte, dass die Ideen die ich dort hatte, die Schlüsse, die ich dort zog und die Entscheidungen, die ich dort traf, von besonderer Qualität waren. Die Idee in der Sitzung, hinauszugehen, um draußen in der Natur zu reflektieren, war also eine auf den Punkt gebrachte Schlussfolgerung von vielen Ereignissen über mehrere Jahre.

Diese Entdeckung veranlasste mich gezielt, bestimmte Arbeiten und vor allem Problemstellungen in die Natur zu verlegen. Von da an wurde für mich meine Zeit draußen nicht nur Erholung, sondern gezielte Reflexion und Problemlösung. Es verblüffte mich, wie gut das funktionierte. Mittlerweile stelle ich mir gewisse Fragen nur noch in der Natur. Dadurch habe ich mich sogar so weit konditioniert, dass die Ideen geradezu purzeln und Denkblockaden sich schnell lösen, sobald ich nach draußen gehe.

Wie gestalten wir einen solchen Denktag am besten?

Welches Problem Sie auch immer haben. An die in den meisten Fällen (73 Prozent)[1]) beste Lösung kommen Sie auf diese Weise: Sie sind mit der Thematik inhaltlich rundum vertraut und haben sich mit den Fakten auseinandergesetzt. Jetzt gehen Sie gezielt in Ihre Intuition.

Für den Kern des Denktages – die Denkstruktur – haben sich folgende Vorgehensweisen bewährt:

Methode 1: Wechsel der Bewegungsintensität
Methode 2: Einnehmen anderer Standpunkte
Methode 3: In den Schuhen des anderen

- Methode 1: Wechsel der Bewegungsintensität
  - Wählen Sie eine Naturlandschaft, in welcher Sie sich gut aufgehoben fühlen.
  - Suchen Sie sich vorab einen Platz aus, an welchem Sie gerne verweilen wollen. Etwa für eine Pause.
  - Bevor Sie starten, beauftragen Sie sich selbst mit der Findung von Lösungsmöglichkeiten.
  - Starten Sie an einem Punkt, von dem aus Sie zu Fuß etwa eine halbe Stunde bis Stunde zu diesem Platz brauchen.
  - Gehen Sie in betont wechselnder Geschwindigkeit: in Zeitlupe, gemächlich, flott, so schnell Sie können.
  - Denken Sie über Ihr Problem nach. Lassen Sie noch alle Lösungsmöglichkeiten außen vor. Wenn Ihnen bereits jetzt etwas Sinniges einfällt, notieren Sie es sich. Denken Sie sich jetzt ganz tief in Ihr Problem hinein, ja „ergehen" Sie sich in Ihr Problem. Wälzen Sie sich darin. Jammern Sie, heulen Sie, schimpfen Sie, fluchen Sie, kotzen Sie sich so richtig aus.
  - Notieren Sie sich, was Ihnen zu Ihrem Problem einfällt. Oder sprechen Sie es in die Diktierfunktion Ihres Smartphones. Filmen Sie sich.
  - An Ihrem Platz sollten Sie versöhnt mit sich ankommen. Hier machen Sie Pause. Trinken und essen Sie etwas. Lassen Sie das, was Sie sehen, auf sich wirken. Auch jetzt denken Sie nicht konkret über eine Lösung nach. Lassen Sie einfach zu, was mit Ihren Gedanken und Gefühlen geschieht. Was Ihnen merkenswert erscheint, notieren Sie sich.
  - Den Rückweg begehen Sie gemächlich, ganz entspannt. Ob Sie dafür denselben Weg wählen oder einen anderen, entscheiden Sie ganz nach Belieben. Lassen Sie Ihre Wanderung austrudeln. Die Gedanken zu möglichen Lösungen, die Ihnen jetzt kommen, lassen Sie fließen und notieren Sie sich gut. Sollte Ihnen

jetzt auch nichts Gescheites einfallen, bleiben Sie locker. Es ist sehr gut möglich, wenn Sie etwas völlig anderes tun oder eine Nacht darüber geschlafen haben, ist plötzlich eine stimmige Lösung da.

Fragen Sie sich:

- Welche Gefühle, welche Einstellungen entwickle ich in Bezug auf eine Sache im Laufe von verschiedenen Gemütszuständen?
- Verändert sich meine Meinung, meine Einstellung oder bleibt sie gleich?
- Welche Bedenken und Zweifel kommen mir wann?
- In welchen Bewegungsintensitäten bin ich zuversichtlicher oder skeptischer?
- Wann empfinde ich die größte Klarheit?

Befriedigt Sie das Ergebnis nicht, können Sie den Denktag mit dem „Modul 2: Einnehmen anderer Standpunkte" intensivieren.

- Methode 2: Einnehmen anderer Standpunkte
  - Stellen Sie sich eine vertraute Person als Ihren Gesprächspartner vor. Diese Person kennt Sie sehr gut und Sie schätzen ihre Einstellung und Meinung sehr. Versetzen Sie sich in diese Person sehr bewusst. Nehmen Sie ihre Haltung, Mimik, Gestik, Wortwahl, Redensarten usw. an.
  - Jetzt lassen Sie diese Person von immer der gleichen Stelle aus Fragen an Sie richten. In echter Lautstärke. So als ob diese Person tatsächlich dort stünde. Es ist gut, wenn diese Stelle ein paar Schritte von ihrer Position entfernt ist.
  - Während Sie in Ihrer üblichen Lautstärke antworten, stellen Sie sich an Ihren Platz zurück. Sie wechseln also zwischen Frage und Antwort jeweils Ihren

Standpunkt. Sie wechseln mit dem Standpunkt also auch Ihre jeweilige Rolle.

- Bei Ihren Antworten sind Sie ganz Sie selbst und verhalten sich, wie Sie sich im Gespräch mit dieser Person für gewöhnlich verhalten. Stellen Sie sich dabei vor, diese Person stünde leibhaftig ein paar Schritte entfernt vor Ihnen und höre Ihnen aufmerksam zu.
- Lassen Sie Ihren Vertrauten immer fiesere, abwegigere, ja utopische oder absurde Fragen stellen. Fragen, die derjenige sich in der Realität wahrscheinlich niemals zu fragen trauen würde.
- Die Fragen drehen sich natürlich um Ihr aktuelles Problem. Ihr imaginäres Gegenüber nimmt Sie dazu quasi auseinander. Es dringt tief in Sie. Und Sie lassen alle Mauern fallen.
- Diskutieren Sie heftig. Das tut gut! Sanft reden und loben wird Ihr Vertrauter im realen Leben ohnehin genug.

Alternativ oder ergänzend können Sie auch noch die folgende Methode anwenden.

■ Methode 3: In den Schuhen des anderen
Hierbei versetzen Sie sich in eine Person, die Ihr Problem maßgeblich verursacht. Fühlen Sie sich so intensiv Sie können in die Person ein. Tun Sie das unvoreingenommen und frei jeglicher Wertungen. Auch hier nehmen Sie ihre Haltung, Mimik, Gestik, Wortwahl, Redensarten usw. ein. Je besser Sie es schaffen, sich von Ärger oder Vorurteilen zu befreien, desto wirksamer ist diese Vorgehensweise. Versetzen Sie sich so in das Leben dieser Person:
  - Welche Historie hat sie?
  - In welcher Situation befindet sie sich gerade?
  - Was treibt sie an?
  - Wovor fürchtet sie sich?

Tun Sie dies ebenfalls bei unterschiedlichen Bewegungsintensitäten, wie soeben in Methode 1 beschrieben. Bereits jetzt wird meistens schon das ein oder andere Licht gewisse Dunkelheiten erhellen.

Reicht Ihnen das noch nicht, gehen Sie noch einen Schritt weiter. Lassen Sie nun diese Person in der Vorgehensweise nach Methode 2 Fragen an Sie stellen. Sie selbst können an diese Person auch Fragen stellen. Die Antworten daraus vergessen Sie am besten schnellstmöglich. Sie können niemals wissen, was diese Person antworten würde. Außerdem besteht die Gefahr, dass Sie tatsächlich irgendwann glauben, die Person habe dieses und jenes zu Ihnen gesagt, obwohl Sie sich das im Rollenspiel nur selbst ausgedacht hatten. Natürlich können Sie so mit Antwortoptionen, die diese Person üblicherweise gibt oder bereits gegeben hat, und Ihrer eigenen Reaktion darauf spielen. Hier liegt der eigentliche Erkenntnisweg: Sie selbst finden heraus, wie sich Ihr eigenes Verhalten ändert, sobald Sie „in den Schuhen des anderen" stehen. Sie verstehen plötzlich, weshalb diese Person tut, wie sie eben tut und erkennen, wo Sie selbst Konfrontation provozieren.

Sie sehen, allein mit diesen drei Methoden können Sie Ihren Denktag in Dauer und Intensität beliebig gestalten. Darüber hinaus ließen sich noch weitere Methoden optimal in der Natur anwenden. Doch würden diese den Rahmen dieses Buches sprengen. Mit den genannten drei Methoden kommen Sie sehr weit.

Hier noch einmal der Nutzen im Überblick:

- Durch die Fragen, die Ihnen zu sich selbst einfallen, lernen Sie, sich differenzierter mit Ihren Gedanken und Gefühlen auseinanderzusetzen.
- Sie fahren sich nicht so leicht in Gedankenkreiseln fest, sondern lösen sich sogar aus vorhandenen.

- Sie können sich im Dialog testen.
- Sie erkennen mögliche Argumentationslücken.
- Sie können Antworten für spätere reale Situationen vorbereiten.
- Sie erkennen, wie tief und an welchen Stellen Sie sich selbst „testen“. Sie können herausfinden, welche Bereiche Sie unberücksichtigt lassen.

Bedenken Sie: Diese Methode ist keine Garantie für völlig richtige Lösungen. So etwas gibt es nicht. Aus Ihnen kann nur das an die Oberfläche treten, was auch bereits in Ihnen vorhanden ist. Sie können in dieser Betrachtung Ihre Denk- und Verhaltensmuster besser kennenlernen. Je geringer Ihre Bereitschaft ist, sich selbst kritisch zu hinterfragen und zu verbessern, desto weniger Erfolg haben Sie damit. Sie können sehr häufig feststellen, wie sehr Sie selbst wirklich zukunftsweisenden Lösungen im Weg stehen. Gehen Sie einfach von dieser Tatsache aus. Das ist meist der erste Schritt zur Lösung.

Funktionsweise und Hintergründe

Unsere Stimmung färbt die Sachlage: sind wir euphorisch und gut drauf, sehen wir alles positiver. Sind wir hingegen niedergeschlagen oder traurig, beurteilen wir alles negativer. Unsere Probleme, Herausforderungen und Durststrecken zeigen sich immer in anderem Licht, entsprechend der Bewegungsintensität, aus welcher heraus wir sie betrachten. Schuld daran sind unsere körpereigenen Drogen, wie wir bereits wissen. Um herauszufinden, welche Emotionen auf welche Weise helfen, provozieren wir bewusst andere Verhaltensweisen. Diese ermöglichen uns, andere Gemütszustände einzunehmen. Wir erleben völlig neue Sichtweisen und Aspekte. Gerade auch

Denkblockaden, Gedankenkreise oder Grübeleien lösen sich leichter durch einen besonderen „Drogenmix“. Gleichzeitig bleiben wir gedanklich voll bei der Sache und erleben, wie wir uns selbst befähigen, aus anderer Warte zu betrachten.

Ob Sie dazu den immer gleichen Weg wählen oder ganz verschiedene Naturgebiete, gestalten Sie ganz nach Ihrem Gefühl. Beides hat seine Vorzüge. So kann es sehr hilfreich für den Denktag sein, immer dieselben Strecken zu wählen. Es ist leichter möglich, sich voll auf seine Gedanken zu konzentrieren. Wir müssen keine Denkkapazitäten an den richtigen Weg verschwenden, da wir ihn in- und auswendig kennen. Alle Gedanken und Gefühle stehen voll für das Problem zur Verfügung.

Wo wir einmal eine gute Erfahrung gemacht haben, wollen wir dieses gute Gefühl wieder und wieder haben. So suchen wir diese positiv besetzten Orte automatisch immer wieder auf. Durch die Gewohnheit, dort kreativ zu sein, gute Lösungen zu finden und klar positioniert wieder zurückzukehren, schaltet unser Gehirn auf Automatik, sobald wir nur in ihre Nähe kommen. Das setzt einen wahren Fluss von zielgerichteten Gedankenströmen frei, die zu Ideen und handfesten Lösungswegen werden.

Andererseits kann gerade eine neue Gegend wichtige Lösungsimpulse geben, weil unser Gehirn auf neue Weise gefordert wird. An einen neuen Sitzplatz müssen Sie sich unter Umständen erst gewöhnen. Sie müssen sich erst orientieren und sich heimisch fühlen, erst dann beruhigt sich Ihr Erforschungs- und Sicherungsimpuls und Sie können sich Ihrer Denkaufgabe voll und ganz widmen. Beschleunigen können Sie das, indem Sie den Umkreis eines neuen Platzes zuerst aktiv erkunden, bevor Sie sich niederlassen. Verwenden Sie auch immer wieder die gleichen Gegenstände wie Decke, Sitzgelegenheit usw., das macht jeden Platz schneller heimisch.

Wie auch immer Sie vorgehen, es gibt kein Richtig oder Falsch, denn Natur hat sowieso die Eigenschaft, auf uns

„visionär“ zu wirken. Einfach durch die Tatsache, dass wir sehr viele unserer Probleme und Wünsche aus der Alltagswelt dort relativieren. Oft sogar ernüchternd relativieren. Gerade deshalb gehen wir ja in die Natur, um herauszufinden, wo wir unsere Kräfte für Unwichtiges vergeuden. Dies kann natürlich dazu führen, dass wir eine komplette Lebensbetrachtung vornehmen, was zu einem durchaus längeren und schmerzhaften Prozess führen kann. Wieso nicht? Wenn das in uns aufstößt, ist es offensichtlich auch als Baustelle vorhanden. Es wäre auf Dauer fatal, würden wir dem keine Beachtung schenken. Außerdem klären sich die allermeisten Alltagsprobleme von allein oder entstehen erst gar nicht, wenn wir wissen, welcher Weg unserer ist. Die eigene Lebensvision ist unabdingbare Grundlagenarbeit für ein erfülltes Leben.

Die Natur weckt Emotionen. Das nutzen wir ganz bewusst. Denn nur Emotionen ermöglichen es uns, auf eine andere Bewusstseinsebene zu gelangen. Ergreift uns ehrfürchtiges Staunen und fühlen wir uns ganz bei uns selbst, sprechen andere Bereiche aus uns, als wenn wir kühl kalkulieren. Wir konfrontieren uns so ganz gezielt mit Affekten. Affekte provozieren emotionale Ausdrücke. Ausdrücke, die wir im üblichen Alltag einfach nicht haben können, weil die provozierende Kulisse nicht vorhanden ist. Ohne emotionale Erregung keine Veränderung. Die Großartigkeit oder Extravaganz der Naturkulisse spielt dabei keine Rolle für die Intensität der Empfindung. Es besteht eher die Gefahr, dass bei allzu gewaltigen Eindrücken ein Abgleiten in utopische Sichtweisen, Wünsche und Hoffnungen erfolgt. Die Ernüchterung zurück im Alltag folgt auf dem Fuß.

Es muss nicht der grandiose Sonnenuntergang am Rande des Grand Canyon sein, um herauszufinden, in welche Richtung der nächste Lebensschritt gehen soll. Es kann genauso die lustig hüpfende Amsel sein, die uns Konsequenz vorführt, indem sie Dutzende Male ohne Ergebnis in der

Erde stochert und äugt und wieder stochert, um dann endlich an anderer Stelle einen fetten Wurm herauszuziehen.

Der Sonnenuntergang, die Amsel. Diese Momente sind es, die uns alles um uns herum vergessen lassen. Wir nehmen sie besonders intensiv wahr. Im Vergleich zu ihnen erscheinen die übrigen Ereignisse des Tages wie hinter einem Nebel der Belanglosigkeit. Dies ist auch so. Denn das meiste, über was wir uns heute sorgen, wird sich in der Rückschau zu einem späteren Zeitpunkt als banal erweisen. Kosten Sie diese heiligen Momente aus. Geschehen lassen, wirken lassen, sacken lassen. Das sind die wertvollen Momente, die bleiben und an die wir uns noch nach Jahren und Jahrzehnten erinnern.

Das bedeutet nicht, dass Sie andere nicht mehr brauchen und Sie nur ein bisschen in die Einsamkeit der Natur gehen müssen und schon sind Sie allwissend und über jegliche Kritik erhaben. In der Natur geschieht Folgendes: Sie arbeiten den für Sie tatsächlichen Optimalweg heraus. So weit als möglich unbeeinflusst von Ihrer Alltagswelt, von anderen und deren Meinungen, Grimassen, Blicken, Seufzern usw. Sie tasten sich an das heran, was Sie echt wollen. Hochwirksam unterstützt vom Einfluss der Natur. So, in Ihrem persönlichen Selbstbewusstsein mit gesundem Selbstwert, gehen Sie in die Diskussion mit anderen. Sie steuern zweifelsfrei bei, was und wie Sie es beitragen wollen und sind für ergänzende Aspekte, andere Meinungen und letztlich Kompromisse empfänglich und eher bereit. Denn Sie wollen eine Lösung. Ihr Sinn steht nach einer optimalen Lösung. Sie muss deshalb nicht vollständig so sein, wie Sie es an Ihrem Denktag ausgeheckt haben.

Im Disput mit sich selbst programmieren Sie sich bereits auf den Zielzustand: wir haben das gelöst. Sie werden viel weniger herumeiern, weil Sie sich auf das Finden einer Lösung programmiert haben. Sie haben durch das Durchkauen der Pfründe an Eitelkeiten und Vordergründigem alles weggeputzt, was sich als unsichtbare Hürden in den Weg gestellt hatte. Ihr Unbewusstes greift bereits nach den Möglichkeiten weitaus lukrativerer Lösungen. Damit haben Sie Ihre Haltung verändert, die unbewusst und bewusst die Reaktionen Ihrer Gesprächspartner in Richtung der Lösungen leitet.

Welchen Tipps und Ratschlägen Sie auch immer zu folgen gedenken: gehen Sie zuerst einmal in sich. Fühlen Sie in sich hinein, wie Sie wirklich dazu stehen. Lassen Sie Ihr Unbewusstes sprechen. Handeln Sie immer im Einklang mit Ihrem Herzen. Andernfalls lassen Sie es besser bleiben. Denn letztlich, egal welche Strategie Sie zur Problembewältigung anwenden, die Lösung kann nur aus Ihnen selbst kommen. Andere können Ihnen nur Fragen stellen, die Ihr Gehirn auf noch nicht betretene Denkpfade lenkt. Sie können Ihnen Strategien anbieten, die bei anderen funktioniert haben. Das ist gut und richtig und kann aus Denkblockaden oder Gedankenspiralen befreien. Andere können Ihnen raten, so viel und gut sie immer wollen. Sie müssen jedoch zu Ihrer Entscheidung stehen wie ein Fels in der Brandung, denn Sie allein löffeln die Suppe auch aus.

Was wir dort am Denktag tun, ist etwas sehr Kostbares. Große Persönlichkeiten und viele der kreativsten Denker und Weltveränderer verbrachten viel Zeit mit sich allein und zumeist in der Natur. In die Einsamkeit der Natur zu gehen, um sich über Entscheidungen klar zu werden, ist so alt wie die Menschheit selbst. Deshalb wird es auch bei Ihnen sehr gut funktionieren. Friedrich Nietzsche lebte getreu seinem Motto „Traue keinem Gedanken, der im Sitzen kommt" und Henry Thoreau tat es ihm gleich, Goethe resümierte: „Was ich nicht erlernt habe, das habe ich erwandert" und Heinrich von Kleist erkannte: „Einsamkeit in der offenen Natur, das ist der Prüfstein des Gewissens."

Bei all diesen Methoden verlassen Sie ihre Komfortzone. Dies mag mittlerweile ein viel strapazierter Begriff sein. An der Tatsache, dass nur außerhalb dieser Wachstum und

Entwicklung möglich ist, ändert sich deshalb nichts. Ja, es mag bereits schon viel verlangt sein, sich überhaupt der Natur allein anzuvertrauen. Allein das ist eine wertvolle Chance, persönlich zu wachsen. Und es geht noch weiter, denn das wenigste, worin die Natur uns unterstützen kann, ist uns bis jetzt bekannt. Nutzen wir dazu ein ganz bestimmtes Forschungsfeld.

28. Bionik: Der Natur auf die Finger geschaut

Seit jeher inspirieren sich Menschen an Erscheinungen der Natur, um diese direkt oder indirekt als Vorlage für Gebrauchsgegenstände zu nutzen und sich inspirieren zu lassen. Bionik oder Biomimetik nennen wir das heute, wenn wir in der Natur Vorkommendes kopieren, um zumeist technische Geräte und Apparaturen zu bauen. Leonardo da Vinci gilt mit seinen Flügelmodellen als offizieller Begründer der Bionik. Er kopierte das Vorbild Vogelflügel, um sich damit selbst irgendwann einmal in die Lüfte zu erheben. Leider ist ihm das nicht gelungen. Er hat damit jedoch nicht nur nachfolgenden Tüftlern den gedanklichen Weg bereitet, er führt uns mit einer Vielzahl seiner Werke und Apparaturen vor Augen, welche Inspiration die Natur für den Menschen sein kann. Berücksichtigt man das allgemeine technische Verständnis des ausgehenden 15. und beginnenden 16. Jahrhunderts, so sind nicht nur seine Flügelmodelle absolute Science Fiction. Da Vinci fühlte sich dazu berufen, die Schönheiten der Natur und diese im Zusammenspiel mit Menschen darzustellen.[1]) So verglich er beispielsweise die Wasserläufe in ihrer Funktion mit den Venen des menschlichen Körpers und schrieb beiden gleiche Aufgaben zu.[2]) Der Mensch hat seit jeher die Natur beobachtet und für sein eigenes Wohlbefinden genutzt. Schon die Idee, sich mit Tierfellen gegen die Kälte der Eiszeit zu schützen, ist Ur-Bionik.

Auch das Beispiel des Ingenieurs Georges de Mestral ist exzellent, um uns den direkten Nutzen von Naturkopien deutlich vor Augen zu führen. Wohl etwas genervt zupfte er nach Spaziergängen immer wieder die Früchte der Großen Klette aus dem Fell seines Hundes. Bis er diese 1951 unter seinem Mikroskop betrachtete, um herauszufinden, was sie so unwahrscheinlich gut haften ließ. Er entdeckte stabile und gleichzeitig flexible Häkchen. In direkter Kopie hatte er den Klettverschluss erfunden.

Genauso zeigen uns viele Beispiele aus der Architektur, welche grandiosen Ideen aus dem Konstruktionsbüro der Natur stammen, die nur durch aufmerksames Beobachten entdeckt wurden. Wie etwa Minarette, die Türme von Moscheen, die dem Winterschachtelhalm zum Verwechseln ähnlich sehen. Die Zeltdachkonstruktion des Münchner Olympiastadions erinnert eindeutig an Spinnennetze, die im morgendlichen Tau einer Wiese funkeln. Die Oper Sydneys hatte Orangenschalen zum Vorbild und zählt zu den spektakulärsten Bauten der Welt. Was liegt näher, als die in fast vier Milliarden Jahren entwickelte Genialität der Natur zu übernehmen? Das macht große Lust, sowohl auf die Zusammenhänge in der Natur zu achten, wie auf ihre Schätze, die sich in ihren Details verbergen.

Die Natur allerdings nur als Vorlage für rein Technisches zu nutzen, ist eine gigantische Verschwendung der Möglichkeiten und wird ihren Fähigkeiten nicht vollauf gerecht. Dies zeigt bereits die erweiterte Anwendung der Bionik für die Lösung von Managementaufgaben, auch Managementbionik genannt. Hierbei werden insbesondere Lösungsstrategien für komplizierte Zusammenhänge in ihre Teilaspekte zerlegt, um Systematiken zu erkennen und mit diesen organisatorische Fragen zu lösen. Spezialisten unterschiedlicher Disziplinen wie Ingenieure, Biologen, Chemiker usw. versuchen Phänomene der Natur aufzuschlüsseln und für die Lösung komplexer Aufgaben anzuwenden. Wie etwa Insektenkolonien, Schwärme, Herden oder Rudel. Wohlgemerkt als Vorbild und nicht blindlings als Vorlage.[3]) Denn unser menschliches Zusammenleben unterliegt einer größeren Vielzahl von Einflüssen, unser Leben ist weitaus komplexer als das der Tiere. Und schließlich haben wir konstruierte Wünsche und Ziele, die wohl kaum mit jenen der Tierwelt vergleichbar sind.

Ebenso vorsichtig müssen wir sein, wenn wir tierisches Verhalten als Spiegel unserer unbewussten Äußerungen verwenden. Das Tier macht immer dann mit, wenn es den Menschen als bestimmende Autorität begreift. So reagiert z. B. ein Pferd auf Führungsversuche pur. Es spiegelt innere Dissonanzen des führenden Menschen wider. Bis zu einem gewissen Grad mag dies ganz praktikabel sein, doch können wir uns nie gewiss sein, wie genau das beim Tier probate Mittel wirklich in die Menschenwelt zu übertragen ist. Allein die Nähe des Tieres als fühlendes Wesen wahrzunehmen, ist für viele eine völlig neue und stark emotionale Erfahrung, die sicherlich sehr bereichernd ist. Vielleicht verhilft gerade diese gefühlte Wärme zu einem neuen Verständnis für andere und damit zu fruchtbarerem Führungsverhalten. Doch als einfache Vorlage für Führungskunst wird dies unserem modernen Anspruch einer hochvernetzten Welt mit Myriaden von ablenkenden Informationen nicht gerecht. Genauso wenig taugt das Kopieren von tierischem Verhalten. Bloß weil unsere Katze fast 20 Stunden am Tag schläft und unser Hund vor Begeisterung platzend, zum 100sten Mal das Stöckchen holt, muss das für uns nicht auch sinnvoll sein. Oder anders gesagt: Was können wir bitte daraus Sinnvolles für uns lernen? Von Tieren können wir unstrittig sehr wohl direkt lernen. Ihre entspannte Natürlichkeit trotz vieler, oft tödlicher Gefahren. Trotzdem weiterzumachen und für

Nachwuchs zu sorgen, einfach weil das Leben eben ist, wie es ist. Diese Herausforderungen als beständigen Anlass zu Verbesserungen zu nehmen und nicht müde zu werden, uns zu entwickeln. Den Aspekt der Managementbionik schließe ich hiermit ab, da eine bereits vorhandene Vorgehensweise hier nicht neu dargestellt, sondern weitere, neue Möglichkeiten die Natur als Inspiration zu nutzen, gezeigt werden soll.

Ich habe hier nur kurz angerissen, was im Forschungsfeld der Bionik alles möglich ist. Halten wir uns die Tatsache vor Augen, wonach das wenigste bereits entdeckt ist, wofür die Natur Vorbild sein kann, können wir mit Spannung erwarten, was wir noch alles mithilfe der Natur entdecken und in Anlehnung an sie erfinden werden.

Um uns die zahlreichen weiteren Möglichkeiten zu erschließen, wie wir die Natur als natürliche Bereicherung nutzen können, müssen wir uns ein Stück weit von den rein phänomenologischen Erkenntnissen lösen. Für die allerwenigsten menschlichen Probleme gibt es in der Natur eine simple Lösungsvorlage, die wir nur aufzustöbern brauchen. Für fast alle unserer Probleme kann die Natur aber auslösendes Moment zur Lösungsfindung sein. Damit dies möglich wird, müssen wir ein Stück weit bereit sein, uns in unerforschtes Gebiet in uns selbst vorzuwagen. Die eigene aufgeschlossene und lösungsorientierte Haltung ist der Schlüssel, um überhaupt Relevantes zu entdecken. Wir bestimmen letztlich immer selbst, wie groß der Nutzen der Natur für uns ist. Dazu gibt es pragmatische Vorgehensweisen, die wir uns im Detail ansehen werden.

Bevor wir damit beginnen können, muss uns die dazu wichtigste Voraussetzung klar sein: wollen wir, egal welche, Lehren aus der Natur ziehen, müssen wir Natur zuerst beobachten. Die oben genannten Beispiele da Vincis, de Mestrals sowie die Beispiele aus der Architektur zeigen uns das deutlich. Wir müssen Natur erleben, wir müssen sie spüren. Dazu müssen wir weder Wissenschaftler noch Ingenieur noch besonders intelligent oder gewieft sein. Wir müssen lediglich da hingehen, wo Natur stattfindet. Wir müssen es tatsächlich tun: in die Natur gehen. Mal reicht ein kurzer Gang, ein kleines Verweilen. Mal ist es gut, mehrere Stunden in der Natur zu sein. Mal wird es notwendig oder einfach ein Bedürfnis sein, für Tage in die pure Natürlichkeit zu verschwinden. Dann wieder müssen wir an ein und demselben Ort mehrmals vorübergehen, bis der Groschen zur händeringend gesuchten Lösung fällt.

Gehen wir also hinaus und lassen uns von der Natur durch ihre unaufdringlich gespannte Aufmerksamkeit in unserer Kreativität beflügeln. Denn wir können uns in der Führung von Menschen und Unternehmen und vor allem unserer eigenen Führung viele Umwege ersparen, wenn wir uns zunächst die geringe Mühe machen, uns selbst in der Natur zu konsultieren. Ohnehin entwickeln wir jede uns weiterbringende Erkenntnis aus uns selbst. Der Einfluss anderer, der Umstände und der Umgebung sind lediglich Hilfsmittel.

Sehen wir uns nun an, wie das in der Praxis funktionieren kann.

Analogien aus der Natur direkt nutzen

Zufällige Entdeckung: Wie das Beispiel des Klettverschlusses zeigt, ist dies die gängigste und augenfälligste Vorgehensweise, welche sich für Produkte aller Art nutzen lässt. Dazu zählt auch die Neukombination aus zwei oder mehreren bereits vorhandenen Erscheinungen. Sie ist vor allem für tatsächliche Produktentwicklungen oder Produktkombinationen geeignet.

Wer sich allerdings darauf nicht verlassen will, der bedient sich der selektiven Wahrnehmung, die dem Zufall noch auf die Sprünge hilft.

Selektive Wahrnehmung: Durch unsere intensive Auseinandersetzung mit fachspezifischen Themen sensibilisieren wir uns für dazu passende Erscheinungen. Wir nehmen wahr, was uns in der eigenen Fokussierung unterstützt. Den Rest blenden wir aus. Dieses Phänomen kennen Sie bestimmt aus eigener Erfahrung. Sie wollen sich zum Beispiel ein neues Auto anschaffen. Sobald Sie sich für ein Modell entschieden haben, erscheint es Ihnen, als seien plötzlich sehr viele dieser Modelle auf der Straße unterwegs. Tatsächlich hat sich deren Zahl nicht verändert.

Diese selektive Wahrnehmung unterstützt uns in der Konzentration auf für uns persönlich Wichtiges. Wir erkennen Details und Systematiken, die ein anderer in gleicher Umgebung nicht wahrnehmen kann. Einfach weil sein Gehirn nicht auf genau dieses Wahrnehmungsfeld getrimmt ist. Unser mit unserer Fachaufgabe gefüttertes Gehirn sucht permanent nach Hilfreichem, wenn wir ihm auch den Befehl dazu geben. Sagen Sie sich bewusst, wenn Sie in die Natur gehen, dass Sie etwas in der Natur entdecken wollen, das Sie in Ihrer Arbeit unterstützt. So ist die Chance deutlich höher, dass Ihnen das auch tatsächlich gelingt.

Wie etwa der Architekt, der Distanzen überspannende oder Hohlräume schaffende Konstruktionen in der ihn umgebenden Natur besonders häufig und bewusst wahrnimmt. Genauso der Verpackungsingenieur, der Schutzräume von Tieren und Samen unter dem Blickwinkel seiner persönlichen Verwendungsmöglichkeiten betrachtet. So wird plötzlich der gut bekannte heimische Wald zu einer Gratis-Bibliothek zum Schmökern und Lernen.

Gehen Sie deshalb regelmäßig und möglichst zu verschiedenen Tages- und Jahreszeiten und bei unterschiedlichen Witterungen hinaus und lassen Sie die Eindrücke aus der Natur auf sich wirken. Manche Erscheinungen sind nur zu bestimmten Lichtverhältnissen oder Jahreszeiten beobachtbar.

Setzen Sie sich bei Ihren Studien aber auf keinen Fall unter Druck. Bleiben Sie locker. Durch zu starke Fokussierung und zu starke Willensanstrengung taktet ihr Gehirn nur im Beta-Bereich und damit im rein rationalen und logischen Denken. Haben Sie dabei länger keinen Erfolg, gibt Ihnen Ihr Gehirn das Signal „Wir verschwenden hier nur unsere Zeit“. Dann ärgern Sie sich und schränken Ihre Auffassungs- und Beobachtungsgabe noch weiter ein. Entspannen Sie sich und gelangen Sie dadurch in den Alpha- oder Theta-Zustand, in dem Sie Zugang zu Ihrem Unbewussten haben, die Gehirnhälften optimal miteinander korrespondieren und Sie dadurch die besten und kreativsten Ideen erhalten. In diesem Zustand entwickelte Ideen sind zumeist in sich sehr stimmig, da sie ein gewaltiges Spektrum an Informationen in sich vereinen. Unsere rein bewusst kognitive Denkleistung ist demgegenüber vernachlässigbar klein.

Wollen Sie wissen, an welchen bionischen Möglichkeiten aktuell geforscht wird, empfehle ich Ihnen die Links zum Bundesministerium für Bildung und Forschung (www.bionische-innovationen.de), zum Kompetenznetz Biomimetik mit einer umfassenden Datenbank (www.kompetenznetz-biomimetik.de) sowie dem Internationalen Bionikzentrum (www.bionikzentrum.de).

Analogien weiterfassen: Sinnbilder und Gedankenstützen

Nach der rein phänomenologischen Betrachtung von Pflanzen, Tieren und unbelebten Erscheinungen der Natur, sehen wir uns nun die weiteren Einsatzgebiete der Bionik an. Wir stoßen jetzt in den weit größten Entdeckungsraum vor. Denn wir nutzen die Natur bewusst, um unseren Gedanken und Gefühlen förderliche Impulse zu geben.

Sinnbilder: Erscheinungen der Natur wirken besonders stark auf uns. Wir Menschen haben als Teil der Natur über Jahrmillionen in der Natur gelebt, und sie hat sich als aller Anfang und alles Ende tief in unser Unbewusstes gebrannt. Alle ihre Erscheinungen haben den Nimbus der Ewigkeit und Unerschütterlichkeit. Denn die Erscheinungen der Natur, so unverständlich sie für uns manchmal sind, gehören zu den faszinierendsten und beeindruckendsten Phänomenen. Vergleiche mit der Natur lassen Probleme und Widerstände sofort ihre reale Größe annehmen und setzen neue, gesunde Perspektiven. Lassen wir beim Aufenthalt in der Natur unsere Gedanken um aktuelle Aufgabenstellungen und Überlegungen kreisen, reflektieren sich diese in Sinnbildern, die wir bisher nur schwer oder gar nicht in Worte fassen konnten.

Eine große mächtige Eiche mit ihrer gewaltigen Krone erweist sich beim Näherkommen als eine Symbiose aus zwei Bäumen mit einem einzigen Wurzelstock. Würde man einen Stamm entfernen, wäre die Lebensfähigkeit dauerhaft und die Erscheinung, Größe und Dominanz des gesamten Baumes sofort deutlich nachteilig verändert. Dies kann Sinnbild für einen Unternehmensverbund, zwei Geschäftspartner, die Zusammenarbeit zweier Abteilungen oder zweier Menschen sein. Um anderen die Wichtigkeit der Zusammenarbeit für das gemeinsame Wohlergehen deutlich vor Augen zu führen, kann eine Führungskraft das Bild dieses Baumes im Unternehmen anbringen und die Symbolkraft gezielt in Gesprächen nutzen. Bei jeglichen Zwistigkeiten reicht ein Blick auf die doppelstämmige Eiche, um an die Macht der Vereinigung der Kräfte zu erinnern.

Das Blatt des Frauenmantels kann Symbol für eine optimale Reklamationsbearbeitung sein. Denn der vom Blatt aufgefangene Wassertropfen, die Reklamation, gelangt ohne den geringsten Verlust direkt in das Zentrum des Blattes und zur optimalen Bewässerung der Pflanze am Stiel entlang hinunter zur Wurzel. Auch jede Reklamation ist Erfrischung, bringt neue Erkenntnisse und kann langfristig den Erhalt des Unternehmens gewährleisten. Wenn sie als Bereicherung und konstruktiver Anlass zur Verbesserung aufgefasst wird.

Der um unsichtbare Hindernisse mäandernde Bach begeistert durch seine Schönheit. Offensichtlich bereichert er sein durchströmtes Gebiet gerade durch diese ausladenden Windungen. Wir streben nach einem geradlinigen Weg zu unseren Zielen. Machen nicht gerade erst die Umwege das Leben im Rückblick interessant? Wurde nicht gerade dadurch möglich, was jetzt ist? Ein aussagekräftiges Bild für ein Unternehmen, das sich in einem starken Verdrängungswettbewerb behaupten und vielleicht auch immer wieder neu erfinden muss.

Mit diesen Bildern, aufgeladen durch die Gedanken und Gefühle des Betrachters, können Elemente der Natur zu Symbolen für Standards, Veränderungen und Zukunftsszenarien sein. Sie beeinflussen eine Situation positiv, denn 88%[4]) der Menschen sind der Natur gegenüber positiv eingestellt. Wir nutzen damit die positive Wirkung der Natur und verbinden sie mit den Zielen im Business. Damit erhalten wir für diese automatisch mehr emotionale Unterstützung. Zudem nutzen wir das Phänomen des ersten Eindrucks. Demnach betrachten wir nicht nur Personen, sondern auch Sachverhalte und Umstände entsprechend der ersten Prägung, mit welcher wir sie wahrgenommen haben. Ein Veränderungsprozess, mithilfe eines positiv belegten Phänomens aus der Natur initiiert, beginnt seinen Verlauf unter einem guten Stern. Erst fortwährende negative Ereignisse im Verlauf des Prozesses ernüchtern die Wahrnehmung dessen.

Gedankenstützen: Gerade die Betrachtung von Ereignissen, welche mit unserer Alltagswelt nichts zu tun haben, kann das entscheidende Initial für Lösungsansätze oder die Lösung selbst sein. Wie wir im Kapitel „Körpereigene Drogen: seine Schlaumacher nutzen" erfahren haben, beeinflusst unsere Umgebung direkt unser Fühlen und damit unser Denken. Da die Natur im Regelfall die bipolarste Umgebung zu unserer Arbeits- und Alltagswelt ist, sind wir gerade dort besonders kontrastreichen Einflüssen ausgesetzt. Diese höchst anderen Vorgänge beeinflussen unser Fühlen und Denken auf eine größtmöglich unterschiedliche und zugleich förderliche Weise. Diese körperliche Distanz unterstützt uns auch, einen größtmöglichen gedanklichen Abstand zu unserer üblichen Welt herzustellen.

Unser Gehirn liebt Abwechslung an äußeren Reizen. Unabhängig, wie wir diese subjektiv werten. Je intensiver die Reize, desto intensiver die Gehirnaktivität, desto größer die Bewusstheit über die Erfahrung und desto höher die Qualität der Erinnerungsfähigkeit. Wir lernen nur, wenn Emotionen im Spiel sind. Und umso eher besteht die Möglichkeit, sich von eingeschränkter Sichtweise und aus unfruchtbaren Gedankenkreisen zu befreien.

Wie ein Bach Hindernisse umfließt, wie stoisch große Steine in ihm liegen, wie die leckenden Flammen die Glut sprengen und der Wind in den Wipfeln rauscht, mag uns trivial erscheinen. Diese mittlerweile nicht mehr alltäglichen Reize auf uns wirken zu lassen und wahrzunehmen, eröffnet uns Gedankenräume, die wir im Alltag für gewöhnlich nicht betreten. Ob wir sie bewusst oder unbewusst wahrnehmen, spielt zunächst keine Rolle.

Bei der bewussten Wahrnehmung suchen wir aktiv nach Parallelen. Wir kreisen fokussiert Lösungsmöglichkeiten ein. Dies kann sehr schnell zum Ziel führen, kann uns jedoch auch daran hindern, für vielleicht ungewöhnliche Alternativen offen zu bleiben. Lassen wir diese Reize der Natur unbewusst auf uns wirken, wie etwa bei einem gedankenverlorenen Spazieren mit dem Blick des Jägers (siehe

Kapitel „Kreativitätsbooster Natur: Sinn der Sinne"), können gerade die nicht alltäglichen Reize der Natur die Lösung bringen.

Unser lösungsorientiertes Suchen findet ständig stimulierende Impulse aus den Geschehnissen in der Natur. Der Anblick eines Baches setzt vielleicht zunächst überhaupt keinen Denkmechanismus in Gang. Denn richtig wahrgenommen haben wir den Bach ja gar nicht. Wir gehen weiter. Doch da war er, der Funke, der eine Lösung bringen kann, der uns stocken lässt. „Warum ist mir das nicht früher eingefallen?!", fragen wir uns, mit der flachen Hand gegen die Stirn klatschend.

Für unser Gehirn ist unsere Berufs- und Alltagswelt irgendwann so bekannt, dass wir nach Urlaub und Abwechslung lechzen. Doch was tun wir in einem Urlaub, der uns nicht verdummen lassen soll? Wir sind geistig fast genauso aktiv wie im Beruf. Nur eben auf völlig andere Weise. Das zeigt uns: unser Gehirn braucht keinerlei Erholung. Es braucht regelmäßig Abwechslung. Schon nach erstaunlich kurzer Zeit ist es wieder fit für unseren Alltag, und wir freuen uns auf die Rückkehr zu allen privaten wie beruflichen Pflichten.

Was jeder Einzelne beim Aufenthalt in der Natur entdeckt, ist ein Spiegel des eigenen aktuellen Empfindens. So wird jeder genau das wahrnehmen und entdecken, was seine Gedankenwelt am ehesten stimuliert. Gerade dadurch erkennen wir Zusammenhänge und ermöglichen uns spielerisch einen bereichernden Blick von außen auf uns selbst und unser gesamtes Tun.

Bisher haben wir die Erscheinungen in der Natur betrachtet und aus unseren Beobachtungen und daraus entstehenden Empfindungen Schlüsse für die Herausforderungen unseres Berufsalltags gezogen. Nun gehen wir noch einen Schritt weiter. Wir nutzen die Natur nicht mehr nur als Vorlage oder Verkörperung von Gedanken und Zusammenhängen.

Wir lernen nun, die Natur zur Reflexion unseres eigenen Verhaltens zu nutzen und neues, förderlicheres Verhalten zu üben.

Eigenes Verhalten entschlüsseln durch gezielte Reflexion

In der Natur verhalten und bewegen wir uns ausgesprochen impulsiv. Wir rufen automatisch jahrmillionenalte Verhaltensmuster ab. In Reinkultur können wir diese Muster am besten umsetzen, wenn wir allein sind. Denn dann können wir uns hinter keinem anderen verstecken, müssen keine Rolle aufrechterhalten oder uns beweisen. Dadurch verhalten wir uns auch, wie wir tatsächlich sind.

Fühlen wir uns unbeobachtet und sind gleichzeitig starken Umweltreizen ausgesetzt, sind unsere Empfindungen unverfälscht und daher besonders intensiv. Wir können über unsere tatsächlichen Empfindungen nicht einfach hinwegsehen. Wir handeln, wie uns wirklich zumute ist. Wir erkennen, was uns wirklich wichtig ist und worauf wir uns konzentrieren wollen; wo wir unsere Schwerpunkte sehen. Ganz ohne die Reaktionen anderer als Feedback zu nutzen oder aufgedrängt zu bekommen. Wo ist das sonst möglich?

Natürlich ist Feedback von wertschätzenden und aufrichtigen Menschen sehr wertvoll. Jede kundgetane Meinung ist jedoch immer nur die Sichtweise eines anderen und schließt seinen gesamten Erfahrungsschatz, sein Werte und seine aktuelle Stimmung mit ein. Kein Feedback ist also zu 100% richtig. Es ist ein Richtwert. Wir müssen selbst erkennen, was wir daraus für uns verwenden wollen.

Um sich selbst in der Einsamkeit fruchtbare Rückmeldung zu geben, muss man bereit sein, sich selbst ehrlich zu hinterfragen. Wir müssen auf Details unseres Verhaltens und unserer Gedanken und Gefühle achten. Wie wir uns in der Einsamkeit verhalten, so verhalten wir uns wirklich. Besondere Fähigkeiten brauchen wir uns vorab dafür nicht anzueignen. Je nach Erfahrung und Kenntnissen tasten wir uns in den Bereich der Neuerfahrungen vor. Es ist ja gerade das Neue, das uns unsere Handlungsmuster besonders deutlich vor Augen führt.

Wer aus einem reichen Erfahrungsschatz schöpft, für den sind geringfügige Neuerungen keine große Herausforderung. Wer im Alltag mit Dutzenden Apps hantiert, für den ist eine weitere App in einem neuen Anwendungsbereich einfach nur interessant. Wer sich als versierter Wanderer bezeichnet, sollte von einem unerwarteten Regenguss nicht übermäßig überrascht sein, sondern sich eher die Frage stellen, weshalb er für ihn unerwartet kam.

Ob ich an einem Bach zögere, bevor ich ihn durchwate, hat weniger mit meinen Gehfertigkeiten zu tun als damit, wie ich mit Hindernissen umgehe. Versuche ich, vielleicht sogar krampfhaft fixiert, einen Übergang zu finden und renne weite Strecken am Ufer auf und ab, oder packe ich das Problem beim Schopf und meine Schuhe mit der Hand und wate barfuß hinüber?

Ob ich mein Bündel mit lauter unnötigem Krimskrams fülle und stattdessen wirklich hilfreiche Utensilien vergesse, hat wohl weniger mit meiner Erfahrung in diesen Dingen zu tun als mit dem Hang, mich mit Unnötigem zu beladen oder mit Unwichtigem aufzuhalten. Um diese Dinge dann – wie praktisch – als Verhinderer meines Erfolges zu betiteln: „Ich konnte ja nicht, weil …"

Immer wieder mit dem Wetter Überraschungen zu erleben, hat wahrscheinlich weniger mit dem unpräzisen Wetterbericht oder meiner rar verfügbaren Freizeit zu tun. Vielmehr ist es ein Zeichen meiner Angewohnheit, wichtige Vorzeichen unter Umständen gar nicht wahrzunehmen oder mehr oder weniger bewusst zu ignorieren. Wir werden durch unser Verhalten in der Natur auf unsere selbst gebauten Hürden hingewiesen. Es liegt an uns, wie weit wir uns auf diese – manchmal unangenehmen – Lehren einlassen.

Dazu möchte ich Ihnen von einer Begebenheit berichten, die mir selbst widerfahren ist. In der Beziehung mit wichtigen Geschäftspartnern steckten wir seit einiger Zeit fest. Wir konnten bei ihnen mit unseren mühsam errungenen, definitiv vorhandenen Erfolgen nicht die Wirkung erzielen, die wir uns vorgestellt hatten. Die Unterstützung für unsere noch junge Firma schwand zusehends. Ich spürte bei mir ein gewisses Brett vorm Kopf, das ich trotz mehrerer Gespräche mit Kolleginnen und Kollegen nicht los wurde. Kurz entschlossen fuhr ich für drei Tage auf eine Hütte, um ein paar Skitouren zu unternehmen. Das Wetter war nicht besonders gut. Niederschlag gab es zwar kaum, doch die Wolken schirmten zuverlässig die Sonne ab. Der Kampf mit dem Wind dominierte das Unterwegssein. Mit leerem Kopf zog ich meine Spuren. Irgendwie war alles grau und windig. Draußen, in meinem Kopf und in unserem Unternehmen. Mit den Tagen und den Touren wurde mir klar, wo ich mir selbst und damit unserer Firma im Weg stand. Genauso wie die tief hängenden Wolken die Berge verdeckten, so konnten unsere Geschäftspartner schlicht nicht sehen, wohin es ging. Wenn wir im starken Wind und bei geringer Sicht einen Berg besteigen, so fehlt demjenigen, der den Berg nur bei schönstem Wetter kennt, die Relation der aktuellen Schwierigkeiten und er kann daher unsere Leistung gar nicht angemessen bewerten. Mir gelang es, unsere Bemühungen und unsere Erfolge in Relation zu bekannten Größen darzustellen. In der bald darauf folgenden Sitzung brachte ich mit einer Grafik und wenigen Worten zum Ausdruck, wo wir tatsächlich standen. Von da an änderte sich die Wahrnehmung dessen, was wir vollbracht hatten zusehends. Ein wichtiger Entscheidungsträger war begeistert, und die weitere Unterstützung unseres Unternehmens war gesichert. Ich bin fest davon überzeugt, dass sich die Situation ohne meinen damaligen Aufenthalt in den Bergen und der Erkenntnis der grauen Wolken niemals so schnell oder eventuell gar nicht zum Guten gewandt hätte.

Völlig unbeobachtet – wo sonst ist das möglich?

Fern unserer Alltagswelt und in der Einsamkeit können wir unbeobachtet das tun, wozu uns gerade zumute ist. Nicht nur für Momente, sondern, wenn wir wollen, sogar für Tage. Wir haben die Chance, tiefer zu blicken, als uns das in den Beeinflussungen der vertrauten Umgebung und in Gesellschaft anderer möglich sein kann. Die Natur gibt uns das Gefühl, ein absolutes Recht auf Dasein zu haben, das nicht an Bedingungen geknüpft ist. Das ist im Leistungssog der Alltagswelt mitunter schwer möglich. Wir haben die Chance, uns selbst zuzuhören und verstehen zu dürfen, was das bedeutet. Denn wir haben ja nichts davon, uns im Idyll der Natur zu belügen, um dann in der Ernüchterung des Alltags ohne Veränderungsansätze wie aus einem zu schönen Traum zu erwachen. So ist es uns z.B. plötzlich möglich, klar zu erkennen, weshalb uns jemand nicht vertraut und wie wir das mit gezielten Maßnahmen ändern können. Weshalb wir mit manchen Menschen einfach nicht warm werden und wie wir diesen Umstand abändern und dennoch für unsere Ziele zu nutzen lernen. Wo wir durch unser eigenes Verhalten uns selbst immer wieder unnötige Hürden bauen oder überflüssigen Ballast mit uns herumschleppen. Manches können wir einfach leider nicht in Erfahrung bringen, auch wenn wir noch so viele gutmeinende Menschen fragen. Das ist schlicht nicht möglich. Wenn es auch der einfachere Weg wäre. Manches ist an uns selber, entdeckt zu werden, dadurch zu wachsen und zu lernen.

Zum Thema Ballast fällt mir ein Beispiel aus meiner Zeit als Vertriebsleiter und Geschäftsführer ein. Durch meine vielen Tage und Reisen in der Natur bin ich es gewohnt, alles, was ich benötige, bei mir zu tragen. Doch immer nur so viel, wie unbedingt sein muss. So versetze ich mich nicht nur in die überaus praktische und reizvolle Lage, mich leichter zu bewegen und aufzuhalten, wo immer ich will. Daraus entwickelte sich mit der Zeit ein regelrechtes Lebensgefühl, was mir viel persönliche Freiheit durch mentale und damit tatsächliche Mobilität bescherte. Zunächst unbewusst, im Laufe der Zeit mit Bedacht, optimierte ich auch meine Arbeitsstellen diesbezüglich. Beim Aufbau und der Führung der Maschinenring Personaldienste GmbH verzichtete ich auf ein eigenes Büro, mit dem Argument: das Geschäft findet draußen bei meinen Partnern und Kunden statt und nicht im Büro. Wir hatten am Unternehmenssitz natürlich ein Büro sowie ein weiteres Backoffice für viele Verwaltungsaufgaben. Doch ich hatte nie einen eigenen Schreibtisch oder Besprechungsraum. Mein Büro war mein Auto. Tageweise nutzte ich freie Schreibtische in den diversen Büros und Standorten. Alle notwendigen Arbeitsutensilien hatte ich ständig dabei. Zusätzlich war mein Auto immer bestückt mit Wechselwäsche, Sport- und Badesachen, warmer Kleidung, Decke und Schlafmatte für Siestas, Proviant und natürlich genug Wasser.

Ich machte es mir zur Angewohnheit, während der üblichen Feierabendstoßzeit rund um die Ballungsräume bewusst in die Staus zu fahren, um dann kurz zuvor auf einem Rastplatz meinen Laptop aufzuklappen und die Stunde des an mir vorbeischleichenden Stop-and-Gos für Wichtiges zu nutzen. Oder ich fuhr an einen See, in einen Wald oder einen idyllischen Ort, um zu baden, einen Waldlauf zu machen oder für ein wenig Sightseeing. So sparte ich mir im Jahr bei rund 40.000 Kilometern ein bis zwei Wochen Stauzeit, was ungefähr den 50 Stunden entspricht, die der deutsche Durschnittsfahrer pro Jahr im Stau steht.

Für die wenigen Stunden, die ich tatsächlich im Stau stand, hatte ich immer Hörbücher oder zu erledigende Anrufe parat, die bei Schrittgeschwindigkeit deutlich entspannter und sicherer zu führen sind als auf den gewöhnlichen Hochgeschwindigkeitsfahrten zwischen den Terminen. Ich gebe zu, dass es nicht jedem sofort gelingen wird, so viel Ballast auf einmal abzuwerfen, lade Sie jedoch dazu ein, im Kleinen zu beginnen und dann diese Kunst des „leichten Unterwegsseins“ mehr und mehr zu perfektionieren. Beginnen Sie einfach einmal damit, an einem normalen Arbeitstag das nur absolut Notwendige mitzunehmen. Gleichzeitig führen Sie zusätzlich ein paar Gegenstände mit, die Ihren Handlungsspielraum erweitern. Das kann der Regenschirm sein, um in der Mittagspause einen Spaziergang trotz Regen zu unternehmen, oder die Badesachen, um auf dem Nachhauseweg kurz in einen See zu springen oder ein paar Bahnen im Schwimmbad zu ziehen. Wie sehr Sie das dann gleich umsetzen können, spielt zunächst keine Rolle. Auch wenn Sie an diesem Tag mittags weder hinausgehen noch abends schwimmen. Das ist zunächst unerheblich. Was zählt ist: ohne sich durch mehr Dinge zu belasten, erweitern Sie Ihren Handlungsspielraum. Damit erzeugen Sie ein Gefühl von größerer Wahlfreiheit. Sie erahnen so bereits, wo Sie Möglichkeiten haben, Ihren Alltag umfassender zu nutzen ohne – und das ist das Wesentliche – sich zusätzlich Ballast aufzuladen. Denn Sie haben ja nicht mehr dabei als sonst. Sie haben nur andere Dinge dabei, die Ihnen erst eine größere Wahlfreiheit ermöglichen. Am Anfang wird es Ihnen schwerfallen, festzustellen, worauf Sie verzichten können. Aber allein dadurch, dass Sie sich Gedanken darüber machen, wird sich bereits eine gewisse Leichtigkeit in Ihren Gedanken installieren. Diese Leichtigkeit wird Sie befähigen, weitere Möglichkeiten herauszufinden, wie Sie Ihre physischen Bewegungsräume erweitern und dadurch geistig umfassender und mobiler handeln. Tasten Sie sich langsam, aber sicher in all Ihren Lebensbereichen, beruflich wie privat, an diese neue leichte Freiheit heran. Sie müssen ja nicht gleich auf Ihr Büro verzichten, aber Ihren Schreibtisch leerer und übersichtlicher zu halten könnte ein erster Schritt sein.

Vielleicht ersparen Sie sich damit Erfahrungen, wie eine meiner ehemaligen Kolleginnen. Wir warteten vor dem Besprechungsraum eines Kunden. Meine Kollegin hatte ihre Handtasche, Präsentationsunterlagen und einen üppigen Schlüsselbund dabei. Sie versuchte, ihre Utensilien unter Kontrolle zu halten und war sichtlich damit beschäftigt, eine praktikable Ordnung in diese und eine Hand für den Handschlag freizubekommen. Ich stand ruhig neben ihr, hatte meine Businessmappe in der linken Hand, die rechte war frei für die Begrüßung. Das Gespräch verlief sehr gut, wir bekamen den Auftrag. Bei der Nachbesprechung unseres Gesprächs sprudelte meine Kollegin sofort los: „Nein, so kann ich das nicht mehr machen. Ich war viel zu sehr mit meinem Kram beschäftigt und konnte mich nicht so gut auf den Kunden konzentrieren. Oh je, hoffentlich hat er nicht allzu schlecht von mir gedacht!" Von da an war sie immer besonders straight gekleidet, hatte extrem dünne Mappen dabei und den prallen Schlüsselbund hatte sie danach wohl aufgelöst, denn ich sah ihn nie mehr.

Nicht nur uns selbst stehen wir mit unnötiger Überladung im Weg. Auch unser Gegenüber nimmt das wahr und muss sich gedanklich mit dem Ballast beschäftigen. Wenn unser Kunde, unser Vorgesetzter oder Kollege den Eindruck hat, allein die Handhabung unserer Arbeitsutensilien und die Bewältigung von einfachen Alltagserfordernissen versetzt uns bereits in Stress, wie soll er dann das Vertrauen in uns haben, uns mit seinen Aufträgen nicht zu überfordern?

Wir haben nun gesehen, in welchem Ausmaß wir aus unserem Verhalten in der Natur Rückschlüsse für unser Leben im Allgemeinen und unseren Beruf im Speziellen ziehen können.

Sind Sie sich einer Tatsache bitte bewusst: Manche unserer Verhaltensweisen lassen sich nach Rückkehr in den Alltag nicht so ganz einfach auf neue, bessere Weise umsetzen. Auch wollen wir uns vielleicht anderen gegenüber (noch) nicht offenbaren. Da ist es von Vorteil, weiterhin den geschützten Rahmen der Natur für neue Verhaltensweisen als Übungsfeld zur Verfügung zu haben.

Neues Verhalten üben

Ich war etwa acht Jahre alt, als ich mit meinem Großvater eines strahlend schönen Spätsommermorgens mit dem Fahrrad zum Pilzesuchen in den Wald fuhr. Es war einer jener Morgen, an denen man sich auf die wärmende Sonne freut, denn die milden Nächte des Sommers waren vorbei ... Mein Großvater groß, knochig, mit Händen, die es gewohnt waren, zuzupacken. In blauer Arbeitshose und Jacke, mit schwarzen Gummistiefeln, Schiebermütze, den Hakelstock am Oberrohr seines „Waffenrades" befestigt. Mit einem Korb auf dem Gepäckträger. Wir kamen auf eine Waldlichtung mit taunassem Gras und wunderbaren Wiesenchampignons. „Opa, da bekomme ich aber ganz nasse Turnschuhe", beklagte ich mich bei ihm. „Ziag's hoid aus" (zu Deutsch: „Dann ziehe sie eben aus"), war seine dürre Antwort, und er machte sich daran, die Pilze mit seinem Taschenmesser abzuschneiden. Einen Moment stand ich da und war mir nicht sicher, ob er das ernst meinte. Doch dann zog ich meine Schuhe aus und lief durch das kalte, nasse Gras. Meine Zehen wurden steif, aber es war wunderbar. Bald war der erste Schmerz vergessen und ich pflückte eifrig die Champignons. Später konnte ich in trockene Socken und Schuhe schlüpfen und meine Zehen wurden schnell wieder warm.

Diese Szene fällt mir sehr häufig ein, wenn ich vor einer Sache stehe und mich ziere, sie anzugehen. „Ziag's hoid aus", sage ich mir dann und lege los. Und siehe da, es ist immer weitaus weniger schlimm als befürchtet. Diese Erfahrung hat mir seither viele Unannehmlichkeiten und Verzögerungsversuche erspart. Einfach weil es zwar heftiger, aber besser ist, eine kurze Phase des Ungemachs zu durchschreiten, als sich reserviert und zögerlich zu verhalten und dadurch die Situation unnötig in die Länge zu ziehen. Danke dafür, Opa!

Haben wir einmal festgestellt, dass wir uns in bestimmten Situationen nicht so verhalten, wie wir uns das wünschen oder wie es vorteilhaft wäre, tun wir gut daran, das gewünschte Verhalten zu üben, um für den Ernstfall vorbereitet zu sein. Wir sind allein in der Natur nicht von den Reaktionen anderer abhängig, um Rückmeldung zu bekommen, sondern erleben am eigenen Fortkommen und Leib die Resultate. Ohne Auswirkungen auf unser normales Leben können wir hier bewusst andere Verhaltensweisen ausprobieren und ihre Wirkung auf unser Empfinden testen.

Vortreffliche Prüfsteine dieser Art sind Hindernisse und plötzliche Schlechtwettereinbrüche. Üben wir an ihnen, entschiedenes Handeln und einen kühlen Kopf zu bewahren, sammeln wir Erfolgserlebnisse und eignen uns eine tatkräftige Haltung in allen Bereichen an. In der Natur wie im Alltag treten manchmal Situationen und Umstände ein, die wir so weder geplant noch erhofft hatten. Manchmal müssen wir es einfach aushalten können, zu warten. Und nicht nur das. Wie gestalten wir die Zeit des Wartens? Was tun wir mit unseren Gedanken in dieser Zeit des Leerlaufs? Was nehmen wir als Lehre mit? Wenn wir hier bewusst und achtsam sind und diese Wartezeit aktiv annehmen, erkennen wir die Vorteile, Möglichkeiten und auch Einschränkungen unserer jeweiligen Handlungsweise. Wir tarieren spielerisch aus, wie sehr wir selbst Aktivität oder Passivität bevorzugen und wo wir gut daran tun, einmal bewusst entgegen unseren Gewohnheiten zu handeln.

Um dies auszuprobieren, schlage ich folgende Übung vor.

Übung gelebte Natur

Hierzu eignen sich besonders gut Schlechtwettertage. Wir brauchen uns nicht allzu viel vorzunehmen, sondern bewegen uns einfach ein bis zwei Stunden in der Natur. Zu Anfang werden wir es vielleicht als seltenen Genuss erleben, einmal in Regen, Wind und Kälte die Natur zu durchstreifen. Mit der Zeit nimmt die mitgebrachte Wärme aus Wohnung und Verkehrsmittel ab, der Blutzuckerspiegel und der Flüssigkeitshaushalt beginnen zu sinken, Müdigkeit breitet sich in den Gliedern und im Gehirn aus. Ein Päuschen in Wärme und Trockenheit mit einer guten Brotzeit und einem heißen Getränk nistet sich als Ziel in unseren Gedanken ein. Genau hier beginnt es interessant zu werden. Genau hier bewegen wir uns in unerforschtes Gebiet. Hier warten die größten Schätze auf Entdeckung. Was geht Ihnen jetzt durch den Kopf?

Wie stark kreisen Ihre Gedanken um das Ende der Tour, die Wärme, das Essen?

Können Sie sich von diesen entspannt lösen und sich konstruktiven Gedanken widmen?

Wie zeigt sich jetzt Ihr Problem im Job?

Was fällt Ihnen jetzt dazu ein?

Können Sie, trotz des körperlichen Ungemachs, entspannen und Ihre Zeit in der Natur genießen?

Haben Sie keine Angst. So schnell sind Sie nicht am Limit. Sie sind noch meilenweit entfernt von einer Extremsituation oder gar Notlage. Bleiben Sie draußen, solange Sie das Gefühl haben, Sie schaden sich nicht. Seien Sie dabei ehrlich zu sich selbst und machen Sie es sich nicht zu einfach. Übernommene Warnungen prüfen Sie bitte und führen sich vor Augen, wie viele Menschen unter ähnlichen Bedingungen häufig arbeiten. Lassen Sie Gedanken an eine mögliche Krankheit gar nicht erst aufkommen. Denn es ist nicht entscheidend, ob Sie sich Kälte und Nässe aussetzen und mal eine Stunde richtig frieren, sondern wie Sie sich danach verhalten. Nach Beendigung Ihrer Übung ziehen Sie sich so schnell wie möglich trockene Kleidung an. Zu Hause duschen oder baden Sie heiß und trinken zu einer guten Mahlzeit etwas Heißes wie Tee oder Suppe.

Stellen Sie sich vor, es geht auch immer noch ein Stück intensiver. Warum springen Sie jetzt nicht in den nächstbesten Bach oder See und tauchen einmal so richtig unter? Das wäre die nächste Stufe der Entdeckungsreise Natur. Wenn Sie auch hier mit der richtigen Einstellung an die Sache herangehen, wird Ihnen nichts passieren und Sie werden garantiert nicht krank.

Genauso ist es im Business. Auch wenn Sie glauben, es geht nicht mehr, können Sie immer noch eine ganze Ladung oben draufpacken. Natürlich nicht jeden Tag. Genauso wenig können Sie gesund bleiben, wenn Sie eine Stunde im kalten Wasser verweilen und sich danach mit den noch nassen Kleidern schlafen legen. Auch hier kommt es wie immer im Leben auf die richtige Dosis an.

Doch die Hauptaussage ist: es geht immer noch ein ganzes Stück mehr, als wir im ersten Moment glauben.

Draußen in der Natur können wir für uns ungewohntes Verhalten üben, unsere bisherigen Grenzen austesten und überschreiten und dadurch unser Selbstbewusstsein und unser Selbstverständnis auf ein deutlich höheres Niveau heben.

Genauso lässt sich auch überaktives Tun durch bewusstes Abwarten prüfen. Der stoisch hingenommene Regenguss unter Inkaufnahme durchnässter Kleidung lässt Bedrohlichem die Schärfe nehmen. Was wir in dieser Situation fühlen und denken, ist identisch zu existenziellen Gefahren im Business, wo Äußerungen und Entscheidungen unser Fortkommen und unseren Erfolg beeinflussen. Wie sehr wir uns draußen von einer Situation vereinnahmen lassen, wie sehr wir im Gefahr- oder gar Panikmodus gefangen sind, zeigt überdeutlich, wie wir wirklich ticken. Allein draußen in der Natur geht es manchmal um alles. Um die Gesundheit oder gar das Leben. Im Business geht es um Geld, um Ansehen, um Erfolg. Ums nackte Überleben geht es nicht. Draußen kann man auch im Hochsommer erfrieren, je nachdem, wo man sich befindet. Stellen Sie sich einmal bewusst die Frage: Wie verhalten wir uns, wenn es tatsächlich einmal ganz dick kommt und wir völlig durchnässt nicht wissen, wann wir wieder ins Trockene kommen? Behalten wir einen kühlen Kopf und tun zügig, was zu tun ist oder zaudern wir oder rufen verzweifelt nach Hilfe?

Eigenem Verhalten liegt immer eine Einstellung zugrunde. Ändern wir unsere Einstellungen, ändert sich unser Verhalten. Das nimmt unsere Umwelt rasch wahr und reagiert dementsprechend. Auch was andere von uns denken, ohne es uns gegenüber zu äußern, beeinflusst uns. In der Natur können wir unser Verhalten prüfen und gezielt neue Vorgehensweisen üben. Denn schließlich ist ein kalter Regenguss rasch vorbei und wir sind wieder im Warmen und Trockenen. Das ist im harten Businessalltag meist nicht so. Wer lernen möchte, direkter zu handeln, dem kann der geschützte Rahmen in der Natur helfen, denn das Handeln dort hat direkten Einfluss auf das eigene Wohlergehen.

Die Fragen, die wir uns selbst in den diversen Situationen stellen, sind es, die uns weiterbringen. Einen beispielhaften Fragenkatalog finden Sie gleich hier im Anschluss. Die Umstände sind Kulisse. Mit unseren Fragen an uns selbst geben wir unsere eigenen Antworten auf das, was die Kulisse mit unseren Gedanken und Gefühlen macht. Wir isolieren so unsere inneren Beweggründe und Antreiber von den äußeren Geschehnissen. Damit erkennen wir Fühl- und Denkmuster, auf die wir für gewöhnlich immer die gleichen Handlungen folgen lassen, und können an ihnen arbeiten und sie so ändern, wie sie uns am dienlichsten sind.

Bionik aktiv: Fragen, die uns weiterbringen

- Bereich: Chancen und Möglichkeiten
  - Wie gut gehe ich faktisch und psychisch vorbereitet an Dinge heran?
  - Wage ich mich auch bei widrigen Verhältnissen hinaus?
  - Wie gut kann ich Chancen ergreifen und in Erfolge umsetzen?
  - Tappe ich lieber zögerlich mit einem Fuß in den Bach oder nutze ich meine Schwungenergie und hüpfe mit schnellen Schritten über glatte Steine?
  - Kann ich kurzfristig Kräfte mobilisieren, um Hindernisse zu überwinden, oder scheue ich wie ein Pferd und trete erst einmal nervös auf der Stelle?
  - Bleibe ich immer auf vorgegebenen Wegen oder „lese" ich die Landschaft und habe Lust, meinen eigenen Weg zu finden?
- Bereich: Logistik
  - Wie sehr belade ich mich mit unnützen Dingen, die ich – buchstäblich – nur mit mir herumschleppe, ohne sie je zu brauchen?

- Habe ich an alles gedacht oder fehlen mir in entscheidenden Momenten Ausrüstungsgegenstände oder Informationen?

- Bereich: Vorgaben und Strukturen
  - Wie wichtig sind mir Sicherheiten und was gebe ich zu deren Gunsten auf?
  - Tue ich einfach, was ich tun will, oder brauche ich immer erst Utensilien und Strukturen oder optimale Bedingungen, ehe ich etwas anpacke?
  - Wie lege ich meine Spur? Lasse ich mich von Hindernissen wie Bäumen, Steinen, steileren Stellen oder neuen Entwicklungen von meiner Richtung abweichen oder habe ich diese von vornherein bereits berücksichtigt?
- Bereich: Selbstführung
  - Flippe ich aus, wenn Mücken mich umschwirren oder, auf den Alltag übertragen, Chaos ausbricht oder bleibe ich ruhig und überlege, was ich tun kann?
  - Lasse ich zu, dass äußere Umstände mein inneres Gleichgewicht aus der Bahn werfen?
  - Nehme ich bewusst Schmerzen in Kauf, um mein Ziel zu erreichen?
  - Wie gut kann ich über vorübergehende Unannehmlichkeiten hinwegsehen und mich auf meine Aufgabe konzentrieren, auch wenn ich nicht weiß, wie lange dieser Zustand andauern mag?
- Bereich: Selbstwert
  - Muss ich vor Weggenossen immer zeigen, was ich kann, oder kenne ich meine Qualitäten und stelle sie erst dann unter Beweis, wenn die Gemeinschaft am meisten davon profitiert?
  - Identifiziere ich mich über mein Tun und meine Erfolge oder über meine Ausrüstung und was ich im Vergleich zu anderen geleistet habe?

- Tue ich, was ich gerne tue, und würde ich es auch tun, wenn ich niemandem davon berichten könnte, oder brenne ich darauf, von meinen Abenteuern zu schwärmen?
- Überhöhe ich meine Leistungen oder pflege ich Understatement?
- Fühle ich mich wohl bei dem, was ich tue, genieße ich mich selbst in meinem Tun und strebe ich nach Souveränität oder tue ich es, um den Erwartungen anderer zu genügen?
- Schiebe ich Umstände für ein Scheitern vor oder gestehe ich mir meinen mangelnden Willen ein?
- Schaffe ich es, trotz der Widrigkeiten, mich selbst zu reflektieren und kritisch zu betrachten, oder bin ich immer der glänzende Held, der unverschuldet an den übergroßen Hindernissen scheiterte?

■ Bereich: Kreativität
- Kann ich Situationen dennoch genießen, obwohl ich Beeinträchtigung in meinem körperlichen Wohlbefinden erfahre?
- Komme ich auf eigene Ideen oder mache ich nur nach, was zig andere schon vor mir gemacht haben?
- Wie gehe ich mit meiner Angst um und was stelle ich fest, wenn ich meine Angst überwunden habe?
- Behalte ich trotz allem meinen Humor oder verfeinere ich ihn sogar noch?

Setzen wir uns im förderlichen Einfluss der Natur konstruktiv mit uns auseinander und vollbringen wir im geschützten Rahmen, was wir uns bisher nicht zugetraut hätten: Nämlich unseren Selbstwert erheblich zu stärken. Ein hoher Selbstwert ist Voraussetzung für Kreativität. Denn Kreativität muss man sich vor allem zutrauen und man muss sie zulassen! Damit ist die Natur eindeutig die ideale Umgebung, sich selbst zu reflektieren, sich selbst zu beobachten und sich selbst zu erfahren. So unseren Erfahrungshorizont zu erweitern und echte Entdeckungen zu machen, die uns in unserem Erfolg unterstützen.

KAPITEL V

… gehen Sie einen neuen Weg

Es ist meine tiefe Überzeugung: wir steuern auf eine wunderbare Zeit zu. Allerdings unter einer Voraussetzung: die zwei großen Pole unserer heutigen Zeit in einer Symbiose zu vereinen. Die Errungenschaften der Moderne, um unser Leben sicher und angenehm zu gestalten, und die Natur als Lebensraum und emotionale Heimat.

Wir haben die Annehmlichkeiten des Fortschritts geschaffen, um unser Leben reibungsloser, gesünder, interessanter und vor allem sicherer zu gestalten. Nur dürfen wir nicht den Fehler begehen, diese wertvollen Helferlein zum Lebensinhalt hochzustilisieren, denn diesen Anspruch können sie niemals erfüllen. Um unserer selbst willen müssen wir zulassen, was unsere Natur ist.

Das können wir, wenn es uns gelingt, die Errungenschaften der Moderne als das zu nutzen, was sie sind – als Annehmlichkeiten. Und gleichzeitig das in uns würdigen, was uns als Mensch ausmacht: eine emotionale Heimat in unserer Familie und unserem Umfeld sowie den häufigen und intensiven Kontakt mit der Natur.

Ich glaube, es gibt ein ideales Lebenskonzept für unsere Gegenwart und unsere Zukunft: so viel Hightech wie nötig und so viel Natur wie möglich. Denn, je mehr Hightech unser Leben bestimmt, desto mehr Natur brauchen wir, um dauerhaft gesund und leistungsfähig zu bleiben. Und damit die Basis für unsere Kreativität und damit unseren Erfolg zu schaffen. Die Natur ist das größte Wunder der Erde. Sie hebt uns über unseren Alltag hinaus. Sie fordert und fördert uns körperlich und geistig. Im grenzenlosen Kontext der Natur und des Kosmos relativieren sich unsere Probleme und schrumpfen auf ihre tatsächliche Größe. Unser Bedürfnis nach Zugehörigkeit, Wertvollsein und Sinn findet Befriedigung.

Belassen wir uns Natur und Sippe, steht einem gesunden, glücklichen und erfolgreichen Leben nichts mehr im Wege.

Investieren Sie in sich, Ihre Familie und Ihre Freunde. Investieren Sie in Ihre Gesundheit, Ihre Fitness und Ihre Kreativität. Verbringen Sie so viel Zeit wie möglich in der Natur – vorzugsweise allein. Eine höhere Rendite bekommen Sie nirgends: Kraft, Erfolg und Kreativität und damit dauerhaftes Lebensglück.

Seien Sie sich gewiss:

„Niemand kommt aus der Natur,
wie er in sie gegangen ist.“

Ich wünsche Ihnen Natur und Stamm.

Ich wünsche Ihnen und mir von Herzen, dass uns das für unser Leben gelingt.

Ihr

Jörg Romstötter

Anhang

Begegnen wir uns persönlich?

Ich freue mich auf Sie!

Für Unternehmen und Organisationen

- „Das vergessene Wunder" – Der Vortrag

  Holen Sie sich die größte ErfolgsRessource der Welt – die Natur – in Ihr Haus. Bereichern Sie Ihr Publikum mit sofort umsetzbaren, wirklich frischen Impulsen und tief greifender Inspiration.

  Energie- und inhaltsgeladen bringt Jörg Romstötter Innovatives erkenntnisreich und kurzweilig auf den Punkt.
- Training, Workshops, Seminare

  Mit diesen intensiven Maßnahmen etablieren Sie das Wissen rund um die Natur als Ressource für Ihren Unternehmenserfolg:
  - mehr Kreativität
  - mehr Innovation
  - höhere Attraktivität als Arbeitgeber und dadurch größere Mitarbeiterbindung

  Natürlich exakt auf Ihre Bedürfnisse und Ihre spezielle Situation zugeschnitten.

- Die Macht des Stammes nutzen
  Dazu gibt es eine Reihe von Umsetzungsstrategien und Maßnahmen. Sie wurden in diesem Buch bewusst nicht besprochen, da sie speziell für Unternehmen entwickelt wurden und den hier möglichen Rahmen sprengen.

Interessiert Sie dieser Bereich, informiere ich Sie gerne.

Nicht nur für Privatpersonen

- Coaching „Allein in der Natur"
  Die höchste Form des Kontakts mit der Natur.
  Gerne begleite ich Sie an besondere Orte, an welchen NUR SIE sind.
  Egal, ob auf einen Berg, in die Wüste oder eine einsame Insel.
  So lange Sie wollen und wohin Sie wollen.
  Jedes Coaching ist individuell nach Ihren Wünschen konzipiert.
  Schreiben Sie mir, ich freue mich auf Ihre Nachricht!

Kontakt
Jörg Romstötter
Autor | Referent
ErfolgsRessource Natur

Mobil +49 151 15 85 51 63
Büro +49 86 54 58 93 404
jr@joerg-romstoetter.com
joerg-romstoetter.com
Finkenstraße 15
D-83395 Freilassing

Quellen

Wenn die Natur zu Ihnen spricht …

1. Wir wissen schon alles. Warum tun wir es nicht?

1) Winterhoff, Dr. Michael: Interview in „KiNDER", Ausgabe März 2014
2) Helfrecht/Beck, 1998: „Chancen für den Mittelstand" entnommen aus Brämer, Dr. Rainer, 2008: „Grün tut uns gut – Daten und Fakten zur Renaturierung des Hightech-Menschen", S. 19 Nr. 20
3) http://duepublico.uni-duisburg-essen.de/servlets/DerivateServlet/Derivate-10161/Vererbung.pdf
4) Brämer, Dr. Rainer, 2013: „Vom Psychotyp zum Technotyp – Das Landschaftsbild in deutschen Umwelt- und Naturbewusstseinsstudien", S. 8
5) Brämer, Dr. Rainer 2009: „Naturpsychologie – Wirkungen von Naturkontakten", S. 4
6) Kaplan, Rachel; Kaplan, Stephen, 1989: „The Experience of Nature – A Psychological Perspective"
7) Brämer, Dr. Rainer, 2008: „Grün tut uns gut – Daten und Fakten zur Renaturierung des Hightech-Menschen", S. 58 Nr.161
8) Winterhoff, Dr. Michael, 2011: „Tyrannen müssen nicht sein – Warum Erziehung allein nicht ausreicht – Auswege", S. 171 ff

2. Jahrmillionen im Blut: gesteuert vom Naturgen

1) http://de.wikipedia.org/wiki/Stadt#Historisch_bedeutende_St.C3.A4dte_.28bis_etwa_1500.29
2) http://www.laenderdaten.de/bevoelkerung/urbanisierung.aspx
3) GEO 04 | Aprils 2014 „Die Macht der Masse", S. 118 ff
4) GEO 05 | April 2005 „Was die Welt isst", S. 16 ff

5) Butlin, R. K. und Tregenza, T., In: Philosophical Transactions of the Royal Society, B, Biological Sciences, Band 353, Nr. 1366, 1998: „Levels of genetic polymorphism: marker loci versus quantitative traits“, S. 187–189
6) GEO 05 | April 2005 „Was die Welt isst“, S. 16 ff
7) Crewsa, David; Gillettea, Ross; Scarpinoa, Samuel V.; Manikkamb, Mohan; Savenkovab, Marina I.; Skinnerb, Michael K., 2012: „Epigenetic transgenerational inheritance of altered stress responses“; http://www.ncbi.nlm.nih.gov/pubmed/22615374
8) GEO 02 | Februar 2013 „Das Gedächtnis des Körpers“, S. 80 ff
9) BKK Gesundheitsreport 2013, ISSN 1434–1603, S. 20
10) Gallup Engagement Index 2013

4. Angst vor der Natur schützt vor ihrer Wirkung

1) Budes, Heinz, 2014: „Gesellschaft der Angst“

Die Natur des Menschen

1. Hospitalismus: ist Krankheit mittlerweile normal?

1) Gallup Engagement Index 2013
2) OECD, 2012: “Übergewicht und Fettleibigkeit”, in: Die OECD in Zahlen und Fakten 2011–2012: Wirtschaft, Umwelt, Gesellschaft, OECD Publishing
3) Spiegel Online am 11.8.14: 61,5 Millionen Ausfalltage: „Fehlzeiten wegen psychischer Belastungen steigen stark an.“ http://www.spiegel.de/politik/deutschland/fehlzeiten-wegen-psychischer-belastungen-steigen-stark-an-985340.html
4) BKK Gesundheitsreport 2013, ISSN 1434–1603, S. 20
5) Statistische Ämter des Bundes und der Länder, 18. August 2014, abgerufen am 18. August 2014. und http://de.statista.com/statistik/daten/studie/1358/umfrage/entwicklung-der-gesamtbevoelkerung-deutschlands/

6) BKK Gesundheitsreport 2013, ISSN 1434–1603, S. 20
7) Institut für Therapieforschung München in Süddeutsche Zeitung, März 2014: „Zahl der Alkoholabhängigen ist deutlich gestiegen."
8) Zehetbauer, Dr. Josef, 2000: „Körpereigene Drogen – Die ungenutzten Fähigkeiten unseres Gehirns" S. 114
9) Louv, Richard, 2014: „Das Prinzip Natur – Grünes Leben im digitalen Zeitalter", S. 46
10) http://www.rp-online.de/leben/gesundheit/news/immer-mehr-sind-kaufsuechtig-aid-1.3115813
11) http://www.focus.de/gesundheit/ratgeber/psychologie/news/kaufsucht-im-rausch-der-tueten_aid_318833.html
12) Lambin, Prof. Dr. Eric, 2014: „Glücksökologie", S. 174
13) http://arbeits-abc.de/social-media-sucht-gehoeren-sie-auch-zu-den-suechtigen/
14) http://www.suchtberatungsstelle.de/lexikon/m-p/online-sucht.html
15) Hospitalismus: http://de.wikipedia.org/wiki/Hospitalismus
16) Zehetbauer, Dr. Josef, 2000: „Körpereigene Drogen – Die ungenutzten Fähigkeiten unseres Gehirns", S. 62f
17) Kaplan, Rachel; Kaplan, Stephen: „The Experience of Nature: A Psychological Perspective (New York: Cambridge University Press, 1989); Kaplan, Stephen: „The Restorative Benefits of Nature: Toward an Integrative Framework", Journal of Environmental Psychology 15 (1995), S. 169–182

2. Krankheit ist Suche

1) Agitierte Depression: http://de.wikipedia.org/wiki/Depression#Agitierte_Depression
2) Taira, Prof. Kazuhiko, Altersforscher Ryukyu-Universität, Japan, entnommen aus http://www.faz.net/aktuell/gesellschaft/gesundheit/altersforschung-mit-70-ein-kind-mit-80-jugendlicher-1142522-p2.html

3. Schrei nach Körperlichkeit und Gemeinschaft

1) GEO 02 | Februar 2013 „Das Gedächtnis des Körpers", S. 85
2) Winterhoff, Dr. Michael, 2011: „Lasst Kinder wieder Kinder sein! – Oder: Die Rückkehr zur Intuition", S. 146
3) Brämer, Dr. Rainer, 2008: „Grün tut uns gut – Daten und Fakten zur Renaturierung des Hightech-Menschen", S. 19 Nr. 19
4) Winterhoff, Dr. Michael, 2011: „Lasst Kinder wieder Kinder sein! – Oder: Die Rückkehr zur Intuition", S. 134

4. Kaputt geschont: Laufwunder Mensch

1) GEO 05 | Mai 2014 „Der perfekte Jogger", S. 122
2) Techniker Krankenkasse, 2013: „Beweg Dich, Deutschland! Die Studie zum Bewegungsverhalten der Menschen in Deutschland"
3) GEO 05 | Mai 2014 „Der perfekte Jogger", S. 122

5. Urvertrauen: Muttermilch, Wiege und dann?

1) Erikson, Erik H., 1992: „Der vollständige Lebenszyklus"

7. Gedankenjongleure im Kreativitätsgenuss

1) Brämer, Dr. Rainer, 2008: „Grün tut uns gut – Daten und Fakten zur Renaturierung des Hightech-Menschen", S. 79, Nr. 210
2) Brämer, Dr. Rainer, 2008: „Grün tut uns gut – Daten und Fakten zur Renaturierung des Hightech-Menschen", S. 10
3) Brämer, Dr. Rainer, 2008: „Grün tut uns gut – Daten und Fakten zur Renaturierung des Hightech-Menschen", S. 79
4) Brämer, Dr. Rainer, 2008: „Grün tut uns gut – Daten und Fakten zur Renaturierung des Hightech-Menschen", S. 44, Nr. 14
5) Louv, Richard, 2014: „Das Prinzip Natur – Grünes Leben im digitalen Zeitalter", S. 134f

8. Dirigent Licht: weniger Aufwand, mehr Erfolg
1) GEO 04 | April 2011 „Wir brauchen die Dunkelheit", S. 134

Kennen Sie schon Ihren Stamm?

1. Jeder wird gebraucht
1) Gallup Engagement Index 2013

2. Berufung ist keine One-Man-Show
1) Storl, Dr. Wolf-Dieter, 2000: „Pflanzen der Kelten – Heilkunde, Pflanzenzauber, Baumkalender", S. 138, Nr. 110

3. Werkzeug mit Macht: das Ritual
1) GEO 01 | Januar 2014 „Rituale. Was sie bedeuten. Wofür wir sie brauchen.", S. 116 ff

Kreativitätsbooster Natur

1. Körpereigene Drogen: seine Schlaumacher nutzen
1) Zehetbauer, Dr. Josef, 2000: „Körpereigene Drogen – Die ungenutzten Fähigkeiten unseres Gehirns", S. 42, 56f
2) Zehetbauer, Dr. Josef, 2000: „Körpereigene Drogen – Die ungenutzten Fähigkeiten unseres Gehirns", S. 28
3) Zehetbauer, Dr. Josef, 2000: „Körpereigene Drogen – Die ungenutzten Fähigkeiten unseres Gehirns", S. 130 ff
4) Brafman Ori; Brafman, Rom, 2008: „Kopflos – Wie unser Bauchgefühl uns in die Irre führt – und was wir dagegen tun können", S. 154

5) Heckmair, Bernd; Mich, Werner, 2008: „Erleben und Lernen. Einführung in die Erlebnispädagogik“, S. 83
6) Dordel & Breithecker, 2003
7) Zehetbauer, Dr. Josef, 2000: „Körpereigene Drogen – Die ungenutzten Fähigkeiten unseres Gehirns“, S. 75 ff
8) Zehetbauer, Dr. Josef, 2000: „Körpereigene Drogen – Die ungenutzten Fähigkeiten unseres Gehirns“, S. 124 ff
9) Zehetbauer, Dr. Josef, 2000: „Körpereigene Drogen – Die ungenutzten Fähigkeiten unseres Gehirns“, S. 64f
10) Brämer, Dr. Rainer, 2008: „Grün tut uns gut – Daten und Fakten zur Renaturierung des Hightech-Menschen“, S. 10

2. Sinn der Sinne

1) Brämer, Dr. Rainer, 2008: „Grün tut uns gut – Daten und Fakten zur Renaturierung des Hightech-Menschen“, S. 78
2) Pfeiffer, Prof. Dr. Norbert; Mirshahi, PD Dr. Alireza, Augenklinik und Poliklinik der Universitätsmedizin Mainz, 2014: „Kurzsichtigkeit nimmt mit höherer Bildung und längerer Schulzeit zu“ http://www.uni-mainz.de/presse/61304.php
3) http://www.eyeglass24.de/blog/brillenglaeser/kurzsichtigkeit-nimmt-zu/
4) Budes, Heinz, 2014: „Gesellschaft der Angst“
5) GEO 09 | September 2014 „Die Haut ist unsere zweite Nase“, S. 162
6) TK Medienservice, Informationen der Techniker Krankenkasse, 2012, S. 6 ff
7) Jacobs, Tom, 2014: „Green Surroundings Linked to Higher Student Test Scores“ http://www.psmag.com/nature-and-technology/nature-green-surroundings-linked-higher-student-test-scores-92438/

3. Die Elemente: Bausteine für Wohlbefinden, Leistung und Ideen

1) http://www.ozy.com/acumen/the-great-chinese-visa-scrum/33349

2) Louv, Richard, 2014: „Das Prinzip Natur – Grünes Leben im digitalen Zeitalter“, S. 50f

4. Die Natur als Spiegel

1) Sikora, Peter: „Lernen braucht Bewegung“, gesamtes Vortragsskript
2) Kiesel, Andrea, 2009: „Unbewusste Wahrnehmung – Handlungsdeterminierende Reizerwartungen bestimmen die Wirksamkeit subliminaler Reize“ Psychologische Rundschau, 60 (4), S 215–228
3) Kaplan, Rachel; Kaplan, Stephen, 1989: „The Experience of Nature: A Psychological Perspective (New York: Cambridge University Press); Kaplan, Stephen, 1995: „The Restorative Benefits of Nature: Toward an Integrative Framework“, Journal of Environmental Psychology 15, S 169–82

5. Welche Landschaft wann und für wen?

1) Storl, Dr. Wolf-Dieter, 2000: „Pflanzen der Kelten – Heilkunde, Pflanzenzauber, Baumkalender“, S. 19
2) Jeitzinger, Denize, 2014: „Der Kick für den Kopf – Nichts entspannt uns Menschen so zuverlässig wie die Natur“, S. 3

6. Der Schlüssel zur Natur: Alleinsein

1) Rosegger, Peter, 1969: „Das Dasein ist köstlich. Sinnsprüche“, S. 12, Vers 32

8. Die Freiheit, wenig zu brauchen

1) Louv, Richard, 2014: „Das Prinzip Natur – Grünes Leben im digitalen Zeitalter“, S. 134
2) Lambin, Prof. Dr. Eric, 2014: „Glücksökologie“, S. 34 ff

9. Eine Herausforderung: das Wenige aushalten

1) Brafman, Ori; Brafman, Rom, 2008, „Kopflos – Wie unser Bauchgefühl uns in die Irre führt – und was wir dagegen tun können“, S. 189

10. Natur druckt Geld

1) van der Wal, Arianne J.; Schade, Hanna M.; Krabbendam, Lydia; van Vugt, Mark, 2013: „Do natural landscapes reduce future discounting in humans?“ und http://www.spiegel.de/wissenschaft/mensch/entscheidungen-natur-animiert-menschen-zu-langfristigerem-denken-a-932186.html
2) Mapes, Diane, 2009: www.msnbc.ms.com/id/33243959/ns/health-behavior, zitiert in: Louv, Richard, 2014: „Das Prinzip Natur – Grünes Leben im digitalen Zeitalter“, S. 134
3) OECD World Happiness Report 2013, S. 23
4) Lambin, Prof. Dr. Eric, 2014: „Glücksökologie“, S. 23
5) Lambin, Prof. Dr. Eric, 2014: „Glücksökologie“, S. 273
6) Brämer, Prof. Dr. Rainer, 2009: „Naturpsychologie – Wirkungen von Naturkontakten “, S. 7
7) Brämer, Prof. Dr. Rainer, 2009: „Naturpsychologie – Wirkungen von Naturkontakten “, S. 76, Vers 202, S. 74, Vers 194

11. Denktag: Hebamme unserer besten Gedanken

1) Stephan, Hansjörg: „Rat, Kopf oder Bauch? So entscheiden Sie richtig!“; http://www.salegro.de

12. Bionik: Der Natur auf die Finger geschaut

1) Codex Ashburnham I 27 v.
2) http://universalleonardo.org/trail.php?trail=346&work=335; Map of Arno and Mugnone just outside Florence c1504
3) http://marjorie-wiki.de/wiki/Bionik_im_Management_-_Management_Bionik

4) Brämer, Dr. Rainer: „Vom Psychotyp zum Technotyp – Das Landschaftsbild in deutschen Umwelt- und Naturbewusstseinsstudien“

Weiteres Quellen- und Literaturverzeichnis

Abraham, Andrea u.a.: „Landschaft und Gesundheit – Das Potenzial einer Verbindung zweier Konzepte“, Universität Bern 2007

Becker, Prof. Dr. Peter: „Gesundheit durch Bedürfnisbefriedigung“ 2006

BKK Gesundheitsreport 2013

Demographie Deutschland

Forsa

Gallup

GEO 12 | Dezember 2004 „Das Unbewusste. Auf der Suche nach einer heimlichen Macht.“

GEO 04 | April 2005 „Körper, Seele und der Hunger“

GEO 04 | April 2011 „Wir brauchen die Dunkelheit“

GEO 01 | Januar 2012 „Was ist der Mensch?“

GEO 02 | Februar 2013 „Das Gedächtnis des Körpers“

GEO 01 | Januar 2014 „Rituale. Was sie bedeuten. Wofür wir sie brauchen.“

GEO 02 | Februar 2014 „Das Hirn isst mit“

GEO 03 | März 2014 „Klassenbeste“

GEO 04 | April 2014 „Die Macht der Masse“

Heckmair, Bernd und Mich, Werner: „Erleben und Lernen. Einführung in die Erlebnispädagogik.“ 2008

Health Council of the Netherlands and Dutch Advisory Council for Research on Spatial Planning, Nature and Environment: Nature and Health. The Influence of Nature on Social, Psychological and Physical Well-being. The Hague 2004

Institut für Trendforschung München, Alkoholkonsum

Journal of Environmental Psychology (dreimonatlich bei Elsevier Environment and Behavior – zweimonatlich bei Sage Publications)
Kaplan, Rachel und Kaplan, Stephen: The Experience of Nature – A Psychological Perspective. Cambridge 1989
Kellert, Stephen R.: Building for Life – Designing and Unterstanding the Human-Nature Connection. Island Press 2005
Kromm, Dr. Walter: „Unternehmensressource Gesundheit" 2009
Lambin, Prof. Dr. Eric: „Glücksökologie" 2014
Mai, Jochen und Rettig, Daniel: „Ich denke, also spinn ich – Warum wir uns oft anders verhalten, als wir wollen" 2011
Richter, Prof. Dr. Rainer: „Psychische Erkrankungen und Arbeitsunfähigkeit BPtK-Studie 2011"
Rubin, Yvonne: „Business Coaching" 2011
Schmidt-Tanger, Martina: „Gekonnt Coachen" 2009
Senge, Peter M. „Die fünfte Disziplin"
Stephan, Ulrike: „Verhalten und Veränderung von Stresshormon-Konzentration unter Berücksichtigung der Gehegegröße und Gruppenzusammensetzung" 2006
Spiegel Online, Wirtschaft „Frust im Job: Jeder sechste Arbeitnehmer hat keinen Bock" 31. 03. 2014
Storl, Dr. Wolf-Dieter, 2000: „Pflanzen der Kelten – Heilkunde, Pflanzenzauber, Baumkalender"
Taira, Kazuhiko, Altersforscher Ryukyu-Universität, Japan
Winterhoff, Dr. Michael: „Lasst Kinder wieder Kinder sein! – Oder: Die Rückkehr zur Intuition" 2011 und „Tyrannen müssen nicht sein – Warum Erziehung allein nicht ausreicht – Auswege" 2011
World Happiness Report 2013